MÉMOIRES

DE

LUTFULLAH

GENTILHOMME MAHOMÉTAN

TRADUITS DE L'ANGLAIS ET ANNOTÉS

PAR

L'AUTEUR DE L'INDE CONTEMPORAINE

> Et un seul homme, en ce temps, joue
> plusieurs rôles.
>
> SHAKSPEARE.

PARIS

LIBRAIRIE DE L. HACHETTE ET Cⁱᵉ

RUE PIERRE-SARRAZIN, 14
(Près de l'École-de-Médecine)

1858

MÉMOIRES

DE

LUTFULLAH

PARIS. — IMP. SIMON RAÇON ET COMP., 1, RUE D'ERFURTH.

MÉMOIRES

DE

LUTFULLAH

GENTILHOMME MAHOMÉTAN

TRADUITS DE L'ANGLAIS ET ANNOTÉS

PAR

L'AUTEUR DE L'INDE CONTEMPORAINE

Et un seul homme, en ce temps, joue plusieurs rôles.

SHAKSPEARE.

PARIS

LIBRAIRIE DE L. HACHETTE ET Cie

RUE PIERRE-SARRAZIN, 14

(Près de l'École de médecine)

1858

AU

COLONEL W. H. SYKES F. R. S.

A LONDRES

CHER ET HONORABLE MONSIEUR,

Avec tout le respect que je vous dois, je place sous vos yeux mon humble ouvrage en forme de journal. Je vous en parlai il y a dix ans, quand j'avais l'honneur d'être attaché à votre maison.

Je ne prétends pas dire qu'il soit digne d'être lu par un homme aussi lettré et aussi instruit que vous l'êtes; mais, dès l'époque dont je viens de parler, j'eus lieu de me convaincre que les vérités qu'il contient, quoique exposées sans art, mais corrigées dans leur expression par votre habile plume et publiées sous vos auspices, pourraient être de nature à donner de l'expérience à ceux qui en manquent et ne déplairaient pas aux lecteurs en général.

Qu'on me permette de faire observer qu'ayant été obligé

de me mettre comme en tutelle pour écrire dans votre langue si difficile, j'échappe par cela même, et de très-loin, à l'atteinte des critiques, qui d'ailleurs me pardonneront certainement, lorsque, avançant dans la lecture de cet ouvrage, ils seront complétement familiarisés avec les circonstances de ma vie.

Je suis, avec tout le respect que je vous dois, cher et honorable monsieur,

Votre très-humble et très-obéissant serviteur,

LUTFULLAH.

Surat, 24 novembre 1854.

PRÉFACE DE L'ÉDITEUR

Comme ce livre retrace les propres sentiments d'un indigène de l'Inde sur plusieurs sujets qui se lient au gouvernement de ce pays, la crise actuelle le fera peut-être lire avec quelque intérêt. L'auteur est connu pour être un des moins ardents disciples de l'Islam, bien que son penchant pour sa propre secte et pour ses chefs soit très-évident. Si quelqu'un est disposé à croire que les Anglais commencent à être regardés autrement que comme des étrangers par les habitants de l'Indoustan, la lecture de ce livre changera probablement ses convictions en sens contraire. En résumé, nous pouvons poser en fait qu'il n'y a peut-être pas dans notre armée un seul cipaye ou autre natif de l'Inde qui n'éprouve pour ce que les Européens appellent le progrès autant de répugnance que l'auteur de ce livre, et certainement les masses en éprouvent une bien plus grande encore.

Sur quelques points particuliers j'aurais volontiers ajouté des notes à cet ouvrage ; mais, l'objet principal étant d'abréger autant que possible, je me suis abstenu de toute remarque, et j'ai retranché de l'original tout ce que je pouvais en retrancher sans laisser de côté un fait ou un sentiment de quelque importance. En définitive, ma tâche d'éditeur a consisté principalement à resserrer le texte ; mais, à cela près, je l'ai changé le moins qu'il a été possible. Quelques histoires cependant, convenant plus au goût des Orientaux qu'à celui des Européens, ont été laissées entièrement de côté ; les citations et les bribes de latin appartiennent toutes à l'auteur.

Quant aux petites qualités de l'écrivain, le lecteur trouvera sans doute qu'il y a quelque mérite de sa part à avoir composé, en général avec tant de soin, un si long ouvrage dans une langue qui lui est étrangère.

Haillybury, juin 1857.

GÉNÉALOGIE DE LUTFULLAH

1. Adam.
2. Seth.
3. Énos.
4. Cainan.
5. Mahaleel.
6. Jared.
7. Énoch ou Idris.
8. Méthuselah (Mathusalem).
9. Lameeh.
10. Noah (Noé).
11. Nyâm.
12. Aramjâd.
13. Sâlah.
14. Ghabir.
15. Faunâa.
16. Arghun or Hud (le prophète).
17. Asroch.
18. Najur.
19. Turij.
20. Azur or Târak.
21. Ibrahim.
22. Ismail.
23. Kidar.
24. Iumaila.
25. Salmah.
26. Yashab.
27. Mughrâb.
28. Alsâ.
29. Arwad.
30. A'ad.
31. Oad.
32. Adnan.
33. Mâad.
34. Názar.
35. Madar.
36. Ælias.
37. Madrak.
38. Hassan.
39. Kannanah.
40. Nassar.
41. Malik.

42. Fakhar.
43. Ghálib,
44. Lavi.
45. Kâab.
46. Murra.
47. Adi.
48. Farat.
49. Abdu'llâh.
50. Zerrah.
51. Raial.
52. Abdu'laziz.
53. Nofail.
54. Khattab.
55. Umar.
56. Abdu'llah.
57. Nasir.
58. Ibrahim Adhan de Balkh.
59. Scheik Ishak.
60. Scheik Abu'l Fath.
61. Waiz Asghar.
62. Waiz Akbar.
63. Scheik Abdu'llah.
64. Scheik sultan Masaud.
65. Scheik Saman.
66. Scheik Sulaimán.
67. Scheik Nasiru'd-din Nasimi.
68. Shahabúd-din Farruk Shah Kabuli.
69. Scheik Muhammad.
70. Scheik Yúsuf.
71. Scheik Ahmad.
72. Scheik Shnaib.
73. Scheik Salman.
74. Scheik Iamalu'd-din.
75. Scheik Faridu'd Masáud ou Shakar Ganj.
76. Scheik Nasru'llah.
77. Scheik Baiyazid.
78. Shah Kamalu'd-din Maulvi.
79. Scheik Babau'd-din.
80. Scheik Mughis.
81. Scheik Khoju.
82. Scheik Ahmad.
83. Scheik Daulat ou Scheik Kalai.
84. Scheik Núrúd-din.
85. Scheik Niamatu'llah.
86. Scheik Faizu'llah.
87. Scheik Abd'ul Kadir ou Scheik Kalai deuxième du nom.
88. Scheik Abd'ul Ghani.
89. Scheik Muhammad Akram.
90. Scheik Lutfu'llah.

MÉMOIRES

DE

LUTFULLAH

CHAPITRE PREMIER

Ma naissance et mes parents. — Mort de mon père. — Ma mère
trouve un asile chez mon oncle. — Famine et persécution de mes
cousins. — Mes mauvaises inclinations. — Je rase un prêtre et je
purge mon maître d'école. — Je manque de me noyer dans la
fontaine de Dháránagar où m'avaient conduit mes cousins. — Rajárám le bon Samaritain. — Une recette nouvelle pour la dyssenterie. — Fin de mon enfance.

Je fis ma première entrée en ce monde de merveilles
dans l'ancienne ville de Dháránagar, en Málwah, un
jeudi, le 7 du mois de rajab de l'année 1217 de l'hégire,
correspondant au 4 novembre 1802 de l'ère chrétienne.

Mon père était un mahométan de l'ordre sacré. Il descendait du shah Kamáluddin qui, de son temps, avait été

un grand saint dans la province de Málwah, et le guide
spirituel aussi bien que le précepteur ordinaire du sultan
Mahmoud-Khilji, pendant une période de trente-six ans,
de 1434 à 1470 de l'ère chrétienne. A la mort de ce vénérable ami et conseiller, le bon sultan éleva un magnifique mausolée à la porte occidentale de la ville,
et il le consacra à la mémoire de ce saint homme.
Vis-à-vis il fit construire un autre édifice surmonté
d'un superbe dôme et qu'il réserva pour ses propres
restes mortels qui y reposent encore. Près du mausolée
était un ancien temple hindou d'une grande étendue et
qui, par l'ordre du sultan, fut transformé en une belle
mosquée. Il affecta à perpétuité, à ces lieux sacrés, environ trois cents acres de terre qui les joignaient immédiatement et dont le produit annuel devait être employé
aux réparations que pourraient exiger les édifices et à
l'entretien de la postérité du saint. Il fit plus, il accorda
à cet établissement une allocation d'une roupie par jour
à prendre sur le revenu de certaines prairies. Mes ancêtres jouirent de ces droits jusqu'à l'année 1706 de l'ère
chrétienne. Mais, après le règne d'Aurengzeb, les Mahrattes, s'étant emparés de la province, confisquèrent à la
fois les terres et l'allocation, en laissant cependant, pour
la forme, environ deux acres de terre pour le soutien
de l'existence de mon aïeul. Ce fut ainsi qu'une famille
qui, pendant près de trois siècles, avait vécu dans l'opulence, fut réduite à un état voisin du dénûment. Pour
employer une métaphore orientale, la lumière du jour
lui fut ôtée et les ombres de la nuit s'amoncelèrent autour d'elle.

Mon père, très-jeune encore, puisqu'il n'avait pas plus
de sept ans, se mit à voyager dans le pays en compagnie

de quelques parents, pour faire son éducation. Au bout
de peu d'années, il était passé maître dans sa profession,
celle de mollah (prêtre), et, comme il atteignait sa quin-
zième année, ses compagnons désirèrent retourner dans
leur pays. Mais la beauté des provinces supérieures,
leur délicieux climat et la peine qu'il aurait éprouvée à se
séparer de bons amis qui lui en rendaient le séjour fort
agréable, retardèrent son retour de dix ans encore. Enfin,
parvenu à l'âge de vingt-six ans, il quitta Delhi sur les
pressantes instances de son père, pour regagner la maison paternelle, et rien de particulier ne lui arriva dans
son voyage jusqu'à Agra. Là, comme sa personne inspirait les plus vives sympathies, que son esprit était hautement cultivé, ses manières séduisantes, et qu'il était
dans la fleur et dans la force de l'âge, on lui offrit en
mariage la fille de la personne chez laquelle il logeait. Il
accepta cette offre, oubliant les raisons urgentes qui le
rappelaient auprès de son père, et cette circonstance le
retint encore quatre ans. Ce fut pendant son séjour à
Agra qu'il reçut la nouvelle de la mort de son père, ce
qui le détermina à hâters on retour dans son pays, qu'il
était dans sa destinée de ne plus quitter.

A l'âge de quarante-neuf ans, il eut le malheur de
perdre son excellente femme dont il avait eu deux filles.
Ceux qui sont familiarisés avec les sentiments des Orientaux savent avec quelle anxiété chacun d'eux, mahométan ou Indou, désire avoir un fils auquel il puisse
laisser son nom et qui le transmettè (comme dit le
poëte anglais) aux âges à venir. Ceux-là comprendront
ce que dut éprouver mon père en se voyant veuf à une
époque avancée de sa vie, avec la triste perspective de
descendre dans la tombe comme le dernier rejeton mâle

de sa race. Toutefois, s'il n'avait consulté que ses propres inclinations, il se serait résigné à cette destinée, si amère qu'elle fût, plutôt que de chercher à oublier dans la société d'une seconde épouse le chagrin que lui avait causé la perte de la première compagne de sa vie; mais, sur les vives instances de ses amis, il se décida, au bout d'une année de veuvage, à épouser une fille de dix-sept ans, d'une beauté achevée, de manières élégantes, d'une vertu solide, d'une bonté parfaite et d'une famille égale à la sienne sous le double rapport des avantages sacrés et sociaux. Lecteur, cette femme fut ma mère, et, par conséquent, vous me pardonnerez, j'en suis sûr, de mettre une chaleur plus qu'ordinaire à payer à son mérite le tribut qui lui est dû.

Environ trois ans après cette seconde union de mon père, l'arbre de ses espérances porta son fruit, et l'humble auteur de ces mémoires apparut sur le seuil de l'existence à la grande joie de ses parents et de tous ceux qui s'intéressaient à leur bonheur. Il y eut cependant des gens unis assez étroitement à moi par le sang, des cousins du côté paternel, auxquels ma naissance fit éprouver autre chose que de la satisfaction, à la pensée que, si je vivais, la moitié des profits, provenant de ce qui était resté des libéralités du sultan Mahmoud, deviendrait nécessairement mon lot. Ces profits étaient misérables; c'était quelque chose comme deux cents roupies ou environ vingt livres sterling par an ; mais, si minces qu'ils fussent, la perspective d'en perdre une portion suffit pour allumer et développer au sein de mes parents dénaturés un feu d'envie et de haine dont j'aurai bientôt occasion de donner de nombreuses preuves. Mais laissons cela pour le moment, et revenons à la tâche plus agréable de peindre la félicité de mes chers parents en voyant la bénédiction qu'il avait plu au Tout-Puissant de répandre sur leur union. — Pour lui témoigner les sentiments de reconnaissance que leur inspirait sa bonté et en même temps pour donner à l'événement la commémoration qui leur semblait lui convenir le mieux, ils me donnèrent le nom de *Lutfullah* qui signifie : *faveur de Dieu*. Deux ans après ma naissance, mon père eut un second fils, mais qui ne vécut que quelques mois, et j'étais à peine âgé de quatre ans, lorsque mon père bien-aimé nous fut aussi enlevé, laissant ainsi une jeune veuve et un orphelin sans appui et ayant à en chercher où ils pourraient.

Notre position devint alors vraiment déplorable. Ma pauvre mère, sans aucune expérience des affaires de ce monde, accablée de la soudaineté et de la force du coup qui venait de nous frapper, ne savait de quel côté se tourner pour trouver aide et conseil. Mes cousins, se trouvant tous dans la misérable condition dont j'ai parlé plus haut, bien loin de lui porter aucun secours, ne cessaient de faire tous leurs efforts pour consommer notre perte; et, pour mettre le comble à notre misère, le pays était affligé d'une famine telle qu'on n'en avait probablement jamais vu. Cette dernière calamité est aussi présente à mon souvenir que si elle datait d'hier. Un grand nombre de personnes mouraient chaque jour de faim; on emportait les corps hors de la ville par dizaines et par vingtaines; on les brûlait, et pour cause, dans une immense fosse, ou on les jetait pêle-mêle dans des puits taris; mais je ne puis m'empêcher de citer un trait particulier de ce temps d'horreur, il montrera jusqu'à quel épouvantable degré de férocité la faim peut faire descen-

dre la nature humaine. Un jour mon oncle me mena voir
une femme à laquelle on avait infligé pour punition
d'être promenée sur un âne par les rues de la ville;
cette malheureuse avait une moitié du visage peint en
blanc et l'autre en noir, et elle était tournée du côté de
la queue de l'animal. Ne connaissant pas la cause de
cette étrange exposition, sa vue m'amusa d'abord beaucoup, mais ma gaieté disparut bien vite quand j'appris
que la malheureuse créature que j'avais sous les yeux,
habitante d'un village bheel, dans le district, et condam-
née à la transportation pour la vie, avait été convaincue
d'avoir tué l'enfant d'un de ses voisins, de l'avoir fait
bouillir et de l'avoir mangé pour apaiser sa faim.

Mais revenons à mes propres affaires. A l'expiration
du « chihlum » c'est-à-dire des quarante jours de deuil
prescrits par les coutumes des musulmans dans l'Inde,
alors que le souvenir du défunt est censé ne plus occuper les pensées de ses tristes survivants à l'exclusion des
autres affaires de la vie, ma mère jugea à propos de
quitter la maison de feu mon père où elle était entourée
d'une foule de faux amis qui ne songeaient qu'à achever
notre ruine. Nous allâmes, en conséquence, demeurer
chez sa mère et son frère qui nous reçurent et nous traitèrent avec la plus grande tendresse. Ces bons parents
n'avaient pas, comme mes cousins de la ligne paternelle, d'intérêt pécuniaire qui étouffât ces sentiments de
bienveillance que produisent les liens de la nature aban-
donnés à eux-mêmes. Bien que deux membres de plus
ajoutés à leur famille pesassent nécessairement beaucoup à leurs petits moyens, nous ne pûmes douter, à la
vivacité de leur sympathie, de la part qu'ils prenaient
au triste état où nous avait laissés la mort de mon père.

Mon bon oncle me traita à l'égal de ses propres enfants;
peut-être même se montra-t-il plus tendre, plus bienveillant encore envers moi qu'envers eux, touché qu'il était
de me voir entièrement privé d'appui.

Le traitement que je reçus de ma grand'mère ne fut
pas moins affectueux.

Sous ce toit hospitalier nous passions notre temps
tranquillement; mais, à cette époque, la turbulence de
l'anarchie avait pour se déployer un champ beaucoup
plus vaste qu'elle ne l'eut quelques années après, quand
le pouvoir de la Grande-Bretagne s'appliqua à la faire
cesser. Deux ou trois fois par an, on nous annonçait
l'approche de troupes nombreuses de Pindaries qui
avaient ravagé les districts environnants, ou bien que
quelque potentat des environs méditait une attaque contre la ville pour y lever des contributions; alors le cœur
des habitants se glaçait d'épouvante et de terreur. Les
bijoux, l'argent, tout ce qui avait de la valeur était en-
foui sous terre ou caché ailleurs. Quand l'attaque contre
la ville se réalisait, la situation des habitants était vraiment pitoyable. Ils étaient littéralement entre deux feux
dont ils éprouvaient un égal dommage, les canons, les
balles de la citadelle, au lieu de remplir leur destination
qui était d'atteindre l'ennemi, tombant généralement à
moitié route et frappant d'épouvante, de mort ou de
destruction, sur les remparts mêmes de la ville, les habitants ou leurs propriétés. Les pertes étaient donc grandes, alors même que l'ennemi échouait dans son entreprise, et, quand la victoire se déclarait pour lui, ceux
des habitants qui avaient survécu au désastre devenaient victimes de la cruauté la plus raffinée, dans le but
de leur faire déclarer les lieux où ils avaient caché leurs

trésors. Parmi les nombreuses tortures auxquelles les vainqueurs avaient recours, les trois suivantes étaient généralement celles qui produisaient le plus d'effet : La première consistait à attacher la victime en croix et tête nue aux rayons brûlants du soleil pendant que ses oreilles, pincées entre les ressorts d'une batterie de mousquet, supportaient le poids énorme de cette arme; dans la seconde, après l'avoir attachée, comme il vient d'être dit, en l'exposant au soleil, on lui mettait sur la tête une pierre d'un poids écrasant dessous laquelle on plaçait un gravier de la forme et de la grosseur d'une grappe de raisin, qui s'enfonçait ainsi graduellement dans le crâne du patient ; dans la troisième, on étendait sur son visage une *muselière* remplie d'un mélange de cendre et de poivre rouge en poudre, de façon à envelopper son nez et sa bouche; ce supplice produisait d'abord un éternument des plus violents, et, s'il durait plus d'un quart d'heure, une mort horrible par suffocation. Et toutefois ces tortures et quelques autres égalant en cruauté celles pratiquées par l'inquisition dans les pays catholiques, ainsi que je l'ai lu plusieurs années après, étaient, en général, sans succès; en bien des circonstances l'amour de l'or prévalait sur l'amour de la vie. J'ai entendu parler de bien des personnes qui se renfermèrent résolûment dans un silence absolu, en dépit des angoisses de leur agonie, jusqu'au moment où la mort les délivra de leurs souffrances et les rendit à notre mère commune, à cette terre où ils avaient caché leurs bien-aimés trésors.

Nos demeures cependant, habitées par des familles sacrées, furent toujours respectées par toutes les troupes de bandits. Bien plus, ils faisaient habituellement quelques présents à mon oncle, surtout quand ils quittaient la ville, considérant ces présents comme une sanctification de leur pillage. Les gens de notre voisinage, musulmans ou Indous, tous ceux enfin qui avaient l'occasion et les moyens de se cacher chez nous et d'échapper ainsi à de diaboliques outrages, nous faisaient quelques cadeaux, de sorte que nous n'étions pas trop mal dans nos affaires, même dans ces temps de désolation; mais les souffrances de nos concitoyens rendaient nos existences sombres et misérables.

Mon bon oncle épousa notre cause contre nos autres parents usurpateurs et réclama pour nous la moitié du produit des terres de la fondation religieuse et des offrandes quotidiennes faites au mausolée de notre ancêtre. Par suite, ils nous payèrent de temps en temps quelques roupies, disant toujours qu'ils ne payeraient plus rien, comme ils firent plus tard, à moins que je ne consentisse à me rendre chaque jour à la fondation pour y surveiller les offrandes, ou que je n'y envoyasse quelqu'un à ma place. Mon oncle nous donnait bien tout l'aide pécuniaire qu'il pouvait, mais il avait alors à soutenir une nombreuse famille de sa propre lignée, et ma mère n'aimait guère à augmenter ses charges de nos besoins. Elle possédait quelques bijoux qui lui avaient été donnés en dot et d'une valeur d'environ quatre cents roupies; elle fut obligée de les vendre un à un. Dans l'espace d'une année, ils disparurent tous. Heureusement pour nous, la misère fit de même.

Au bout de peu d'années, ma prononciation était devenue aussi correcte que possible; je m'exprimais bien, et je commençais à débiter à ma mère et à mes parents des contes qui excitaient souvent leur gaieté; j'étais, de plus, une jeune créature fort maligne, ne songeant qu'aux moyens de jouer des tours, au grand déplaisir de mes protecteurs.

Un jour, ayant attrapé quelques grenouilles, j'allai les mettre, en cachette, dans la corbeille à ouvrage d'une dame, parmi ses aiguilles, son fil, son coton, etc. Après avoir attendu avec impatience le moment où, ayant vaqué à ses occupations domestiques, elle reprenait, après déjeuner, son paisible travail, je tins alors mes regards fixés sur la corbeille; et la pauvre lady n'en eut pas plutôt soulevé le couvercle, que les animaux emprisonnés ayant sauté sur elle, elle jeta un cri perçant et faillit tomber en défaillance, aux grands éclats de rire des assistants.

A l'âge de cinq ans, je devins plus turbulent, et il fut décidé qu'on m'enverrait à l'école. On choisit un jour de bon augure et on me conduisit à l'endroit où se tenait la classe. Je m'y rendis bien malgré moi et comme un agneau qu'on aurait mené à la boucherie.

Mon oncle me présenta au maître qui se chargeait de mon instruction et qui ne tarda pas à éprouver une vive satisfaction en voyant que j'apprenais mes leçons plus vite que mes condisciples. Je savais mon Coran aussi bien qu'aucun prêtre. Dans l'espace de six mois, j'appris toutes les prières de l'Islam, et je fus reçu partout avec éloge. Quand il m'arrivait de réciter quelques passages du livre saint dans une assemblée nombreuse, on me prodiguait les applaudissements et les cadeaux.

Pendant ce temps, je ne fus puni qu'une seule fois, mais très-sévèrement et pour une grave offense que j'avais faite à un saint homme, nommé scheik Nasrullah.

Ce bon vieillard était un prêtre du village de Hasilpour, distant d'environ cinquante milles de notre demeure. C'était un ami intime de mon oncle, auquel, de temps en temps, il faisait des visites qui certes n'étaient pas de peu de durée. Ce n'était pas un jour ou deux qu'il venait passer chez lui, mais des semaines, quelquefois des mois. Nos moyens étaient trop restreints pour pouvoir défrayer sans peine ce vieux prêtre, qui semblait ne se préoccuper en rien de notre position. Mais mon oncle, qui n'avait pas son pareil en libéralité, en générosité, en humanité, mettait en gage ses habits et s'endettait pour traiter convenablement son hôte.

Il arriva donc que le vieux scheik Nasrullah nous fit visite, comme c'était sa coutume. C'était un vieillard d'un grand esprit. Presque toutes ses phrases pouvaient passer pour des sentences. Sa tournure et ses traits me sont encore très-présents. Il était grand, d'une bonne et robuste mine. Son front était enfoncé; il louchait beaucoup et sa tête se balançait sans cesse d'arrière en avant et réciproquement, comme celle d'un homme qui approuve ce qu'on lui dit. Il n'avait pas une seule dent, mais sa longue barbe blanche cachait cette difformité. Il aimait à parler à ce point, qu'il prononçait toujours quelques paroles, qu'elles eussent du sens ou qu'elles n'en eussent pas, qu'il eût un auditeur ou non. Quoique ce soit un crime de mal parler de nos voisins, surtout de ceux qui ne sont plus, *de mortuis nil, nisi bonum*, je ne puis m'empêcher de rappeler ici cette remarque de lord Bacon :

« Les gens disgracieux le sont communément, même avec la nature. Car, de même qu'elle a fait le mal en les créant, ils le font, eux, tout naturellement. »

Bref, il n'était pas aisé à mon pauvre oncle d'échapper à son vieil ami après souper. Celui-ci s'endormait souvent pendant ses interminables discours et ne se réveillait que pour faire ses prières du soir. Le vieux prêtre, Dieu lui pardonne (ou plutôt me pardonne à moi-même le crime que je commis sur sa personne sacrée)! le vieux prêtre, pour une raison ou pour une autre, ne m'aimait pas; il me réprimandait à tout propos et me reprenait sévèrement quand je faisais la plus légère méprise, même dans la prononciation d'un mot. Ces injustes réprimandes me firent prendre la résolution de me venger de lui.

Un vendredi, jour de notre sabbat, étant en vacance, suivant l'usage de toutes les écoles musulmanes, je me rendis au marché avec quelques pièces de monnaie qui me restaient des cadeaux que j'avais reçus, et j'achetai un peu de poudre à canon. Ce même jour, après la prière de midi, le vieillard, étant rentré chez nous, alla se placer, pour se livrer au sommeil, dans l'endroit le plus aéré de la véranda. Son estomac chargé de nourriture, sa large bouche ouverte, ses yeux à moitié fermés et sa longue et épaisse barbe blanche tombant sur sa poitrine comme une botte de foin, en faisaient un tableau vraiment risible. J'entrai doucement, je m'approchai de lui et je répandis sur sa barbe le combustible dont j'avais fait emplette. Me retirant alors, j'y mis le feu à l'aide d'une mèche que j'avais attachée à une longue baguette, ayant soin de m'enfuir à quelque distance, mais de façon cependant à ne pas me priver du plaisir de voir la barbe s'enflammer tout à coup. Le vieil homme, sortant de son sommeil au moment où la flamme commençait à atteindre son visage, se mit à crier en signe de détresse : Laillah, illilah! « Il n'y a qu'un Dieu, il n'y a qu'un Dieu! » Il sortit alors plein de rage, tandis que je me tenais couché, sans qu'il pût m'apercevoir, à la porte de la *zananah*, contemplant la scène à travers le trou de la serrure avec des yeux brillant d'admiration et de plaisir. Il frappait à droite et à gauche avec son bâton, disposé à tomber même sur le diable, s'il l'eût rencontré. Il avait le visage et les mains brûlés, et sa barbe passée par la flamme, jointe à sa laideur naturelle, ne laissait pas que d'en faire un objet assez hideux. Ses cris ne tardèrent pas à attirer vers lui mon oncle, qui était alors occupé à lire; en voyant son ami incendié de la façon que je viens de dire et dépouillé de sa barbe, mon oncle s'écria : « Qui vous a mis dans cet état, scheik Nasrullah ? — Qui m'a mis dans cet état ? le diable lui-même, répliqua le bonhomme ; je suis à jamais perdu. Dieu m'a puni pour mes péchés; mon honneur s'en est allé avec ma barbe. O ma barbe! ma barbe!... » En examinant de près son visage et en entendant de pareilles exclamations, mon oncle ne put s'empêcher de sourire, ce que le bonhomme lui reprocha amèrement, disant : « N'avez-vous pas honte de rire du malheur d'un de vos frères? » Mon oncle lui demanda pardon, et, comme il s'informait de nouveau comment la chose avait pu arriver, le bonhomme s'écria :«Oh ! le dogue! la brute! l'infidèle ! le petit Satan !... C'est lui, j'en suis sûr, c'est votre savant neveu qui a fait cela. Voilà ce dont est capable celui que vous appelez un enfant qui promet ! »

En entendant tout cela, je tremblai et je m'empressai d'aller me jeter sur mon lit, où je feignis de dormir profondément. Pendant ce temps, mon oncle répandit sur le visage et les mains de son ami quelques fioles d'encre (ce qui était le remède usité dans le pays pour les brûlures), et tâcha de le consoler en lui représentant que nous ne pouvions rien contre les décrets de la Providence; que chacun devait s'y soumettre; que la main toute-puissante de Dieu avait soumis tout mortel à cette

loi, et que nous devions tout supporter avec patience
suivant la maxime : *Beneficiis maleficia pensare* (il faut
rendre le bien pour le mal). Du reste, il assura à son
ami que je serais puni de façon à n'être pas tenté de recommencer, assurance qui donna au vieux scheik plus
de consolation que la doctrine qu'il avait précédemment
entendue. Mon oncle vint alors vers moi déterminé à
remplir sa promesse; mais son cœur était si tendre, qu'il
ne se sentit pas la force de me châtier. Il pria ma mère
et ma grand'mère de le suppléer dans cette tâche, et là-
dessus ces deux dames, s'armant de petites cannes de
jonc, sans m'adresser aucune question préalable et sans
juge ni jury, se mirent à s'exercer impitoyablement sur
mon derrière. Je criai merci, protestant de mon innocence et affirmant que je *n'avais point brûlé la barbe*,
dénégation irréfléchie qui, en aggravant ma culpabilité,
la mit tout à fait hors de doute. Heureusement, mon
oncle étant présent, je ne reçus que peu de coups et je
fus promptement délivré des mains des belles personnes qui s'étaient chargées de ma torture.

Ma mère jura alors par le Coran qu'elle me brûlerait
les mains avec une paire de pincettes rougies au feu si
je me rendais jamais coupable d'un acte pareil à celui
que je venais de commettre; mais je fus enchanté d'en
être quitte à si bon marché, ne me doutant pas que le
jour suivant j'aurais à subir une autre volée de coups.

Le lendemain matin, de bonne heure, je me rendis
comme à l'ordinaire à l'école, avec mes livres et mon déjeuner. A mon arrivée, mon maître me regarda de travers,
d'un air de mauvais augure, et ne me rendit point mon
salut. Un de mes camarades, qui se trouvait près de moi,
me dit tout bas à l'oreille que le vieux scheik avait

raconté au maître le tour que je lui avais joué et que je
ne tarderais pas à en éprouver les conséquences. Les
écoliers étaient alors examinés sur leurs leçons de la
veille, et ils avaient à répéter par cœur ce qu'ils avaient
appris dans les trois jours précédents, ce que je fis très-
couramment et sans commettre une seule faute; mais,
comme nous nous disposions à nous mettre en rang pour
quitter la classe, le maître me demanda : « Avez-vous,
hier, brûlé la barbe du vieux scheik ? — Non, monsieur,
répliquai-je, j'y ai mis le feu par mégarde, et j'ai été
puni pour une simple maladresse.—Par mégarde ! vous,
petite brute ! répliqua-t-il; c'est un crime odieux que
vous avez commis, et, si vous n'en receviez de moi quelque récompense en addition de celle que vous avez déjà
reçue, vous essayeriez certainement un de ces jours de
me brûler la barbe à moi aussi. » A ces mots, il m'en-
traîna au poteau et me fouetta jusqu'au sang.

Ce châtiment inattendu m'inspira encore le désir de
me venger cette fois de mon maître; et, dans cette seconde circonstance, je m'y pris si bien, que je ne fus pas
découvert.

Cependant la superstition de mon maître lui fit craindre que la main invisible ne le punît un jour d'avoir
maltraité un orphelin sacré, et plusieurs songes le con-
firmèrent dans cette appréhension. Il était agité de ces
idées lorsque, deux ou trois jours après la scène que j'ai
racontée plus haut, ayant trouvé un moment pour aller
encore à la place du marché, j'y achetai quelques noix
de crotone (*croton tiglium*), que je savais être un pur-
gatif sévère, mon oncle l'ayant administré comme médecine à plusieurs personnes. Je pilai une de ces noix et
après l'avoir enveloppée dans un morceau de papier, je

la cachai dans mon turban. Le lendemain matin, en arrivant à l'école avant les autres écoliers, comme c'était
ma coutume, j'y trouvai des tasses de café préparées
pour mon maître et trois de ses amis, et posées sur le
tapis à la place que devait occuper chacun des personnages, en ce moment livrés, dans une pièce voisine à une
chaude discussion théologique. Le serviteur étant alors
sorti pour les prévenir, je retirai promptement la poudre
de mon turban et la jetai dans la tasse de mon maître,
en ayant soin de la mêler au breuvage avec le doigt. Sur
ces entrefaites arriva un jeune garçon, qui, me voyant
près des tasses, s'écria : «Ah! ah! le voleur!...» Le maudissant intérieurement, je lui demandai s'il était aveugle
pour m'accuser ainsi, quand je ne m'occupais qu'à chasser les mouches avec mon turban. Je le priai même de se
charger à ma place de ce soin, en ayant pris plus que
ma part. Il y consentit, et alors, retournant à ma place,
je me mis à lire mes livres avec une attention en apparence des plus profondes.

Mon maître et ses amis entrèrent à ce moment, poursuivant leur savante conversation, et se mirent à boire
leur café.

Environ une heure après le départ de ces derniers,
mon maître commença à se sentir mal à son aise. Je vis
clairement que mon spécifique commençait à faire son
effet. Son teint brun devint pâle, ses yeux vifs se terni-
rent et se cavèrent, et, un mal de cœur violent accompa-
gnant le tout, il nous dit qu'il nous donnait congé, se
sentant très-souffrant, ce qu'il attribuait à sa propre imprudence, ayant trop mangé à un souper auquel il avait
assisté la veille. « Ces repas, ajouta-t-il, me tueront un
jour ou l'autre. »

Chacun reçut gaiement l'avis de sa mise en liberté et se mit à rassembler ses livres. Pendant ce temps, la souffrance du malheureux instituteur empira. Il jeta son rosaire d'un côté, son turban de l'autre, et commença à se rouler sur le plancher, tenant son large coussin pressé entre ses bras et maudissant de grand cœur le souper et son amphitryon. Au moment où nous nous apprêtions à partir et à faire au digne précepteur nos salutations, il fut saisi de vomissements violents et d'autres symptômes également pénibles. C'est dans cet état que nous laissâmes le pauvre homme.

Pour mon compte, je regagnai la maison riant d'un œil et pleurant de l'autre. A dire vrai, bien que je fusse enchanté de m'être vengé, je ne pus m'empêcher de penser que ma vengeance avait excédé la punition que j'avais reçue; que le quart de la dose par moi administrée au bonhomme aurait amplement suffi, et que, si quelque chose de pire venait à lui arriver, ma tête serait chargée de son sang au jour du jugement, selon la doctrine que m'avaient prêchée mon oncle et bien d'autres. Ce fut avec ces sentiments confus que j'arrivai au logis. Ma mère, surprise de mon retour, m'en demanda la cause, et, en la lui expliquant par la grave indisposition du maître, je me donnai bien garde d'oublier le malheureux souper où, la veille, il avait, suivant son habitude, chargé son estomac outre mesure. Sur ce, ma mère m'ordonna de m'asseoir près de son rouet et de lui lire ce que j'avais appris dans la semaine.

Mon oncle était sorti de bonne heure pour aller à ses arbres et ne rentra que dans l'après-midi. Informé de l'indisposition de l'instituteur, il nous dit qu'il la lui avait prédite la veille au soir, voyant la manière dont il

faisait honneur au souper. Il se rendit immédiatement
chez lui, et, le trouvant épuisé et presque sans vie, il lui
fit prendre quelques cordiaux, et, après avoir donné ses
instructions à celui qui le servait, il retourna chez lui.

Le lendemain matin il se trouva mieux; mais il resta
plusieurs jours sans pouvoir reprendre sa tâche, et pendant ce temps ma mère et mon oncle s'occupèrent de
me faire étudier.

Quand la santé de l'instituteur fut rétablie, l'école se
repeupla, et je m'y rendis comme de coutume. La profonde superstition du pauvre précepteur le porta alors à
me montrer plus de respectueux égards qu'il n'était nécessaire. Il disait à qui voulait l'entendre que son indisposition était due au mécontentement des saints mes
ancêtres, desquels il avait reçu dans ses songes maint
avertissement. Il me demanda pardon de m'avoir traité
si mal. Ainsi, à l'âge de sept ans, j'étais un petit prêtre;
chacun me baisait les mains, et j'étais respecté de tous.

Il n'était plus nécessaire de me faire apprendre le livre saint; je le savais par cœur. Je connaissais toutes les
formules des prières. Je fus ainsi conduit à répéter quelques sermons en chaire, les vendredis, et, si j'ai bonne
mémoire, je m'acquittais bien de ce devoir.

On me retira bientôt de l'école du Coran et on me
donna un instituteur persan. Mes études devinrent alors
plus fortes. J'avais avec ce nouveau maître deux leçons
de lecture et d'écriture par jour. Le soir, mon oncle se
faisait un plaisir de mettre dans ma jeune tête les éléments de la grammaire arabe, que je détestai d'abord,
ne connaissant pas l'importance de ce qu'on m'apprenait.
En revanche, j'aimais le persan, que j'avais entendu parler dès mon enfance, tous les membres de notre famille

faisant usage de cette langue dans leurs discussions secrètes et religieuses, etc. En outre, mon maître était un
galant homme du plus aimable caractère. Il répondait
pleinement à toutes mes questions et prouvait logique-
ment tout ce qu'il avançait. Il se fâchait rarement, et,
quand cela lui arrivait, ses reproches étaient plus doux
que les applaudissements mêmes de mon premier maître.
Du reste, c'était par pure obligeance qu'il consentait à
m'instruire. Il était officier de Sa Hautesse le Guicowar,
en service dans la localité, et ne tenait point d'école.

A l'âge de huit ans, je pus lire les célèbres ouvrages
de l'immortel Sâdi. J'écrivais passablement le persan, et
je connaissais à fond les éléments de la grammaire arabe.
Dans le cours de cette même année, je courus un grave
danger, mais je fus assez heureux pour échapper aux griffes
de l'ange de la mort. Ceci se passa un vendredi que j'é-
tais allé à la fondation, mon oncle m'ayant ordonné de
m'y rendre de temps en temps, afin que mes droits au
revenu restassent incontestés. Mes deux cousins m'y
reçurent comme de coutume avec une hypocrite bienveillance, et je m'arrêtai pendant un certain temps à
causer avec eux. Ils me dirent que j'étais trop sage pour
mon âge, que je passais ma vie dans une sorte de prison,
sous des maîtres, et que j'arriverais à leur âge, c'est-à-
dire à dix-sept ou dix-huit ans, sans avoir acquis la moindre connaissance du monde. Je ne fis aucune réponse à
ces observations, mais je ne pus m'empêcher d'admirer
leur condition en la comparant à la mienne. Ils n'étaient
pas soumis à l'esclavage de l'école, ils jouissaient d'une
entière liberté, jasant, riant, jouant comme il leur conve-
nait, tandis que moi j'étais confiné dans un donjon avec
un amas de sales papiers. Je me fis néanmoins en

même temps cette réflexion que font communément tous les musulmans, qu'il avait été écrit dans le livre de la destinée que mes cousins auraient une bonne et indulgente mère et que j'en aurais une sévère; qu'il fallait donc me résigner à ce qu'avait voulu le destin, et ces pensées me consolèrent. Sur ces entrefaites arriva une troupe d'enfants, et, nous joignant tous à eux, nous nous mîmes à jouer, à courir pendant une heure. Alors, et sur les dix heures à peu près, nous trouvant fatigués, mes deux cousins nous proposèrent de nous rendre à un bassin du voisinage pour nous y baigner, et la petite troupe, marchant çà et là, en prit la route.

C'était un petit, mais charmant réservoir, construit à la jonction de plusieurs sources descendant des montagnes. Son volume d'eau était à peu près de quinze verges carrées; sur trois de ses côtés il était presque au niveau de ses degrés de pierre rouge, mais le quatrième côté était bâti perpendiculairement, et là l'eau était très-profonde. Le lieu était enchanteur, ombragé d'arbres verdoyants, chargés de fruits et de fleurs, et environné de magnifiques temples indous, à quelques yards de distance.

A notre arrivée, mes cousins et les autres se jetèrent dans l'eau de l'énorme hauteur du quatrième côté et se mirent à nager d'un côté à l'autre, paraissant s'amuser grandement. Je brûlai du désir d'en faire autant, et, le lisant dans mes yeux, mes cousins me dirent de venir les joindre. Je répondis que je ne savais pas nager; mais ils offrirent de se charger de moi en me soutenant de leurs bras. J'acceptai l'offre et me déshabillant aussitôt, j'entrai dans l'eau. Mes cousins me la firent traverser

une ou deux fois, et puis, au beau milieu, ils m'aban-
donnèrent à ma destinée. Je m'enfonçai et revins sur
l'eau à une ou deux reprises, et puis je m'y enfonçai de
nouveau pour ne plus reparaître, si telle avait été la volonté de Dieu. Mes cousins et leurs camarades, que j'ap-
pelais à mon secours, s'enfuirent, les premiers sous
le prétexte qu'ils allaient chercher quelqu'un pour me
tirer de l'eau, mais pensant vraisemblablement qu'avant
leur retour j'aurais cessé d'être. Je ne sais quel temps
s'écoula avant mon sauvetage; mais, en reprenant mes
sens, je me trouvai suspendu à un arbre, les pieds en
haut, la tête en bas, l'eau mêlée d'écume ruisselant de
ma bouche, de mon nez et de mes yeux. A mon côté,
je vis un brahmane qui tournait autour de moi. Comme
la corde qui me suspendait à la branche me serrait fort
et que j'étouffais, je voulais parler, mais je ne pouvais.
Enfin je fis signe de la main au brahmane de me délivrer
de ma torture, et le brave homme s'y décida; après quoi
il m'assit sur son épaule droite, et se mit à tourner
comme une toupie, jusqu'à ce qu'il tombât avec moi d'é-
puisement. En peu de temps je repris mes forces; je pus
me tenir sur mon séant, mais je fus saisi de vomissements violents dont je souillai ses vêtements. L'eau jaillit de ma bouche environ une heure durant; pendant ce
temps, le bon brahmane se lavait, se baignait, se puri-
fiait dans la fontaine. Puis, s'étant assis à une certaine
distance de moi, il murmurait en sanscrit ses prières,
tout en jetant sur ma personne des regards de compassion. Il me demanda enfin comment je me trouvais. A
cette bienveillante question, je répondis que j'étais presque entièrement rétabli, et, le saluant avec respect, je
lui demandai son nom. Il me répondit qu'il se nommait

Rajárám et qu'il était le principal gardien du temple qui
se trouvait en face; qu'il avait eu les yeux sur moi pendant tout le temps, et que, lorsque mes compagnons s'é-
taient enfui me laissant en danger de mort, son dieu Ma-
hadeva lui avait inspiré le dessein de me sauver, et qu'il
avait obéi à ce commandement sacré. Il m'engagea alors
à venir me prosterner aux pieds de la divinité à laquelle
je devais la vie. Dans la situation où j'étais, je ne pouvais
me refuser au désir de mon sauveur, et j'allai m'incliner profondément, en apparence du moins, devant l'i-
mage de pierre, frappant la terre de mon front, mais
reportant intérieurement ma petite pensée au Tout-Puissant, au seul vrai Dieu, au Créateur de la pierre comme
de tous les autres êtres.

En ma qualité de jeune prêtre musulman, la première
pensée qu'on avait cherché à m'inculquer, c'était le ri-
dicule de la folie des Indous adorant des pierres taillées et préparées par leurs propres mains ou d'autres
objets en dehors de l'Être suprême.

Cette aventure cependant fit naître des doutes dans
ma jeune tête, en me montrant que le polythéisme prévalait partout, et je me fis ce raisonnement : Si le culte
indou s'adresse à des pierres, le nôtre ne s'adresse-t-il
pas à de la poussière et à des os? C'est une grande question que celle de savoir lequel de ces deux cultes mérite
la préférence, ou, si on ne doit pas même les rejeter tous
les deux. D'un autre côté, lorsque ensuite je viens à réfléchir sur le christianisme, les chrétiens eux-mêmes me
semblent être tombés dans diverses erreurs touchant
leur prophète Jésus-Christ (que son nom soit béni') les
uns en font leur Dieu, les autres le Fils de Dieu, les autres enfin une des trois personnes de la Trinité.

Quoique dans le cours de ma vie j'aie été un bon musulman, je n'ai pu me débarrasser de ces doutes confus jusqu'à l'âge d'environ trente ans, époque à laquelle l'étude approfondie de quelques bons livres assit définitivement mes idées dans la droite raison, et je connus alors que je devais et dans quelle forme je devais adorer le Créateur. Je dois néanmoins faire observer que je suis resté dans l'ignorance de mon origine et de ce qui m'attend dans ce monde invisible dont aucun voyageur n'est encore revenu.

Mes conversations sur ce sujet avec quelques-uns de mes savants amis, quoique pleines de réserve, m'ont fait passer à leurs yeux pour un infidèle, accusation à laquelle j'ai toujours répondu par une ode de notre immortel Hafiz (que la terre lui soit légère !) ode dont les vers suivants de lord Byron reproduisent à peu près les pensées :

« De bienveillants casuistes se plaisent à dire, dans des écrits anonymes, que je n'ai aucune religion; mais que ces charitables personnes viennent s'incliner avec moi dans la prière, et on verra qui de nous lui fait prendre le plus court chemin du ciel. Mes autels sont les montagnes et l'Océan, la terre, l'air, les étoiles, toutes ces œuvres du grand tout qui a créé et recueillera notre âme. »

Mais je reprends mon récit. J'avais à peine achevé mes prostrations devant l'idole, que le brahmane me montra mes compagnons revenant avec cordes et crochets pour me repêcher dans le bassin. Mes cousins accoururent m'embrasser, me nettoyèrent de la vase, de la fange dont j'étais couvert, m'aidèrent à me rhabiller en m'affirmant avec des larmes hypocrites qu'ils avaient éprouvé une grande douleur en me voyant échapper de leurs mains, et que, s'ils n'avaient pu me retirer de l'eau avec le matériel qu'ils apportaient, ils étaient déterminés à partager mon malheur en se noyant eux-mêmes. Le brahmane les écouta tranquillement raconter leur plausible histoire, les regardant me laver et m'habiller. Ceci fait, ils me prièrent de venir avec eux. Je m'y disposais, après avoir salué le brahmane, lorsque celui-ci, s'adressant à eux d'un ton de reproche, leur dit : « Vous ne quitterez pas la place sans que j'aille avec lui, et je ne vous le laisserai pas, pour que vous le jetiez dans quelque autre bassin. »

Mes cousins protestèrent, disant que j'étais leur frère; mais il les menaça d'appeler à son aide les gardiens du voisinage, qui les conduiraient ainsi que moi devant le ministre du rajah avec un rapport circonstancié sur leur infâme conduite. A ces mots, glacés d'effroi, ils se jetèrent à ses pieds, implorant son pardon au nom de la divinité du temple; ils firent même présent de quelque argent au brave homme et en obtinrent en retour la promesse solennelle que l'histoire resterait secrète.

Cet arrangement fut fort de mon goût, tremblant que j'étais de voir mon aventure, si elle était divulguée, attirer sur moi une sévère punition. Le brahmane consentit à tout ce qu'ils voulurent, excepté à me laisser aller avec eux, leur déclarant qu'il ne céderait sur ce point pour rien au monde.

Après un échange de promesses mutuelles, mes cousins partirent et Rajárám me conduisit derrière le temple, où, ayant répandu quelques bottes de gazon sous l'ombrage épais d'un arbre, il m'engagea à dormir.

Je me souviens que mon sommeil fut aussi profond que celui de l'éternité, et que jamais depuis je n'en goûtai d'aussi rafraîchissant. Quand je me levai, réveillé par le brahmane, il était nuit close. Mes habits et ma couche d'herbe étaient trempés de ma sueur. Ma tête était lourde, mes membres brisés et mes facultés mentales hébétées. Le brahmane me fit laver les mains et le visage et me demanda où je demeurais ; je le lui dis ainsi que le nom de mon oncle, ce qui suffit pour me faire fondre tout à coup en larmes. Le brahmane me prit alors par la main et me mit dans la direction que je devais prendre. Tout en marchant avec moi, il me demanda où était mon père. « Il est mort depuis longtemps, » répliquai-je. Il me fit encore plusieurs questions touchant ma situation, mes moyens d'existence et ma parenté. Je répondis à toutes le mieux qu'il me fut possible. Le pauvre homme parut profondément touché de ma misérable condition. Il me fit présent de deux roupies et me recommanda bien de ne plus aller me baigner avec mes cousins et de me défier d'eux à l'avenir.

Il me laissa à notre porte et disparut. Ma mère, mon oncle et autres furent bien joyeux de me revoir, après la longue anxiété que je leur avais causée. Mon oncle était sur le point d'aller à ma recherche, quand j'arrivai. On me demanda la raison de ma longue absence; je l'imputai à une indisposition, et, après m'avoir fait prendre un peu de bouillie, on me mit au lit.

Cinq ou six jours après, mon oncle apprit la vérité par quelques-uns de ses enfants. Il la fit connaître à ma mère, et alors tous les membres de la famille, au lieu de venir me voir pour me faire quelques reproches, comme à l'ordinaire, eurent pitié de moi. On fit venir Rajárám, et tout le monde le combla de remercîments. Ma bonne mère spécialement se montra à lui les yeux remplis de larmes, se départant ainsi en sa faveur de la rigueur imposée aux femmes musulmanes. Elle le remercia bien sincèrement d'avoir sauvé son fils unique et lui offrit une paire de bracelets d'argent et dix roupies dans une bourse, comme une faible marque de sa gratitude, en ajoutant que c'était là tout ce qu'elle possédait au monde, et que, si elle avait dix lacs de roupies, elle les lui donnerait avec plaisir, regardant encore cette récompense comme étant fort au-dessous de son bienfait. Le pauvre, mais honnête brahmane lui répondit qu'il prenait l'intention pour le fait, qu'il ne voulait point dépouiller une pauvre veuve de la moindre somme; cependant il consentit, pour lui faire plaisir, à accepter une roupie.

Après l'aventure qui venait de m'arriver, on ne me laissa plus aller ailleurs qu'à l'école. Un malheur n'arrive jamais seul. Environ deux mois après avoir échappé à la noyade, je fus saisi de la dyssenterie, maladie tenace, traînante, qui se nourrit de ma chair pendant sept longs mois. Je devins un vrai squelette. On essaya sur moi toutes sortes de médecines aussi détestables d'aspect que de goût, mais inutilement. Je ne prenais que de l'infusion de riz, et cette nourriture même semblait à mon palais pire qu'une médecine. Chacun me prodiguait ses soins. Le pauvre brahmane était souvent appelé auprès de moi. En ma présence, il s'efforçait de me donner du courage, mais il ne m'avait pas plutôt quitté, qu'il versait des larmes sur mon enfance orpheline, sur ma pauvreté et sur la maladie mortelle dont il me croyait atteint.

Sur ces entrefaites, arriva le mois de moharram, c'est-à-dire l'anniversaire de la mort de notre très-sacré roi des martyrs, l'iman Husain, fils d'Aly par la fille de notre bien-aimé prophète. A ce sujet, il se tenait dans la ville une

foire qui durait dix jours. J'avais tant bien que mal la
force de marcher avec le secours d'une autre personne,
et je priai mon oncle de m'aider à me rendre à la porte
de notre maison, où il m'assit sur un petit banc et rentra. En voyant passer tout ce peuple, à l'aspect de sa joie
tumultueuse, de ses armes et de ses instruments, etc.,
je ne pus m'empêcher d'envier leur heureux sort, de
réfléchir que mon temps était fini et qu'il ne me fallait
plus penser à ce monde où je n'avais plus à passer que
quelques jours ou plus probablement quelques heures.
Ces pensées me remplirent de découragement et de désespoir. Je ne me doutais pas que j'avais encore bien des
vicissitudes à traverser et que j'étais destiné à vivre pendant bien des années encore dans le monde de douleur et d'étonnement. J'oubliais cette providence divine dont les effets merveilleux se font sentir là où
l'homme ne peut plus rien.

Pendant que j'étais assis à la porte, mon attention se
porta sur la boutique d'un cuisinier garnie de plusieurs
espèces de gâteaux, de menues pâtisseries, etc.; je priai
mon oncle de me donner quelque argent pour en acheter quelques-unes, me sentant un besoin irrésistible d'en
manger; à quoi il fit la réponse accoutumée : « Vous
n'aurez rien de cela; ce mets est indigeste, et ce serait un
poison pour ceux qui ont la dyssenterie. Vous seriez sûr
de mourir si vous en avaliez seulement une miette. »

Je goûtai peu cet avis; toutefois je fus forcé de m'y
soumettre; mais, le jour suivant, je dérobai quelques
pièces de monnaie au sac à ouvrage de ma mère, et me
disposai à acheter, dans la soirée, de la pâtisserie défendue. Mon désir était si violent, que je l'aurais satisfait,
eut-il dû me coûter la vie. Le soir arrivé, je pris mon

bâton, et en m'appuyant sur lui, je me rendis devant la porte; je m'y assis sur le banc, j'appelai le pâtissier et je lui achetai l'objet de mes ardents désirs. Mais ici se présentait une question presque insoluble. Où pouvais-je manger ce fruit défendu sans être découvert par personne? Mon expérience m'indiqua bien vite le lieu secret que je devais choisir. Dans ce but, je m'y rendis, et j'y dévorai une quantité de pâtisserie qui, je crois, ne pesait pas moins d'une livre; et de là, gagnant mon lit, je m'y endormis, en songeant que, d'après l'avis que m'avaient donné mes bons précepteurs, le poison produirait tous ses effets pendant mon sommeil et qu'ainsi je ne me réveillerais plus pour souffrir de la dyssenterie et des autres misères de la vie. Mais le lendemain matin, à ma grande surprise et à celle de toute ma famille, je me trouvai tout à fait rétabli. Ce que mes amis et moi, d'après eux, nous regardions comme du poison, avait agi comme antidote. Je commençai à reprendre mes forces de jour en jour, et au bout de deux mois j'étais redevenu aussi bien portant que possible, sauf que mon estomac avait conservé une excessive protubérance, mais sans me causer aucune douleur. Pour me guérir de cette difformité accidentelle, mes conseillers voulurent me faire fumer le *hooka*. J'y consentis volontiers, et le résultat désiré s'opéra graduellement. Mon rétablissement ne laissa plus rien à désirer. Seulement je conservai la mauvaise habitude de fumer.

Ce chapitre se termine à ma huitième année.

CHAPITRE II

État politique des affaires vers l'année 1810. — Bruits qui se répandent sur une nouvelle race d'étrangers appelés Feringhis (barbares, sauvages). — Les voleurs bheels. — Manière de les exécuter. — Visite à Baroda. — Ma première rencontre avec les Feringhis. — Rite de la Circoncision. — Réflexions. — Visite à Ujjain. — Second mariage de ma mère. — Pillage de la maison de mon beau-père par des soldats de Scindiah. — Une histoire orientale.

Vers ce temps, des bruits de guerre se répandirent dans toutes les directions. Le royaume de Delhi avait reçu un coup funeste de la mort d'Aurengzeb, dans l'année 1706 de l'ère chrétienne; mais sa dynastie s'éteignit tout à fait dans la personne de Shah Alam, qui, après une vie de sensualité et de plaisir, fut privé de la vue par Chulan Kadis Khan, un de ses nobles, en 1788, mourut en 1806, et eut pour successeur son fils Akbar II, qui fut placé sur le trône par les Mahrattes. Voyant le royaume dans cet état, les gouverneurs des différentes provinces se rendirent indépendants.

Ces événements étaient accompagnés de nouvelles d'un grand intérêt pour nous. Depuis environ soixante

ans et pendant le règne de Mohamed Shâh, quelques
aventuriers étrangers, étonnants de caractère et de manières, avaient fait leur apparition dans le pays où ils
avaient commencé à s'établir, profitant de la faiblesse de
l'empereur et de la discorde qui régnait universellement
parmi les nobles et les gouverneurs des provinces. On
rapportait d'étranges choses de ce peuple. On affirmait
qu'ils n'avaient point de peau sur le corps, mais seulement
une légère membrane qui leur donnait une blancheur
abominable. Ils étaient maîtres passés dans la magie, ce
qui les faisait réussir dans toutes leurs entreprises. Ils
ne croyaient point à notre saint prophète. Ils se disaient
chrétiens, mais leurs actions n'étaient point conformes
aux préceptes du saint Évangile, qu'ils avaient altéré en
plusieurs endroits pour l'accommoder à leurs vues mon-
daines. Beaucoup d'entre eux adoraient les images. Ils
mangeaient de tout, même ce qui est défendu par la
loi de Moïse, et cela au mépris du saint Évangile (S.
Matthieu, v. 18 et 19); ils ne répugnaient pas même à
se nourrir de chair humaine quand ils étaient réduits à
cette extrémité. Contrairement à leur premier commandement, au lieu d'adorer le Dieu unique, souverain, tout-
puissant, ils en avaient fait trois dieux; pour comble
d'absurdité, ils lui donnaient une femme et des enfants,
et, par suite de cette idée, ils appelaient leur prophète
et eux-mêmes fils et enfants de Dieu. Ces rapports et
bien d'autres peu favorables faisaient le sujet de presque
toutes les conversations. On ne disait qu'une chose en
leur faveur, c'est qu'ils n'étaient pas injustes; que, loin
de là, dans l'administration de la justice, ils ne s'écar-
taient jamais du livre sacré des anciennes lois de Salomon, fils de David, etc.

Ces rapports et d'autres analogues faisaient autre
chose que nous amuser. Ils nous donnaient quelquefois
des accès de fanatisme.

Quoi qu'il en soit, voilà les bruits qui étaient partout
répandus à cette époque dans l'Inde.

Mon oncle et moi nourissions un grand désir de voir ce
peuple extraordinaire et de le questionner sur sa fausse
religion. Mais, comme ces étrangers n'avaient pas encore
paru dans notre ville, que nous n'avions jamais vu un visage européen, notre envie ne pouvait se satisfaire. Cependant, un matin d'un jour de bon augure, ils commencèrent à se montrer dans notre district, car ils n'étaient
point alors molestés par les outlaws, et les Pindaries
étaient aux prises avec leurs ennemis, mais les Bheels des
montagnes infestaient les routes et venaient de temps en
temps faire une visite nocturne à la ville, pour y voler,
au risque de leur vie. Ils étaient quelquefois pris, et alors
ils n'échappaient à la mort qu'en corrompant à prix
d'argent les ministres du rajah, ou en faisant de larges
cadeaux au rajah lui-même. Sans cela, ils étaient punis et
exécutés de la plus cruelle manière. On les attachait,
par exemple, au pied d'un éléphant pour être traînés
ainsi par la ville, ou on les faisait déchirer par un de ces
énormes animaux. Dans ce dernier cas, l'éléphant, dirigé par son cornac, plaçait sous son pied une des jambes de la pauvre victime, et saisissant l'autre avec sa
trompe et la tirant à lui, écartelait le patient en une seconde, en détachant du reste de son corps, avec la jambe
tirée, l'enveloppe de son ventre et presque la moitié de
sa peau. Un autre mode de supplice consistait à lui briser
la tête. On plaçait l'homme de côté sur une pierre plate,
on lui mettait sur la tempe une pierre ronde, et l'exécu-

teur, après avoir demandé trois fois la permission de
l'officier présent, assénait, avec une énorme massue,
sur la pierre ronde, un coup fatal qui brisait la tête et
faisait sauter la cervelle du supplicié. Il y avait encore
d'autres genres de supplices, tels que de précipiter du
haut des remparts, de décapiter avec le glaive ou d'exposer à la bouche d'un canon. J'ai été souvent témoin
oculaire de ces horribles exécutions, et je les voue à
l'exécration du lecteur.

Mais revenons à ma propre histoire; notre situation
était devenue tout à fait misérable : nous vendions tout
ce que nous avions; nous jeûnions quelquefois un jour
ou deux pour gagner, à force de travail, une maigre pi-
tance. Les femmes travaillaient du fuseau ou de l'aiguille
depuis le matin jusqu'au milieu de la nuit; mon oncle
copiait des livres, et je l'aidais tout le long du jour en lisant et conférant textes et copies; mais le prix de tout
ce travail ne suffisait pas à notre subsistance. A la fin,
mon oncle, fatigué de nos misères et de nos souffrances,
résolut d'aller à Baroda, où résidaient plusieurs riches
disciples de mon père et de lui-même; nous espérions
de cette visite un soulagement à notre détresse, du moins
pour quelque temps.

Notre voyage étant arrêté, mon oncle, ma mère et
moi nous nous préparâmes à profiter de la première caravane d'opium; nous prîmes congé de tous les membres
de la famille et nous quittâmes la ville. Nous fûmes accueillis par les charretiers de la caravane avec un grand
respect; tous, étant musulmans et appartenant à la caste
des Olimen, avaient naturellement pour nous une sorte
de culte. Ils priaient cinq fois par jour avec nous et
avaient soin de nous réserver des places convenables

sur leurs chariots. Ils nous donnaient une meilleure
nourriture que celle qu'ils prenaient eux-mêmes et nous
abritaient contre le soleil et la rosée. C'était mon premier voyage, et les curiosités de la nature firent sur ma
jeune tête une impression de plaisir peu commune. Le
matin, avant la prière, les douces et odorantes brises
qui s'échappaient des bois rafraîchissaient mon cerveau;
les hautes montagnes, leurs formes variées, les rivières,
les clairs ruisseaux, la beauté des arbres verdoyants, les
fleurs de toutes couleurs, formaient à mes yeux des paysages admirables et nouveaux; le doux et mélodieux ramage des oiseaux enchantait mes oreilles; alors mon
oncle me citait ces beaux vers de l'immortel Sâdi de
Shiraz : « Chaque arbre est aux yeux du sage un livre
où il peut lire le pouvoir infini du Créateur; » vers qui
ont le même sens que ce passage de Shakspeare :

« Et là notre vie, s'écoulant loin du monde, trouve des
langues dans les arbres, des livres dans les ruisseaux
murmurants, des sermons dans les pierres et le bien
partout. »

Assez confortablement installés sur les chariots, nous
fîmes treize ou quatorze milles par jour, et il nous en
fallut vingt et un pour atteindre notre destination. Nous
fûmes accueillis par les disciples de la façon la plus
hospitalière ; cinq jours après notre arrivée, mon oncle
et moi fûmes saisis de la fièvre des jungles. Je fus débarrassé en peu de temps de mes souffrances; mais celles
de mon oncle furent plus rudes, et sa fièvre, étant suivie
de diarrhée, le rendit faible, maigre et misérable.

Nous résolûmes, en conséquence, de regagner notre
doux foyer; nous avions recueilli environ trois cents
roupies des souscriptions de nos bons hôtes, et nous at-

tendions avec une anxiété bien vive l'arrivée d'une autre caravane de chariots qui pût nous ramener chez nous.

Mais, avant de quitter la ville où nous étions, je crois devoir en donner quelque idée au lecteur. La ville de Baroda (originairement Barpatra), est la première grande ville que j'eusse encore vue. Elle ne comportait pas de comparaison avec ma pauvre misérable bourgade, qui n'en aurait pas formé la douzième partie; l'enceinte de la ville, entourée de murailles irrégulièrement flanquées de tours et d'une hauteur de seize à vingt pieds, a environ deux milles et demi de circonférence; au delà il n'y a plus qu'une enceinte purement nominale; au centre s'élève un bel et grand édifice public de forme quadrangulaire appelé *Maudavie* et qui abrite environ une centaine de boutiques de marchands en détail. Cette place a trois hautes portes sur chaque côté, et ses quatre angles sont en ligne directe des boutiques et des maisons.

Le palais, d'une assez pauvre architecture, dans le style mahratte en usage, ressemblait moins à un palais qu'à un donjon. La population de la ville était estimée à cette époque à un peu plus de cent mille âmes.

Baroda était gouvernée par un rajah mahratte de la caste Guikowar ou Cowherd, appelé Anaud Râo, sixième descendant de Pilaji, fondateur de la dynastie. Ces rajahs, étant une race illettrée, subirent l'influence de mauvais ministres qui commirent toutes sortes d'énormités et jetèrent la discorde et la confusion dans toutes les parties de l'administration de l'État pour cacher leurs actes coupables.

Anaud Râo eut pour successeur son frère Syaji Râo, qui, étant fort économe, amassa un gros trésor et qui eut huit fils et plusieurs filles. Son fils aîné, Gaupat Râo

Guikowar, communément nommé Râo Sâheb, ayant été déjà reconnu pour son héritier présomptif, prit le pouvoir immédiatement après la mort de son père. Ce dernier l'avait, dans toutes les occasions, associé à l'administration, excepté néanmoins dans ses rapports avec le résident britannique, qui, je pense, n'avait pas voulu le reconnaître comme successeur de son père. Je vis avec surprise parmi la population deux races d'hommes que je n'avais pas encore vues, les Anglais et les Parsis. J'ai dit quelque chose des premiers au commencement de ce chapitre, d'après les renseignements que j'avais alors et que j'avais puisés à de bonnes sources ; j'ajouterai ici quelques détails qui se rapportent à l'époque où je me place à présent.

Un matin que je me promenais dans la ville pour me distraire, je rencontrai quatre hommes, dont deux étaient à cheval, les deux autres marchaient à côté des premiers. Ma curiosité fut vivement excitée en voyant que leur teint était conforme à ce que j'avais entendu dire; je les entendis parler entre eux, et leur jargon fit à mes oreilles l'effet du son le plus rude et le plus sauvage. Leurs habits, collant à leurs personnes, laissaient sans voile suffisant les parties mêmes du corps que la modestie prescrit à l'homme de cacher; j'étais fort tenté de les accoster, mais je pensai que j'étais trop jeune pour m'aventurer dans une pareille compagnie au milieu d'une ville étrangère. Je portai ma main à mon front en manière de salut, sans prononcer toutefois la formule sacramentelle : *As salamum alickum*, que je croyais ne pouvoir être adressée qu'aux vrais croyants. Ils me rendirent mon salut fort gracieusement, civilité qui adoucit beaucoup mes préjugés contre eux.

Je m'amusai beaucoup à Baroda de la vue d'un rhi-
nocéros apprivoisé qu'on gardait à une des portes de la
ville, connue sous le nom de cet animal. C'est la créature la plus puissamment organisée qui soit sur la surface du globe; elle piquait tellement ma curiosité, que
je passais plusieurs heures avec ses gardiens à l'examiner.

Quelques jours s'étaient à peine écoulés, qu'une caravane de chariots à vide se disposa à partir pour notre
pays, afin d'y aller acheter de l'opium. Les propriétaires
des chariots, dont plusieurs étaient les mêmes individus
qui nous avaient transportés à Baroda, consentirent
avec plaisir à nous ramener chez nous. Nos disciples
vinrent nous accompagner à une distance de deux ou
trois milles, et là, après avoir reçu l'expression de leurs
derniers et plus profonds respects, nous leurs fîmes
nos adieux et nous partîmes. Nos marches ne furent pas
longues; mais, ne nous arrêtant point, nous fûmes bientôt rendus. Le voyage, sans secours médical, rétablit
mon oncle, et nous en conclûmes que l'air et l'eau
des *jungles* pouvaient produire la maladie et la guérison.

Bref, notre voyage s'étant terminé heureusement,
rien ne troubla la joie que nous eûmes à revoir les nôtres ; je ne puis exprimer celle que j'éprouvai à embrasser ma vieille et bien-aimée grand'mère et les autres.
Dans ce monde d'incidents il n'y a point de bonheur
comparable à celui de revoir ses amis après une séparation. J'étais maintenant un garçon de quelque poids
dans la famille, ayant acquis quelque expérience dans
mon voyage et m'occupant sérieusement de mes études.

Une autre année de ma vie passa comme un clin

d'œil, sans amener rien qui méritât d'être noté, si ce n'est l'antique cérémonie judaïque, strictement observée par tous les musulmans, à l'exception de la famille royale de Delhi ; elle fut très-pénible et très-douloureuse pour moi et me retint au lit pendant plus d'un mois.

Je ne puis m'empêcher d'exprimer ici mon étonnement de voir les musulmans se soumettre si universellement à cette dangereuse et quelquefois fatale opération, alors que le sacré Koran garde un silence absolu sur ce sujet. Le sens commun devrait suffire pour apprendre à ma bonne nation qu'il ne faut priver un fils d'Adam d'aucun des dons que la nature a faits à son corps : *Hæc membrana data est pro preservationi sensationis peculiaris et procreationis.* Ce qu'il y a de singulier, c'est que, tout en se montrant scrupuleux observateurs d'un rit dont le Koran ne parle pas, bon nombre de vrais croyants en négligent d'autres que ce livre sacré prescrit expressément, telles que de prier cinq fois par jour, de jeûner trente jours par an, de donner la quarantième partie de son revenu aux pauvres, de faire un pèlerinage à la Mecque une fois dans sa vie. Il est aussi défendu aux vrais croyants de faire usage d'aucune des choses qui enivrent, de recevoir ou de payer des intérêts pour de l'argent. Or je vois avec peine les musulmans de notre époque se relâcher de ces devoirs religieux et de bien d'autres.

Les prières et les jeûnes ne sont pratiqués que par un petit nombre d'hommes appartenant au culte, et la charité prescrite l'est à peine par un riche sur mille; il n'y a guère qu'un petit nombre de personnes du peuple qui aille en pèlerinage à la Mecque. Elle n'est, en général, visitée à ce titre que par de pauvres misérables

qui sont inutiles dans ce monde ou se sont eux-mêmes
rendus tels. Le nombre de ceux qui s'abstiennent de
drogues où de liqueurs enivrantes n'est pas d'un sur
cinq mille, et il n'en est pas un seul (je le sais perti-
nemment) qui soit pur de transactions usuraires. Mais
les moyens mystérieux par lesquels toute religion fruc-
tifie ou se détruit sont des secrets qui n'appartiennent
qu'à l'Être souverain qui sait tout. Ses actes doivent être
pleins de sagesse; les plus sublimes philosophes ne sau-
raient en sonder la profondeur; n'insistons donc point
sur ce sujet; laissons les choses marcher comme il plaît
au Tout-Puissant. Qu'il me suffise, en ce qui me concerne, de suivre les lois de son saint prophète, un chétif mortel comme moi ne saurait dévier d'un sentier
suivi par cent vingt millions d'hommes depuis plus de
douze siècles et demi.

C'est le cas de dire avec le poëte anglais :

> Thyself but dust, thy stature but a span
> A moment thy duration, foolish man [1] !

(Prior.)

Peu de mois ayant suffi pour épuiser de nouveau notre bourse, mon oncle se disposa à un nouveau voyage :
il résolut de se rendre à l'antique cité d'Oujein, en
emportant avec lui quelques manuscrits pour les vendre ; ma mère et moi nous étions ses meilleurs compagnons de voyage, et il fut décidé que nous l'accompa-
gnerions. Nous louâmes un véhicule et nous nous mîmes
en route, faisant quatre à cinq milles par jour et nous

---

[1] Tu n'es que poussière ; ta taille n'est qu'un empan , ta durée un
moment, homme insensé !

arrêtant à chaque village où se trouvaient quelques maisons de musulmans, pour y prêcher les commande-
ments et les défenses du livre sacré. En retour, nous
fûmes traités partout avec un grand respect et une
grande révérence ; enfin, nous arrivâmes au but de notre voyage. Les alentours de la ville nous parurent
charmants; les édifices, les dômes des anciens temples
indous, les minarets des mosquées, s'élevant au milieu
de groupes d'arbres frais et verdoyants le long des rives
de la *Sipra*, y forment un point de vue admirable.

Ce fut sous ces impressions que nous fîmes notre entrée dans Oujein, où nous allâmes loger chez un vieil ami
de mon oncle.

Je n'eus pas plutôt connu la ville, qu'elle me plut infiniment; et, m'étant enquis de son histoire, j'appris
que cette cité, suivant les légendes indoues (les Pura-
nâs), datait de bien des siècles. Elle était en grande vénération parmi les Indous, parce que ce fut là que les
rajahs Kavan, Bhartri, et le très-célèbre Vikram [1], une
fois assis sur le trône, reçurent l'assistance d'esprits invisibles. La mort de l'illustre rajah Vikram, laquelle arriva cinquante-sept ans environ avant Jésus-Christ, est
une ère mémorable pour l'Inde entière. Oujein fut d'a-
bord conquise par les mahométans en l'année 1229 de
l'ère musulmane; elle tomba ensuite au pouvoir des Mahrattes pendant le règne de l'imbécile Mohamed Shah.
Depuis elle a toujours été possédée par la famille Scindiah. Sa population, en l'année 1810 de l'ère chrétienne, s'élevait à environ cent vingt mille âmes.

Pendant le peu de jours que nous y passâmes, plu-

[1] **Le Vikramaditya** de l'histoire. Bhartri est sans doute le même
que le Bharata des légendes sanskrites.

sieurs offres de second mariage furent faites à ma mère.
Mon oncle donna un assentiment silencieux à plusieurs
d'entre elles, voyant que sa sœur, quoique déjà dans sa
vingt-septième année, était plus belle que jamais. Enfin,
il commença à lui parler sérieusement, lui représentant
que c'était un péché de rester dans le célibat pour l'a-
mour d'un nom, que cela était une infraction à nos lois;
qu'en outre, c'était pure folie et grande pitié que de
vouloir contrarier la nature, et que cette tentative avait
fait tomber bien des personnes pieuses dans d'abomina-
bles désordres. Ma mère répliqua très-aigrement à ces
conseils, disant à mon oncle qu'elle voyait bien qu'elle
et son fils commençaient à lui être à charge, mais que
désormais elle aurait soin de s'arranger de façon à
vivre en son particulier et de ses propres ressources ;
mais que changer de nouveau d'état, aliéner une seconde
fois sa liberté, lui semblait une absurdité, et qu'elle
préférait aller dans l'enfer plutôt que de la commettre.
Mon oncle s'efforça de l'apaiser par une foule de réflexions sur les vicissitudes de la vie humaine ici-bas,
lui affirmant en même temps que, bien loin de lui être à
charge, nous lui étions d'un grand secours, et qu'il
faisait consister tout son bonheur dans notre bien-
être et notre prospérité. A la fin, ma bonne mère, cé-
dant aux avis de son frère, accepta une des offres qui
lui étaient faites, et épousa un soldat d'un haut rang
au service de Sa Hautesse Daulat Ráo, mère de Scindiah,
et qui s'appelait Mynabie. C'était un homme de plus de
quarante ans et d'une grande expérience. La grande
dame auprès de laquelle il était placé lui avait confié le
soin et la surintendance de toutes ses affaires publiques
et privées. Elle ne faisait rien sans son avis, et, comme

je l'ai appris plus tard, c'était à son arbitrage qu'étaient
remis les différends que la vieille lady avait souvent avec
le prince son fils.

Il était d'une grande taille, d'une large stature, bien
fait; mais son ventre formait devant sa personne une hé-
misphère énorme. Son teint était sombre, et son esprit
plus sombre que le cœur d'un infidèle, car il était illettré et complétement livré aux choses de la terre. Ce
mariage, peu assorti, me déplut d'abord ; mais mon
beau-père, n'ayant point eu d'enfant mâle de sa première femme, se mit à me traiter comme son propre fils.
Il ordonna à ses gens de m'apprendre à monter à cheval et à me servir des armes. Deux domestiques m'accompagnaient; le matin, j'allais aux réunions des nobles
dans la cité, et le soir, par vanité peut-être , il me laissait me montrer au peuple avec ma suite. Il y avait à
peu près deux mois que les choses allaient ainsi, lorsque
la vieille dame mourut, et le conseiller, sous la protection duquel nous vivions, commença à trembler pour sa
propre sûreté, ne se trouvant en bons termes avec
personne à la cour, et étant d'ailleurs mal vu du
maharajah.

Dix jours après la mort de la vieille princesse, sur les
quatre heures du matin, notre maison fut tout à coup
entourée par un fort détachement de fantassins, mèches
allumées à leurs fusils [1] et l'épée nue. Ils firent une décharge sur notre pacifique demeure, ce qui nous mit
dans un grand danger et dans une grande consternation.
La terreur de mon beau-père ne saurait se décrire. Ce-

---

[1] A cette époque (1810), et plus tard encore, les armées indigènes
ne se servaient encore que de mousquets à mèche.

pendant, les portes de la maison étant très-fortes, cette
attaque produisit peu d'effet sur elles; mais elle en produisit beaucoup sur l'esprit des habitants. Le malheu.
reux maître du logis, s'efforçant de revenir de son épouvante et de reprendre ses sens, se mit à faire ses
ablutions et ses prières. Ma mère, au milieu de ses femmes
et de ses domestiques, ne doutant point que l'instant de
sa mort ne fût arrivé, s'était complétement évanouie.
Quant à moi, je restai assez ferme, fort de mon innocence
et ne pensant point, pour cette raison, que je courusse le
risque d'être tué; certain, du reste, que si on me donnait la mort, je succomberais en martyr, et que j'irais au
ciel, où j'étais sûr de trouver, au lieu de cette misérable
vie, une vie bien meilleure dans des palais de rubis et
de diamants, où je boirais le nectar au milieu des houris. Sur ces entrefaites, la porte de la cour fut brisée, et
les brigands pénétrèrent dans l'intérieur. Le jour commençait à naître, le grand luminaire à lancer ses rayons
brillants sur le monde. Je sentis qu'il m'était impossible
de rester plus longtemps dans la maison, et je me présentai aux malencontreux visiteurs. Je les trouvai occupés à piller tout ce qui leur tombait sous la main. Ils
avaient déjà sellé et expédié les chevaux, mis je ne sais
où le palanquin et la voiture; bref, il leur suffit de
quelques minutes pour dépouiller entièrement tous les
appartements extérieurs; mais ils s'arrêtèrent là, n'osant
point entrer dans la partie de la maison qui doit rester
inviolable d'après nos lois et nos coutumes, et qui nous
servit ainsi de barrières impénétrables contre eux.

L'un d'eux, me voyant, à quelque distance, debout et
les mains dans mes poches, cria à l'un de ses camarades
en langue mahratte (je commençais à la comprendre par

suite de mon goût naturel pour les langues) : « Saisis ce
jeune drôle. — Dépêche-toi, cria un autre. — Traine-le
au poteau et torture-le un peu. Ses cris et ses lamenta-
tions attireront bientôt le soubahdar, et nous pourrons
nous saisir de celui qui est l'objet final de notre expédition. » Entendant ces mots, je m'avançai bravement
vers l'officier commandant, qui m'avait connu auparavant,
et qui souvent avait causé et plaisanté avec moi, en aver-
tissant en même temps son escouade de ne point toucher
un enfant qu'ils trouveraient prêt à se rendre à la bouche
d'un canon s'il en était besoin; que, quant aux tortures,
je ne les craignais point, et qu'ils pouvaient être sûrs
qu'il ne m'échapperait pas un seul mot, alors même
qu'ils m'arracheraient la peau avec des tenailles; mais
que, s'ils en usaient bien avec moi, je croyais qu'il était
en mon pouvoir de faire sortir le soubahdar et tout ce
qu'il possédait. L'officier entendit mon courageux discours avec admiration, et dit : « Ne le touchez pas, c'est
un brave petit soldat. Laissez-le venir avec moi; il est
mon ami, et n'a rien à démêler avec cette mauvaise affaire. » Ces paroles m'encouragèrent encore plus. Je remerciai l'officier de sa bienveillance. Il se montra fort
content de moi, me fit asseoir à ses côtés, et me dit
qu'il avait été chargé, bien malgré lui, par le ministre
d'État, de la mission qu'il venait accomplir; que les ordres du ministre étaient de confisquer tout ce qu'on pourrait trouver dans les appartements intérieurs et de placer le soubahdar sous une stricte surveillance jusqu'aux
ordres ultérieurs de Sa Hautesse le maharajah de Gwalior, mais que, dans le cas où le bon homme ne se présenterait pas ou ferait quelque résistance, ses instructions l'autorisaient à pénétrer dans les appartements

privés l'épée à la main, à prendre possession de tout ce
qui pourrait s'y trouver, et à s'emparer de lui de gré ou
de force. Je répliquai que j'allais me rendre auprès de
mon beau-père, lui expliquer les ordres et faire de mon
mieux pour le décider à se présenter. Que si je n'y par-
venais pas, il pourrait exécuter sa consigne comme il l'en-
tendait. L'officier agréa ce plan, et je me rendis auprès de
mon beau-père pour lui faire comprendre que le meilleur
parti qu'il eût à suivre dans son intérêt et celui de sa famille, c'était de se rendre; qu'il ne servirait de rien de
regimber contre l'aiguillon ou, comme disent les Asiatiques, de jeter le manche après la cognée. Il m'é-
couta avec patience, me pressa dans ses bras, me baisa
au front avec des yeux mouillés de larmes, mais il
tenait trop à la vie pour se livrer si aisément. Une
mauvaise conscience n'est jamais sans crainte. Il me déclara que, si l'officier voulait jurer solennellement, par
l'eau et la queue de la vache, qu'on ne ferait aucun mal
à sa personne, il se présenterait; qu'autrement il s'é-
chapperait par la toiture, et qu'il serait bientôt hors
d'atteinte; que, quant aux femmes, il les laisserait pour-
voir à leur sûreté comme elles aviseraient. Chargé de
ce lâche message, je lui tournai le dos en lui repro-
chant sa couardise. Ceci me prouva la vérité de quelques-unes des sentences que j'avais lues dans mon livre
persan : « Un lion, en apparence, peut, à l'épreuve, tourner au chacal, et *vice versâ*, » et, pour en convaincre le
lecteur, je raconterai à l'appui de ce proverbe une fable
tirée du livre dont je viens de parler.

« Il y avait jadis cinq dames d'une beauté parfaite, résidant dans la ville de Samarkand. Elles étaient unies entre elles non-seulement par les liens de l'amitié, mais par

ceux du sang. Quatre d'entre elles étaient mariées, mais la cinquième n'avait jamais voulu échanger sa liberté contre le joug du mariage. Par une belle soirée du printemps, comme elles causaient ensemble, l'une d'elles vint à dire que l'amour de son mari pour elle n'avait pas son égal dans le monde. La seconde affirma que son mari était le plus bel homme de la Perse. La troisième présenta son époux comme l'homme le plus brave de l'époque. Et la quatrième prétendit que le sien était le plus généreux qu'on pût voir. Tout cela était dit pour exciter la jalousie de leur amie non mariée. Et, comme elles demandaient à celle-ci si elle n'avait rien à leur dire ce soir-là : « J'aurais beaucoup de choses à vous dire, « au contraire, répliqua-t-elle, mais je désire m'occuper « d'abord des éloges que vous venez de faire de vos maris « et savoir s'ils sont mérités. » Alors, s'adressant à la première, elle lui demanda si son mari avait jamais vu une femme aussi belle qu'elle-même ; à quoi elle répondit négativement. « En ce cas, répliqua la demoiselle, com- « mencez par mettre votre mari à l'épreuve et vous saurez « après s'il vous aime ou non. » Venant à la seconde, elle lui demanda si son bel époux possédait l'ornement viril, c'est-à-dire de la barbe. « Non pas encore, répondit la « jeune épouse.— Eh bien, attendez qu'il devienne barbu « pour savoir s'il est beau ou laid. » Venant à la troisième : « Ma jeune amie, dit-elle, votre mari a-t-il jamais figuré « dans une bataille ?— Jamais, mademoiselle.— Eh bien, « vous ne pouvez juger s'il est brave ou ne l'est pas, jus- « qu'à ce qu'il ait donné des preuves de son courage. » Arrivant enfin à la quatrième : « Madame, lui dit-elle, votre « mari fait-il ou non ses libéralités sur ce qu'il a gagné « lui-même par sa propre industrie ? — Il les prend sur

« la fortune que lui a laissée feu son père. — Eh bien, at-
« tendez qu'il se montre libéral sur celle acquise par lui-
« même, pour savoir si sa libéralité prétendue ne serait
« point plutôt de l'extravagance et de la prodigalité. »

C'est ainsi que la tenue militaire de mon beau-père
m'avait fait penser qu'il était un homme de courage, et
qu'à l'épreuve je m'aperçus qu'il était plus poltron qu'un
chacal.

Quoi qu'il en soit, porteur de mon message, je retournai vers l'officier, et je lui dis que le soubahdar était
armé, qu'il tenait à la main son espingole chargée de
balles jusqu'à la gueule, et toute prête à faire feu, et
qu'aussitôt qu'il verrait la garde entrer, il se défendrait
vigoureusement. J'ajoutai qu'il était déterminé aux dernières extrémités, à immoler ses femmes et à se faire jour
à travers de leurs cadavres, qu'ainsi bien des meurtres
allaient s'accomplir, que bien du sang allait couler
sous nos yeux, et que je ne savais pas qui aurait à en répondre; qu'après tout l'aventure était périlleuse pour
l'escouade elle-même : qui pouvait savoir, en effet, sur
qui tomberaient les balles de l'espingole, avant que le
soubahdar eût été pris mort ou vivant? « Mais, ajoutai-je,
il y a un moyen d'arriver à une conclusion pacifique :
c'est que vous juriez solennellement, sur la queue d'une
vache, que, si le soubahdar consent à se rendre, il ne
sera rien fait, par tromperie ou autrement, qui puisse
mettre en danger sa personne; s'il a cette assurance,
il se rendra immédiatement. » Ce fut ainsi que je rap-
portai le message, en y ajoutant quelques accessoires de
mon invention.

La proposition de paix fut sur-le-champ acceptée par
le commandant. On fit venir bien vite un brahmane et

une vache; et le premier, ayant placé la queue de l'animal dans la main du commandant et ayant répandu sur elle un peu d'eau, prononça en sanscrit quelques paroles, solennité qui rendit le pauvre guerrier tout tremblant. Le soubahdar, ayant vu par le trou de la serrure s'accomplir cette cérémonie, descendit immédiatement; l'escouade l'entoura aussitôt. L'officier lui lut les ordres dont il était chargé et lui demanda ses armes. Il les remit avec quelque répugnance, en se soumettant néanmoins aux décrets du destin. Dans la soirée, il donna secrètement à l'officier un sac de cinq cents roupies, comme moyen de séduction, et ces muettes images du souverain non-seulement rendirent muets aussi le commandant et sa suite, mais en firent nos esclaves; bien que nous fussions leurs prisonniers, ils devinrent eux-mêmes les nôtres.

Deux ennuyeux mois s'écoulèrent pour nous dans cette malheureuse contrainte. Le pauvre gouverneur passait le jour assis à la porte de son appartement. La nuit, deux hommes étaient toujours placés auprès de son lit. Il ne pouvait faire un pas sans les avoir à ses côtés. Quant à moi, j'étais libre; j'entrais, je sortais, j'allais où il me plaisait sans qu'on y mît le moindre obstacle. A la fin, l'ordre de nous relâcher arriva de Gwalior et fut dûment exécuté. Une robe d'honneur fut donnée à mon beau-père en plein durbar, pour l'indemniser de ses souffrances; le ministre, pour le consoler et remettre sa pauvre tête, lui lut un long discours en langue mahratte, du style le plus élevé. Il prit le tout assez froidement. Et, à la veille de partir, il demanda la restitution du mobilier, vivant ou sans vie, que les officiers du gouvernement lui avaient confisqué; mais l'envoyé lui répondit qu'il n'y pouvait rien, ses ordres ne disant rien à cet égard. « S'il en avait été autrement, ajouta-t-il, j'aurais eu un grand plaisir à vous faire les restitutions que vous désirez, et j'y aurais ajouté quelque chose de mon chef. »

CHAPITRE III

Mon beau-père attribue son infortune à ce qu'il s'est rasé un jour
qui porte malheur. — Astrologie et superstitions des habitants de
l'Indoustan. — Nous visitons la cour de Scindiah à Gwalior. — Le
prince nous indemnise de nos pertes par un sourire. — Il prend
à son service mon beau-père. — Je suis cruellement traité. — Je
m'enfuis de Gwalior. — Ce qui m'arrive avec le Thug Jumha. —
Agra. — Akhbar.

Délivré de sa captivité, mon vieux beau-père se montra
satisfait de son lot, attribuant son infortune en partie à
la destinée, en partie à ce qu'il s'était rasé un jour néfaste.

A ce sujet, je crois devoir donner quelque idée des
coutumes superstitieuses qui règnent dans l'Inde entière
et parmi toutes les castes. Bien que les lois de notre
saint prophète rejettent toute espèce de superstition,
quelle soit fondée sur l'astrologie ou sur les traditions
arabes des âges nébuleux, les mahométans mêmes sont
encore livrés aux erreurs des fausses religions. Dans
presque toutes les choses importantes, les mariages, les
voyages, la naissance d'un enfant, l'entreprise d'une bâ-

tisse, la saignée, voire même pour se raser la tête, ils
consultent un astrologue et ils croient à des jours ou
même à des heures de bonheur pour tous ces actes.
Dans chaque mois lunaire, il y a pour eux six jours malheureux. On les trouve en comptant sur ses doigts jusqu'à trente, en allant du petit doigt au pouce. Les jours
qui tombent sur le doigt du milieu sont les jours néfastes
et ce sont, comme on peut le vérifier, les 3e, 8e, 13e,
18e, 23e et 28e du mois.

C'est une observance particulière aux mahométans et
qui leur est prescrite par le prophète lui-même, que de
ne terminer aucune affaire dans les cinquante-quatre
heures que la lune passe dans le signe du Scorpion. Le
moyen de connaître cette période lunaire est fort simple.
Prenez la date du mois lunaire, doublez son chiffre, ajoutez-y 5, divisez le total par 5, en attribuant
chaque 5 à un des signes du zodiaque, à commencer
par celui où se trouve en ce moment le soleil, et le dernier 5 doit correspondre à celui où est actuellement
la lune. Prenez le reste de cette dernière division, nécessairement moindre que 5, multipliez-le par 6, et le
produit exprimera le nombre de degrés que la planète a
parcourus dans le signe où elle se trouve. Par exemple,
le soleil est dans le signe du Taureau, le 4e jour du mois
lunaire de Jamadoulawal, correspondant au 20 avril 1847.
Prenez le nombre de jours du mois lunaire 4, multipliez
ce chiffre par 2 = 8, ajoutez-y 5 = 13.

Dans le nombre 13, il y a deux fois 5. La lune doit
donc être dans le second signe à partir du Taureau, c'est-
à-dire dans les Gémeaux, et le reste 3, multiplié par 6
= 18, exprime le nombre de degrés qu'elle a franchis
dans le signe.

Voici un tableau des jours heureux ou malheureux.

JOURS DE LA SEMAINE.	PLANÈTES DOMINANTES.	FAVORABLE POUR	DÉFAVORABLES POUR
SAMEDI. . . .	Saturne. . .	Le commerce.	Tailler, et mettre des vêtements neufs.
DIMANCHE. . .	Soleil. . . .	Prendre médecine, employer, tailler ou mettre des habits neufs.	
LUNDI. . . .	Lune. . . .	Bâtir et construire.. . .	Jeter les fondations d'une construction, se marier ou se saigner.
MARDI¹.. . .	Mars. . . .	Faire la guerre.	
MERCREDI. . .	Mercure. . .	Études et travaux scientifiques.	Célébrer des funérailles.
JEUDI.. . . .	Jupiter. . .	Mariage.	
VENDREDI. . .	Vénus.. . .	Voyages.	

Les six planètes, le Soleil, Vénus, Mercure, la Lune,
Saturne, Jupiter et Mars exercent leur empire, d'après
les astrologues, sur les sept jours de la semaine. Chacune des vingt-quatre heures du jour se trouve sous la
domination particulière d'une planète. Les temps de Saturne et de Mars sont considérés comme malheureux,
ceux des cinq autres planètes comme heureux au contraire, excepté toutefois le jeudi. Ce jour-là, bien qu'il
ne soit pas malheureux en lui-même, on doit s'abste-
nir strictement de visiter une personne malade pour s'enquérir de sa santé, et de prendre médecine soi-même.

¹ Un enfant, né dans un jour ou une heure de la planète de Mars,
est considéré comme devant être malingre, cupide, déloyal et hypocrite.

Le mercredi, gouverné par la planète Mercure, est favorable à un commencement d'étude, mais il est interdit pour toute autre espèce d'affaires.

Voici comment on connaît la planète qui régit l'heure du jour : prenons, par exemple, le lundi : la première heure de ce jour, en partant du lever du soleil, appartient à la Lune, la seconde à Saturne, la troisième à Jupiter, la quatrième à Mars, la cinquième au Soleil, la sixième à Vénus, la septième à Mercure et la septième encore à la Lune, et ainsi de suite pendant tout le cours de la semaine.

Une autre superstition enracinée dans l'esprit des mahométans et considérée par les Indous comme faisant partie de leur loi, c'est la croyance à des esprits invisibles qui parcourent le globe dans huit directions à certaines dates des mois lunaires.

Pour entreprendre un voyage, une expédition de quelque importance, pour toute opération chanceuse, les directions où se trouvent ces esprits déterminent le bon ou le mauvais succès; les mahométans appellent ces esprits *Rijalulghaib*, les Indous *Jogny* ou *Dissasul*.

La science des augures est bien loin aussi d'être négligée par les indigènes : par exemple, un chat croisant la route d'un individu l'arrêtera court ou lui fera rebrousser chemin; un éternument, dans une direction opposée à la sienne, le déterminera à rentrer chez lui et à n'entreprendre aucune affaire ; cet éternument se fait-il entendre à sa droite, il en tire un présage contraire. C'est ainsi encore qu'un vol d'oiseaux ou un troupeau de daims et bien d'autres choses lui paraissent des augures favorables ou défavorables.

Mais je respecte trop le temps du lecteur pour insister

davantage sur ces folies astrologiques et je retourne à mon beau-père que j'ai laissé, ainsi que je l'ai dit au commencement de ce chapitre, très-satisfait de s'être tiré de son aventure à si bon marché. Il jugea alors à propos de se rendre à Gwalior pour y plaider lui-même sa cause devant Sa Hautesse le maharajah Daulat Râo Scindiah. Il acheta quelques chevaux et quelques chameaux et les laissa à son beau-frère (le frère de sa première femme) avec des instructions diaboliques que je dirai plus tard.

Un jour heureux ayant été choisi, nous quittâmes la ville en compagnie d'un noble Indou de la famille Scindiah, qui allait comme nous à la cour, après avoir visité sa famille à Oujein. Le caractère de mon beau père étant celui d'un courtisan servile, il sut bientôt se mettre dans les bonnes grâces du gentilhomme, si bien que pendant le voyage il s'établit entre eux une intime amitié. Nous marchions chaque jour jusqu'à quatre heures de l'après-midi, et nous faisions halte alors. De jeune prêtre j'étais maintenant transformé en un joli petit soldat; je montais une belle jument, j'avais des armes brillantes, une épée, un casque, une petite lance, le tout proportionné à ma taille, à l'exception de la jument, qui était une grande et belle bête; elle se nommait Bark (l'Éclair); elle était douce comme un agneau, c'est-à-dire quand je la conduisais doucement, car, s'il m'arrivait de lui donner un coup d'éperon ou de lever par hasard la main, elle devenait aussi vive que son nom, étant toutefois d'un si bon naturel, que, s'il m'arrivait de tomber, elle s'arrêtait aussitôt à mon côté pour me laisser remonter.

Nous mîmes un mois à nous rendre au camp du roi

à Gwalior ; ce camp était, en réalité, une ville régulièrement bâtie, les maisons en étaient construites en pierre
rouge et en mortier. Au centre, s'élevait le magnifique
palais de Sa Hautesse ; sa population était alors évaluée
à environ trois cent mille hommes, dont un tiers était
composé de soldats armés; elle renfermait deux mille éléphants et trois mille canons prêts pour le combat. Nous
plaçâmes notre tente dans un site respectable qui nous
fut désigné par un officier de Sa Hautesse, et nous passâmes là deux mois sans connaître aucune personne
d'importance. Cependant mon beau-père faisait de son
mieux pour se lier avec quelques personnes élevées en
rang et en dignité, et il y réussit enfin, en obtenant
d'être admis à la cour, moyennant une centaine de roupies qu'il distribua à ceux qui en faisaient partie.

Au jour qui nous fut désigné, nous nous présentâmes
à l'audience du souverain. A notre vue Sa Hautesse se
mit poliment sur son séant sur le siége qu'elle occupait,
et qui était un coussin de magnifique brocàrt orné de
pierreries, et nous tendit sa main droite, que nous tou-
châmes respectueusement avec nos doigts en y portant
les lèvres. La conversation de Sa Hautesse fut si gracieuse, si polie, si fascinante, que mon beau-père stupé-
fait ne put d'abord parler de ses griefs ; il finit cependant par en dire quelque chose, à quoi Sa Hautesse
répondit qu'elle n'avait aucune connaissance de cette
affaire; mais elle ajouta (ce qui réconforta le bonhomme)
qu'elle avait donné des ordres pour qu'on lui payât les
arrérages de sa charge à la fin du mois; qu'il pouvait se
considérer comme étant à son service depuis la mort
de la vieille reine et qu'il l'avait déjà mis au nombre de
ses plus favorisés courtisans. A ces mots le bonhomme

ressentit un tel orgueil, qu'il en eut la bouche presque fermée et ne put murmurer que quelques paroles de remercîment; mais il dédommagea bien Sa Hautesse par ses salams et ses profondes courbettes. Alors, sur un signe d'un officier de service, on nous apporta des parfums, des essences, de l'eau de rose et des habits d'honneur. Au moment où nous allions nous retirer, Sa Hautesse demanda en souriant qui j'étais.

« C'est mon fils, répondit mon beau-père.

— Laissez-le répondre lui-même, » reprit Sa Hautesse.

Entendant ces mots, je joignis respectueusement les mains et je dis :

« Sous le bon plaisir de Votre Hautesse, le soubahdar doit en être cru, puisque personne ne peut mieux savoir que les parents ce qui concerne les enfants. » Cette réponse, quoique très-simple, excita au dernier point la gaieté du Maharajah, qui me demanda en riant beaucoup quelle était donc mon opinion sur ma naissance. « Je suis trop jeune, répliquai-je, seigneur, pour avoir une opinion sur un sujet de cette importance. » Sa Hautesse demanda alors au bon homme si je savais lire et écrire, et sur la réponse affirmative que lui fit mon beau-père, il me loua très-fort et daigna ajouter à mes habits d'honneur un très-beau manuscrit d'Hafiz et de Sâdi en un volume, que j'ai conservé comme souvenir d'un si grand personnage.

Nous étions maintenant établis, et bien établis à Gwalior. La charge qu'occupait le soubahdar était des plus légères. Il avait à accompagner peut-être trois fois par mois Sa Hautesse dans quelques courtes excursions, et à monter une garde de nuit de trois heures à la porte de sa chambre à coucher, armé de pied en cap; mais son tour

ne revenait que deux fois par mois. C'était un poste de
grand honneur qui n'était confié qu'à des gentilshommes
d'un haut rang et à des officiers de distinction. On les
appelait *Yakkas*, ce qui signifie un *seul homme avec un
seul cheval*. Chacun recevait une solde proportionnée à
son mérite. Le minimum était de cinq et le maximum de
trente roupies par jour. Ils étaient nourris aux frais du
gouvernement, qui, trois fois par an, leur fournissait de
beaux habillements. Le nombre des *Yakkas* n'excédait
pas cent vingt-sept. Mon beau-père était au nombre des
moins rétribués, c'est-à-dire qu'il ne recevait que cinq
roupies par jour; mais cela était fort respectable, et non-
seulement il en était heureux, mais il en était fier.

Depuis notre départ d'Oujein, nous avions reçu plusieurs lettres de la famille, et, l'une d'elles ayant appris
au bon homme qu'il lui était né un fils, il en éprouva une
joie inexprimable. Il donna, à cette occasion, à tous les
nobles du camp, un grand dîner qui lui coûta environ
deux cents roupies, mais il en reçut d'eux plus de trois
cents en cadeaux congratulatoires. Devenu père, non-
seulement il se détacha de moi, mais il commença à me
haïr et à abuser de son pouvoir sur ma personne dans
une foule de petites choses, employant à mon égard un
langage que je ne pouvais supporter. Il passait toutes ses
journées au milieu de ses amis et toutes ses nuits avec
une femme que venait d'épouser récemment un de ses
amis, celui-ci étant apparemment de ces époux qui suppor-
tent une paire de cornes sans aucune espèce de jalousie.
Ne s'occupant plus de son service, il s'y faisait invariablement remplacer par moi, et quand il était chez lui, je
recevais avec les autres domestiques l'ordre de faire sentinelle pendant trois heures chaque nuit. Maltraité de

cette façon, je tombai dans une grande tristesse, et j'écrivis à ma mère toutes les particularités de ma situation, en ajoutant que j'avais formé la résolution d'abandonner mon beau-père, et que je préférerais me tuer que de ne pas réussir dans mon projet. Malheureusement, grâce aux irrégularités et à la négligence du maître de poste du gouvernement mahratte, ma lettre resta en arrière, et, mon beau-père ayant à s'adresser à ce bureau de poste pour s'informer si des lettres de change, expédiées quelque temps auparavant, avaient été reçues, le maître de poste lui répondit qu'il n'en avait jusque-là reçu aucun avis, mais que certainement la réponse qui serait faite à la lettre qu'il avait envoyée deux jours avant et qui allait immédiatement partir lui donnerait toute satisfaction. « Je n'ai pas envoyé de lettre, répliqua le soubahdar, vous me confondez sans doute avec quelque autre. » Sur ce, la lettre fut exhibée, reconnue, ouverte et lue par le maître de poste, à la requête du bonhomme, qui, se saisissant de la missive, revint chez lui plein de rage.

Il ne fut pas plutôt sorti de son palanquin, qu'il me fit venir. A mon approche, et par moquerie, il se leva sur son coussin comme pour me faire honneur. Je n'y compris rien d'abord, mais je restai comme frappé d'un coup de foudre quand il me dit : « Mon bon ami, il y a ici pour « vous une lettre que vous aurez à lire, s'il vous plaît. » Je pris la lettre qu'il me présentait, et, la reconnaissant pour la mienne, je l'ouvris et j'y jetai les yeux. Bien que la crainte d'être mis à mort me rendit extrêmement pâle, cependant, voyant qu'il n'y avait pas pour moi d'échappatoire, mon jeune cœur recueillit bientôt tout son courage. Je me rappelai ce proverbe persan : « Mourir en homme courageux vaut infiniment mieux que vivre comme

un lâche; » et je dis donc à mon beau-père que la lettre
était de moi, que je l'avais remise au maître de poste pour
qu'elle fût envoyée à mes parents, et que personne n'a-
vait rien à y voir. Cette réponse ne fit qu'accroître sa
fureur. « Misérable drôle que vous êtes, s'écria-t-il, vous
avez commis un crime impardonnable et vous y ajoutez
par trop d'impudence. » En murmurant ces mots, il se
leva de sa place, me porta deux ou trois coups qui me
renversèrent, et, non satisfait de cela, il me frappa, me
foula sous ses pieds, jusqu'à ce qu'il fût fatigué, ainsi
que je l'ai su plus tard, car, étant tombé privé de tout
sentiment, je déclare que je n'éprouvai rien. En recou-
vrant mes sens, je me trouvai dans l'écurie étendu dans
mon lit, ayant à mes côtés un palefrenier nommé Khu-
shal. Je lui demandai à boire, et le pauvre homme me
présenta un verre de sorbet parfumé d'eau de rose, et
dont il faisait lui-même les frais. Je ne pus avaler que
quelques gouttes de ce doux breuvage, toutes mes fonctions physiques étant paralysées. Je continuai à dormir
profondément pendant deux jours et deux nuits, et je ne
me levai que quand je ne pus pas faire autrement. Je pus
alors me servir de mes membres, quoiqu'ils fussent bien
roides encore, et je jurai de ne voir de ma vie, si cela
était possible, l'infernale figure du vieux bourreau. Il
m'envoya quelques mets agréables, quelques délicieuses
friandises, comme une preuve du retour de sa bienveillance, mais je les donnai aux domestiques, me conten-
tant soir et matin d'un petit morceau de pain sec et d'un
peu d'eau fraîche pour soutenir mes esprits. C'est ainsi
que je vécus durant une quinzaine, jours et nuits, muet
de douleur, mais roulant dans ma tête des pensées de
toute sorte.

Sur ces entrefaites, le tour de garde arriva, et le vieux tyran, qui n'éprouvait aucun remords, me fit demander par un domestique d'aller le remplacer comme de coutume. Je répondis que j'en étais incapable et que je n'irais pas ; cette réponse lui ayant été portée, il se revêtit de ses armes et se rendit au palais. Je me munis alors d'un pain, d'un livre sacré, du beau volume d'Hafiz que m'avait donné sa Hautesse, de mon petit cimeterre, et je me mis en route pour Agra. Je quittai le camp le matin de bonne heure, en prenant la route ou plutôt la direction de Gohad, jusqu'à vingt-deux mille environ de Gwalior. Laissant la grande route en cet endroit, je commençai à m'acheminer à travers les bois pour éviter d'être aperçu par ceux qu'on aurait pu dépêcher sur mes pas afin de se saisir de ma personne. J'allai ainsi aussi loin que mes jambes purent me porter, et, à ma grande satisfaction, je ne rencontrai pendant quelque temps aucune créature à deux pieds, excepté de temps à autre quelques bergers assis à l'ombre des arbres et faisant paître leurs troupeaux gardés par des chiens fidèles. Vers le milieu du jour, je fis halte sous un magnifique figuier des banians, sur les bords d'une rivière. Je procédai à mes ablutions, et, étendant par terre ma *dopulta*, c'est-à-dire ma ceinture, je m'assis dessus, avec ma petite épée, mon Coran, mon autre livre et mon morceau de pain, placés devant moi. Un berger qui se trouvait sous un arbre voisin de celui où je me tenais moi-même, attiré sans doute par la curiosité, s'approcha de moi avec son chien. Il s'arrêta à une petite distance, appuyé sur son bâton et regardant ce que je faisais. Le chien vint m'examiner avec autant de curiosité que son maître, en agitant sa queue, alléché qu'il était, je suppose, par l'odeur du pain qu'il voyait en ma possession, et dont il désirait avoir sa part.

Ma faim se faisant alors très-vivement sentir, je pris un morceau de pain, je commençai par en offrir à peu près le quart à mon hôte flatteur, le dogue, et je m'occupai de faire justice du reste. Le bon berger me demanda s'il me déplairait d'avoir un peu de lait avec mon pain sec. Au contraire, lui répliquai-je, je serai très-heureux que vous veuillez m'en donner un peu, et je vous serai très-reconnaissant de cet acte généreux et hospitalier envers un étranger et un homme d'une caste différente de la vôtre. Le généreux berger m'apporta alors un pot d'excellent lait frais; mais ici s'élevait une difficulté. Comment recevoir le cadeau? Le berger, étant un Indou, ne consentirait pas à me laisser toucher le pot. Sur son avis, cependant, j'employai un expédient. Je pris quelques feuilles d'arbre, je les pliai en manière de coupe, et je parvins ainsi à savourer le lait frais, tout en mangeant mon pain. Ce lait me parut infiniment supérieur à tout ce que je connaissais en ce genre, et, pour dire la vérité, je n'en ai jamais goûté depuis qui eût un tel parfum. — Le berger et son chien se retirèrent alors satisfaits l'un et l'autre, le premier de son acte de bienveillance envers un de ses semblables, le second de la libéralité avec laquelle un étranger l'avait traité.

Le soleil descendant alors du méridien, je fis mes prières de l'après-midi, et je me remis en route après avoir remercié le bon berger de ses bienveillants procédés pour moi et m'être renseigné auprès de lui de la route que j'avais à prendre : celle de Gohad.

Je marchais dans cette direction jusqu'à quatre heures du soir; me trouvant alors très-fatigué, je cherchai des yeux un coin solitaire pour m'y reposer pendant la nuit. Je ne voulais pas entrer dans un village, de peur d'y être arrêté; mais, ayant aperçu au loin un puits appartenant à quelque hameau écarté, je m'y rendis pour étancher ma soif et dans l'espérance de trouver dans son voisinage l'asile dont j'avais besoin pour la nuit. Autour du puits étaient de jeunes filles rajpoutes puisant de l'eau pour l'usage de leurs familles. Je demandai à l'une d'elles de me donner un peu d'eau pour apaiser ma soif. Elle répondit à ma requête par cette question, accompagnée d'un petit air aussi gracieux qu'elle-même : « N'avez-vous donc personne au monde qui puisse vous rendre le service que vous me demandez? — Personne, madame, répliquai-je, et à qui m'adresserai-je qui ne fût un atome devant votre incomparable beauté? une lampe est sans éclat devant la splendeur du soleil. » Cette flatterie éveilla un sourire sur ses traits charmants, et elle me tendit sa cruche en disant : « Buvez donc tant que vous voudrez. » En la remerciant, je tendis mes deux mains devant mes lèvres, et elle versa doucement dans cette coupe improvisée l'eau qu'elle venait de puiser et à laquelle ses jolis doigts rosés me parurent avoir communiqué un délicieux arome. Après avoir bu longuement, jusqu'à satiété, je fis un humble et gracieux salut à cette jeune beauté, qui prit, sa cruche sur la tête, le chemin de sa demeure.

Comme je la suivais des yeux, je vis venir à moi un mahométan de haute et belle taille. Il paraissait avoir une quarantaine d'années, et ses habits couverts de poussière indiquaient qu'il voyageait aussi bien que moi. Il me salua respectueusement, me demanda comment je me portais, d'où je venais et où j'allais. Je lui rendis son salut et lui appris que je me rendais à Gohad, où m'appelait une affaire. Il me fit observer qu'il avait la même destination, mais qu'il était à craindre que nous ne pussions l'atteindre avant le coucher du soleil, car nous en étions encore à plus de quatre milles de distance.

J'étais loin d'être satisfait de l'apparence de l'homme, de ses lourds et vitreux regards et de ses manières indiscrètes; mais, durant la marche, sa familiarité et sa conversation éveillèrent mes soupçons au plus haut degré.

Nous avions cheminé à peu près deux milles, quand l'éternel et brillant voyageur, le soleil, atteignit l'horizon.

En ce moment, une rivière était devant nous, et sur sa rive dépeuplée, où pas une âme n'était en vue, s'élevait une vieille mosquée. J'avertis mon compagnon que, ne pouvant aller plus loin, j'allai faire halte dans ce monument pour y passer la nuit, et que, s'il voulait pousser jusqu'à Gohad, j'aurais le plaisir de le revoir le lendemain dans cette ville, si telle était la volonté du Tout-Puissant. Là-dessus il observa que l'asile que je choisissais était un lieu dangereux, infesté tout à la fois par les voleurs et par les bêtes sauvages, et qu'au lieu d'y rester je ferais beaucoup mieux de continuer ma route avec lui. Mais je lui objectai que j'avais peu à redouter ces deux espèces d'animaux de proie, car le dénûment absolu où je me trouvais de la moindre parcelle de monnaie me mettait à l'abri des attaques des premiers, et j'avais, pour me garantir des redoutables visites des seconds, la dose de raison dont, à l'exclusion des autres créatures, la divinité a doué les fils d'Adam. J'ajoutai que mon intention était de ramasser du combustible, et que, lorsque j'aurais allumé un grand feu par le travers de la porte de la mos-

quée, je pourrai reposer dans l'intérieur sans la moindre
appréhension.

Jumha ou Vendredi, car tel était le nom de mon nouveau compagnon, écouta tout cela avec une évidente
attention. Il jeta sur ma personne de longs et curieux regards, et enfin répondit : « Très-bien, seigneur, comme
il vous plaira. »

Je me préparai ensuite à faire mes ablutions pour la
prière du soir, et à me débarrasser par un bain de la
poussière de la route. Je priai donc Jumha de garder la
portion de pain que le chien m'avait laissée et de veiller
sur mes habits pendant que j'allais me baigner. Il se
chargea volontiers de ce soin, et fouilla scrupuleusement
mon petit bagage, mes poches et jusqu'au petit paquet
où mes deux volumes étaient renfermés.

N'ayant rien trouvé à la convenance de sa brutale cupidité, il s'assit en silence les yeux fixés sur moi, pour
voir probablement si je n'avais pas sur le corps quelque
monnaie ou quelque bijou. Cette recherche fut naturellement aussi vaine que la première.

Étant sorti de l'eau, je m'essuyai, puis m'acquittai de
mes devoirs du soir envers le Créateur, pendant que
Jumha, assis à quelque distance, continuait à me regarder avec un certain sourire que j'attribuai à mes prières,
qui, en effet, forment pour un œil vulgaire un spectacle
assez étrange.

La nuit vint, et nous entrâmes dans la mosquée; Jumha
m'aida à ramasser du bois, et nous allumâmes un grand
feu devant la porte pour écarter les bêtes fauves. Chacun
de nous soupa ensuite d'un morceau du pain qu'il avait
en sa possession, mais non sans en offrir aussi à son
compagnon.

Je me trouvai ensuite horriblement fatigué et si assoupi, que je pouvais à peine tenir mes yeux ouverts.

Ce fut la volonté de la divine providence de me préserver de toute attaque criminelle de la part de mon odieux compagnon Jumha, qui commença avec moi une horrible conversation, en disant qu'ayant découvert récemment que je n'étais qu'un pauvre prolétaire comme lui, il avait compassion de ma jeunesse abandonnée sans appui dans le monde, et que, si je voulais m'engager sur le sacré Koran à ne jamais divulguer le secret qu'il allait me révéler, il m'admettrait au nombre de ses élèves; que sa profession était des meilleures et pouvait en un instant élever à une grande fortune l'homme qui s'y dévouait.

Les paroles de Jumha m'enchantèrent, et, en jeune imprudent que j'étais, je prêtai inconsidérément sur le saint livre un serment dont je ne tardai pas à me repentir. Jumha me dit alors qu'il avait déjà dans le district sept disciples qui tous lui étaient fidèles. Sur la demande que je lui fis de son secret, il exigea de moi un nouveau serment, et m'avoua enfin qu'il était *Thug*, qu'il tuait les voyageurs en un tour de main, et qu'il s'enrichissait de leurs dépouilles. Tirant alors de sa ceinture une longue bourse, il l'ouvrit et me montra les mohars d'or qu'elle contenait, pensant que cette exhibition fascinerait ensemble mes yeux et mon esprit. Ces précieuses pièces, comptées plus tard une à une, ne montaient pas à moins de 112 [1].

Cet épouvantable aveu fut, on le conçoit, loin de me plaire, et tout mon être se soulevait d'horreur à la vue de l'infernal Jumha et de son infâme butin. Je me con-

—————

[1] Le mohar, ou roupie d'or, vaut en moyenne de 45 à 50 francs.

tins néanmoins et lui demandai très-froidement comment il pouvait venir à bout d'un homme aussi facilement qu'il le disait, car, ayant été témoin oculaire de plusieurs exécutions, j'avais toujours trouvé que ce n'était pas une petite affaire que d'expulser de ce monde une créature humaine. « Ne vous inquiétez pas de cela, me dit-il, vous apprendrez la chose en moins de rien en me voyant opérer; mais ayez soin de ne jamais prononcer mon nom dans une ville ou dans un village, car ma renommée est grande. Gardez mon secret, et dès demain peut-être vous aurez la chance de devenir aussi riche que moi-même ; mais souvenez-vous que vous devez remettre un quart de votre gain à moi-même, et un autre quart à une belle jeune fille de notre secte, que nous rencontrerons demain matin à la porte de Gohad.

Bien que me sentant en grand péril, je ne pouvais dominer le besoin de dormir qui s'appesantissait sur moi de minute en minute. Pour me réveiller, je me levai, et, sous prétexte d'activer la flamme de notre foyer, j'allai vers le feu et me brûlai à dessein l'extrémité du doigt annulaire; puis, après avoir allumé un cigare, je retournai m'asseoir auprès de Jumha. Celui-ci, se croyant sûr alors de ma fidélité, commença à me dérouler ses diaboliques instructions, m'affirmant de nouveau qu'il n'était pas difficile de mettre fin à la vie d'un homme; que toute la difficulté consistait à le tromper et à gagner sa confiance de manière qu'il ne pût s'échapper.

« Nous avons, me dit-il, divers modes pour nous familiariser avec les voyageurs ; nous les abordons en mendiants, nous nous faisons accepter comme guides ou nous les séduisons par des actes de complaisance. La femme dont je vous ai parlé nous aide dans ce dernier rôle; elle fascine l'étranger par les charmes de sa conversation, l'attire à l'écart loin de la route, et alors, sous prétexte de lassitude, elle s'assied sous un arbre, et, tirant un briquet de son cabas, elle allume du feu comme pour fumer. Sur ces entrefaites survient un de nous, dont l'arrivée fait naturellement peu de plaisir au voyageur, mais la femme rassure celui-ci en lui disant : « C'est mon mari « (ou mon frère) qui, après avoir pris un peu de feu, va « bientôt s'éloigner pour ses affaires et nous laisser fu- « mer et causer à loisir. » Durant cette conversation, si les fumées du tabac, les propos échangés, etc., n'ont pas assez endormi la prudence du voyageur, quelque accident arrivé à propos aux vêtements de la charmeresse, un pli qui se dérange, un nœud qui se rompt, s'empare impérieusement de l'attention de sa victime; celui de nous qui se tient aux aguets, lui lançant alors autour du cou un mouchoir comme celui-ci (Jumha me montrait un long foulard avec un nœud à l'un de ses bouts), lui imprime à la nuque une violente secousse et le jette sur le sol, privé de sentiment. Si néanmoins il agite un peu les pieds ou les mains, un coup sec asséné sur la partie la plus sensible du corps le réduit immédiatement à l'immobilité. Le cadavre est aussitôt dépouillé et enterré sur place, et nous poursuivons séparément notre chemin après avoir fixé entre nous l'heure et le lieu d'un autre rendez-vous. »

Pendant cet abominable récit, mes oreilles tintaient, mes yeux étaient hagards et mon sang bouillonnait dans mes veines. Ma prudence, toutefois, ne m'abandonna pas, et je pus avec la même indifférence apparente qu'auparavant adresser à Jumha cette autre question : « Dans la perpétration de ces actes, n'avez-vous jamais faibli? »

« — Non, répliqua-t-il, nous y sommes accoutumés. Un boucher n'est jamais ému quand il égorge une chèvre ou un bœuf. On éprouve bien d'abord quelque compassion, mais la pratique rend la chose facile; en de telles occasions, nous n'avons qu'à penser à la dureté, à l'égoïsme, à la cruauté des hommes. Qui d'entre eux nous donnerait une roupie, même en nous voyant expirer d'inanition, ou serait ému de la moindre pitié en nous voyant conduire au supplice? Nous les traitons comme ils nous traitent. Je dois pourtant avouer qu'au début de ma profession j'en éprouvai un profond dégoût.

« Il m'arriva une fois de suivre un vieux prêtre, entre Hota et Oudipour, pendant plus de trente milles. Pendant le premier jour de notre voyage, je ne pus trouver le moyen d'en finir avec lui. Le soir venu, il alla loger chez des amis parmi lesquels je ne pouvais pénétrer. Le matin suivant, de bonne heure, il se remit en route, et je l'accompagnai, le suivant quelquefois et quelquefois le dépassant. Quand le premier quart de la journée se fut écoulé, il prit son repas dans le voisinage d'un hameau, et, remarquant mon aspect misérable, il me donna un morceau de pain, que je reçus avec beaucoup de remercîment et de gratitude apparente, mais auquel je me gardai bien de toucher, car tuer ce vieillard après avoir mangé *son sel* aurait constitué, selon moi, un impardonnable sacrilége. Je lui appris que je me rendais à Oudipour pour y chercher un emploi, et il me répondit : « Puissiez-vous réussir selon vos désirs. »

« Après son déjeuner, il se remit en chemin, et moi avec lui, jusqu'à midi, où vint l'heure de sa prière ou plutôt de sa mort. Il me demanda si je ne connaissais pas dans le voisinage un lieu où il pourrait trouver de l'eau pour ses ablutions, faute de quoi il lui faudrait se purifier, avant la prière, avec le sable du chemin. Je lui dis qu'à un quart de mille de distance, un peu à l'écart de la route, coulait un petit cours d'eau ; il me pria de l'y conduire, et je fus son guide vers le ruisseau, où il s'acquitta des purifications prescrites, et, pendant qu'il remettait ses habits, se prosternait, se relevait, sans soupçon et tout entier à ses dévotions, je l'étranglai. Il rendit l'âme en un instant ; mais, à mon grand désespoir, quand je le fouillai, je ne trouvai sur lui, outre son chapelet et quelques croûtes de pain, qu'un seul *païce*[1]. J'enterrai néanmoins le cadavre sur-le-champ et m'éloignai. Le lendemain je rentrai à mon village, où j'avais un ardent désir de voir ma vieille mère. Je l'y trouvai, lui racontai ce qui venait d'arriver, la pitié dont j'étais saisi et ma résolution d'abandonner ma profession, ajoutant que j'aimais mieux mourir que d'être obligé de baigner de nouveau mes mains dans le sang innocent pour un gain aussi dérisoire. Cet aveu de ma faiblesse fut loin de lui plaire ; elle prit mon *païce* et se rendit au marché, d'où elle rapporta une livre environ de petites crevettes. En plaçant le tout devant moi, elle me dit :

« — Pouvez-vous, mon fils, compter ces petits ani-
« maux? »

« — Oui, répondis-je, mais ce dénombrement sans uti-
« lité me prendrait toute la journée.

« — Voyez donc, répliqua-t-elle, fol enfant, combien
« d'existences sont là, détruites pour un seul *païce*, tandis
« que vous, comme un stupide, lâche et efféminé drôle que
« vous êtes, vous semblez consterné de la mort d'un vieux

---

[1] Un païce équivaut à deux centimes.

« prêtre qui avait déjà un pied dans la tombe. Si un lion,
« ajouta-t-elle, s'amuse à éprouver des remords devant sa
« proie, il est indubitable qu'il mourra bientôt d'inanition. »
Ces salutaires leçons de cette virile vieille femme remi-
rent mon esprit dans la voie de ma profession héréditaire,
et jamais depuis mes actes ne m'ont laissé le moindre remords. »

Pendant ce récit minuit s'était écoulé, et l'infernal narrateur termina en me disant que, comme je paraissais
très-accablé de sommeil, le mieux que je pouvais faire
était de dormir deux ou trois heures, pendant lesquelles
il se chargeait de faire bonne garde et qu'il m'éveillerait
ensuite pour dormir à son tour.

« Mon ami, répliquai-je, je me suis brûlé le doigt
par accident, et la douleur que j'en éprouve ne me permettrait pas de dormir. Dormez vous-même, et je vous
réveillerai quand je sentirai venir le sommeil. » Cette offre
lui sourit, il l'accepta joyeusement, s'étendit sur le sol et
bientôt commença à ronfler comme un animal immonde.

Il m'est impossible d'exprimer au lecteur ce que la
conversation et la vue de ce démon à face humaine m'a-
vaient fait souffrir de tortures. Le plus clair pour moi
était que je n'avais de secours à attendre de personne ; en
fuyant un mal, j'étais tombé dans un pire ; mon doigt
enflammé me faisait horriblement souffrir ; mais mon esprit souffrait bien plus encore. Je remerciai le ciel de
m'avoir inspiré de me déshabiller devant cette brute
sauvage pendant mes ablutions du matin, car, sans cette
action qui avait donné au meurtrier l'assurance de mon
dénûment absolu, il m'aurait sans nul doute étranglé
comme il avait fait de tant d'autres. J'eus un moment la
velléité bien prononcée de couper la gorge à ce monstre

avec mon petit, mais très-affilé cimeterre, et de le faire
ainsi passer tout à coup du sommeil en enfer, dont *Malik*,
le gardien, serait charmé, pensais-je, de lui ouvrir les portes et de le précipiter dans le feu éternel ; mais je fus dé-
tourné de ce dessein sanguinaire par la crainte de m'exposer à de fausses interprétations et qu'on ne me soupçonnât
de l'avoir mis à mort pour m'emparer de son argent. Au
milieu de ces luttes fatigantes de mes pensées, la longue,
longue nuit toucha enfin à son terme. Le ramage des oiseaux apporta l'annonce joyeuse de l'approche du matin
à mes oreilles inquiètes. Je me levai de ma place tout
doucement ; tout doucement encore je sortis de la mosquée, et, au lieu d'aller faire mes ablutions du matin, ce
qui avait été ma première intention, je m'élançai dans la
direction de Gohad, franchissant les deux milles qui m'en
séparaient en trente minutes. Pas n'est besoin de dire
que plus d'une fois je regardai derrière moi pour voir si
Jumha ne me poursuivait pas. J'atteignis la porte de la
ville au moment même où on l'ouvrait, et le portier ainsi
que les soldats de garde, me voyant accourir hors d'haleine, m'en demandèrent la raison. Dans le paroxysme de
mon trouble et de mon effroi, j'oubliai, je le confesse,
le serment prêté et je m'écriai d'une voix inarticulée :
« Jumha ! Jumha le thug ! » Le nom de ce brigand était
suffisamment connu de tous les soldats présents. Ils me
demandèrent où il était, et je leur indiquai l'endroit ; requis de les y accompagner, je prétextai, pour m'en dispenser, mon excessive fatigue, et je m'assis à la place où
j'étais. Sans s'occuper davantage de moi, ils coururent
vers la mosquée. Peu après je fus mandé devant
le ministre d'État, jeune indou de noble apparence ;
j'appris, dans la suite, que ce jeune seigneur était le fils

du premier ministre du Rajah et remplissait les fonctions de gouverneur. Il m'interrogea avec le plus grand soin ; mais, avant que ma déposition fût terminée, je vis, à ma grande satisfaction, amener devant le ministre l'infâme Junha, réduit à un état digne de ses forfaits : le corps garrotté, moulu de coups et ensanglanté. Le ministre et la foule présente reconnurent parfaitement son identité ; car il s'était évadé des prisons de la ville peu auparavant.

Lorsque tout ce monde lui eut craché à la face, qu'on l'eut fouillé et que l'argent trouvé sur lui eut été mis en sûreté par les officiers de police, il fut, sans plus d'enquête et de délai, attaché à la bouche d'un gros canon ; en une seconde il fut réduit en atomes, entraînant dans sa rapide destruction toutes les espérances de meurtre qu'il nourrissait pour l'avenir. Ainsi se termina son abominable existence.

Immédiatement après je sortis de la ville et me dirigeai vers un bassin où, après avoir fait mes ablutions, j'offris au ciel mes actions de grâce pour la protection qu'il avait étendue sur moi dans le péril, et j'implorai humblement le pardon de la Divinité pour l'oubli coupable que j'avais fait de mon serment.

Après avoir accompli ce pieux devoir, j'allumai un petit feu pour griller un peu de grain frais pour mon déjeuner; ce sobre repas ingurgité, je m'assis tranquillement pour le digérer. Mon intention était de faire ce jour-là une longue étape ; je devais désormais être circonspect, entouré que j'étais d'étrangers, parmi lesquels j'étais déterminé à pénétrer aussi loin que possible. Comme je me disposais au départ, je vis, à mon grand effroi, un soldat venir à moi. Sa vue me jeta dans une

double appréhension : ma première pensée fut que ce
pouvait être un émissaire dépêché de Gwalior à ma
poursuite; la seconde, que j'étais peut-être accusé d'être
un complice de l'infernal Jumha, et que, dans ce cas, j'allais partager son destin ou tout au moins être jeté en
prison. Mais mes craintes ne tardèrent pas à s'évanouir
quand l'homme, m'ayant abordé avec un profond salut,
m'avertit poliment que le ministre désirait me voir. En
conséquence, je suivis le soldat au *Durbar*, où l'on m'invita à m'asseoir.

Le ministre commença par me remercier publiquement
de la part que je venais de prendre à la destruction d'un
impur et sanguinaire brigand qui avait fait un grand nombre de victimes et qui en aurait fait plus encore si sa vie
se fût prolongée. Il ordonna ensuite à son trésorier de me
remettre douze mohurs d'or sur les cent douze trouvés
dans les poches du supplicié. Je remerciai avec reconnaissance le ministre et reçus la somme des mains de son
agent. Mais, après avoir compté les pièces, n'en ayant
trouvé que dix et en ayant fait la remarque au trésorier,
celui-ci me répliqua qu'il en avait déduit deux pour ses
honoraires. Jugeant inutile d'élever des réclamations à
ce sujet, je poursuivis ma route.

Possesseur pour la première fois de dix mohurs d'or,
les chatouillements de l'orgueil, de la vanité et de la pré-
somption commencèrent à travailler ma petite cervelle;
la pure confiance, la complète résignation aux volontés
souveraines du grand Être qui répand ses bienfaits pro-
videntiels sur toutes ses créatures, commencèrent à m'a-
bandonner. L'*Esclave jaune*, pour me servir de l'expression de l'immortel Shakspeare, l'*Esclave jaune* fit
sentir bientôt sa fatale influence à son possesseur, et il

ne fit qu'aggraver mes appréhensions; je n'avais été tourmenté d'abord que par la crainte d'être poursuivi, et maintenant j'avais à trembler pour ma vie mise en danger par le trésor que je portais. Ce vil métal n'est-il pas l'objet de la concupiscence de chacun? Des milliers de complots de toute sorte ne sont-ils pas formés chaque jour pour le conquérir, et des milliers d'existences humaines, formées par la main toute-puissante de la Divinité, ne sont-elles pas sacrifiées à son impure acquisition? Je ne voyageai donc plus que sur la grande route, évitant soigneusement de marcher isolé, et ne songeant qu'à sauvegarder mes nouvelles richesses, que je cachai sur moi avec tout le secret possible.

Enfin, après sept rudes journées d'un chemin fatigant et fort peu direct, j'eus le joie de me trouver dans le voisinage de l'ancienne cité d'Agra.

Le pain que javais emporté, et dont il me restait encore un quartier sur quatre, aurait pu passer pour avoir reçu la bénédiction du Seigneur Jésus; mais, pour dire la vérité, j'avais prolongé sa durée à l'aide du grain vert que je cueillais tous les matins le long du chemin et que je faisais griller pour mon déjeuner de chaque jour. Je me reporte toujours avec le plus grand plaisir aux heures d'indépendance et de bonheur sauvage dont je jouis pendant ce court voyage précédé d'une si longue servitude. Mes marches matinales, mes ablutions dans le pur cristal des sources vives, mes prières de midi dans l'épaisseur des djungles, sous la feuillée la plus ombreuse que je pouvais trouver; puis, après la prière, le repos savouré sur la verte émeraude des tapis de gazon, ouvrés par la nature : tous ces souvenirs, présents à mon esprit, lui déversent encore l'ivresse et la joie.

Arrivé près de la cité, je fis halte à l'ombre d'un arbre et je m'assis pour admirer les antiques et hauts monuments élevant leurs coupoles au-dessus de la verte ramure des grands arbres. Dans l'après-midi seulement j'entrai dans la ville et je m'enquis de la demeure des parents de feu mon père; je fus assez heureux pour la trouver.

Ayant frappé à la porte, une esclave vint me demander qui j'étais, et je lui répondis que j'étais le fils de feu Molvi Mohamed Akram, qui s'était jadis marié dans cette maison. Cette nouvelle, portée dans l'intérieur, eut bientôt pour effet d'amener sur le seuil un homme d'un certain âge, d'aspect vénérable et dont tous les dehors annonçaient les facultés scientifiques. Après un moment d'étonnement bien naturel, sa respectable langue se déliant, il m'interrogea minutieusement sur la famille de mes belles-sœurs et sur les noms de mes ancêtres, tout en comparant mes réponses avec le contenu d'un papier qu'il tenait à la main. Enfin, convaincu de la véracité de mon récit, il m'embrassa cordialement et me fit entrer dans la maison, où je fus bientôt entouré d'un cercle de figures féminines et présenté à une bonne vieille dame qui se dit ma grand'mère et se chargea de moi tout d'abord. Obligé de répéter mon histoire à chaque nouvel ami de la famille qui vint me visiter, je n'échappai à cet ennui qu'à l'aide d'un certain nombre d'aphorismes et de sentences auxquels je m'avisai d'avoir recours.

Je ne saurais trop proclamer les obligations que je contractai envers cette noble famille, et trop chaleureusement la remercier de la protection tutélaire et de la bonté qu'elle témoigna à un pauvre étranger; car je n'étais pas autre chose pour elle : les nœuds de nos relations étant rompus depuis longtemps par le décès de ma belle-mère.

Le vieux gentleman, maître d'école de son état, se chargea volontiers de mon éducation, et ma ponctualité, ma persévérance et mon amour pour l'étude me rendirent bientôt son élève favori. Le vendredi j'étais laissé à moi-même pour me reposer et me divertir à mon gré ; mais, au lieu d'employer ce jour à jouer, je le consacrai à visiter avec quelques amis les anciens jardins et monuments de la ville.

L'antique cité d'Agra est admirablement située sur la rive sud-ouest de la Jumna, fameuse comme une des trois rivières sacrées des traditions indoues. Dans les vieilles légendes, le Gange, la Jumna et la Saraswaty sont supposés couler dans le sein de la terre aussi bien qu'à sa surface. Un bain pris dans la rivière Jumna délivre le pécheur d'un tiers de ses fautes au moins ; mais le confluent des trois rivières, à Allahabad, confluent que les indigènes appellent Tribequi, c'est-à-dire les *trois tresses de cheveux*, est un endroit d'une telle sainteté, qu'une ablution complète dans ses eaux bienheureuses, lave à jamais tous les péchés de celui qui l'accomplit.

Agra changea son nom en celui d'Akbarabad au temps du grand empereur Akbar, qui l'agrandit beaucoup et en fit sa capitale. Les maisons de cette ville sont en général élevées, et à plusieurs étages ; mais les rues en sont étroites et sinueuses, non moins que celles du grand Caire. Il faut excepter pourtant celle qui mène de la citadelle à la porte de Mathura. Du reste, à l'époque dont je parle, une grande partie de la ville était en ruine. Environ à cinq milles vers le nord, est Secundra, où s'élève le mausolée du sage empereur Akbar, dont la mémoire soit à jamais bénie ! Si le lecteur désire connaitre l'histoire de ce grand roi, qu'il recoure à l'Akbar-Nameh, ou, en langue anglaise, aux Annales d'Akbar, écrites par son savant et habile ministre Aboulfazil : il y trouvera en détail le récit de la sagesse, de la bonté et des facultés incomparables de ce prince depuis le temps de sa première jeunesse. Il prit, à treize ans à peine, les rênes du vaste et grand empire de l'Inde et les porta d'une main ferme jusqu'à sa soixante-troisième année, époque où il laissa la royauté de ce monde pour un séjour meilleur, où les jouissances sont éternelles, où nul éclat ne passe, où nulle beauté ne se flétrit.

Agra est encore remarquable comme le lieu de naissance du célèbre ministre Aboulfazil et de son frère, le docte Faizi. Le monde est redevable à celui-ci de la traduction d'un certain nombre des plus remarquables œuvres sanscrites, telles que le *Bhagavagita*, le *Mahabharata* et le *Ramayana* ; à celui-là l'Inde doit de longues années d'administration tutélaire et féconde et la rédaction de plusieurs codes de lois, parmi lesquels figure l'*Ayen-Akbari*.

Que le lecteur me pardonne de m'arrêter un instant sur l'admirable caractère de l'empereur Akbar, dont le règne de cinquante et un ans a été et sera toujours considéré comme une bénédiction pour l'Inde. Si ses successeurs eussent hérité de la moitié de sa sagesse, il n'aurait pas été dans la destinée de cette contrée de passer sous le joug de l'étranger [1]. Chargé à treize ans de l'énorme responsabilité du pouvoir suprême, il ne plia pas sous le faix; que l'on pense pourtant ce que

---

[1] L'enthousiasme aveugle ici l'honnête Lutfullah et lui fait oublier que le gouvernement des Mogols n'était pas moins *étranger* à l'Inde que celui des Anglais.

devait être pour un enfant de cet âge le gouvernement de l'Inde, lorsque, en pleine paix, trois hommes d'État, éclairés de toutes les lumières de la civilisation britannique et assistés par des conseils choisis, trouvent que c'est là une tâche lourde et difficultueuse. En outre, aux débuts de son règne, la confusion et l'anarchie étaient déchaînées sur toute la contrée; mais le jeune souverain, ainsi que l'ont fait remarquer les historiens, avait reçu de la nature trois inappréciables dons : le courage, la clémence et la prévoyance; il se montra guerrier incomparable, monarque imposant, éminent politique, et déploya dans le maniement des affaires une supériorité telle, qu'il s'attira le respect et l'amour de ses peuples et de ses alliés. Comblé d'éloges non-seulement par tous les historiens asiatiques, mais encore par ceux de l'Europe, nous devons croire qu'il n'a pas reçu une moindre récompense de la merci de son Créateur.

Les murs de la citadelle d'Agra sont solidement construits en pierres rouges, extraites des carrières de Gwalior. Les remparts sont doubles, avec des fossés d'une profondeur et d'une largeur considérables; ils sont munis de bastions, convenablement espacés par des intervalles égaux.

Parmi les plus fameux édifices de l'Indoustan, qui n'a entendu parler du Muntâz-Mahal, vulgairement appelé le Tadje-Mahal? C'est le chef-d'œuvre de l'art indou, qui n'y a employé que du marbre et des mosaïques. Ses matériaux sont d'une richesse peu commune, ses lignes d'une grande pureté, et l'effet qu'il produit à la première vue a quelque chose de solennel. En beauté il surpasse tous les monuments de l'Inde, et en majesté ceux de toute l'Asie.

Cette merveille eut pour fondateur Schah-Djéhan, qui l'érigea pour sa sultane favorite, Muntâz-Mahal-Begum, femme d'un esprit éminent, et qui fut de plus la reine de beauté de son temps. — C'est là son mausolée.

Pendant mon séjour, la population d'Agra montait à environ quatre-vingt mille âmes. La ville avec son territoire avait été cédée dès 1805, par Daulat Râo-Scindhiah, à lord Lake, commandant une armée anglaise.

Je vécus sous la protection de mon excellente famille maternelle, pendant une période de cinq années, c'est-à-dire jusqu'au commencement de 1817. Mon éducation étant alors regardée comme complète, je fus abandonné à mes propres ailes. Mon vieux protecteur me fit dire alors par un ami commun que les connaissances que j'avais acquises avec lui avaient fait de moi un homme fort capable; qu'il n'était pas sans quelque crédit parmi les fonctionnaires britanniques, dont le gouvernement était établi dans la province depuis quelques années, et qu'il serait charmé de m'être utile auprès d'eux si je le désirais, et non moins heureux de me marier avec quelqu'une de ses parentes.

A ce bienveillant message je répondis par de sincères remercîments pour mon noble patron, ajoutant que je n'oublierais jamais ses bontés pour moi, et que, s'il n'avait pas encore été en mon pouvoir de lui rendre quelque service en retour de sa protection, j'espérais bien être un jour à même de lui prouver ma reconnaissance, avec l'aide du Tout-Puissant. Quant au mariage et à l'emploi qu'il me proposait, je ne me sentais pas capable d'accepter de telles offres, désireux que j'étais avant tout de saisir la première occasion pour aller à Oujein revoir encore une fois ma mère.

CHAPITRE IV

J'entre chez le médecin d'Indou-Rao. — Je visite Delhi. — Je retourne à Gwalior. — Guérison d'une morsure de cobra. — Encore à Oujein. — L'amour filial plus fort que la menace d'un astrologue. — Armée de sir T. Kissop's. — Bataille de Mehidpour. — Je me lasse du séjour d'Oujein. — Ma fatale rencontre avec Mousa l'Afghan. — Étrange vagabondage dans les bois. — Le secret dévoilé. — Nadir, chef des Bheels. — Je deviens secrétaire de voleurs. — Une fête chez les Bheels et ses épouvantables horreurs. — Ma fuite. — Encore le vieux Scheik. — Mort de ma mère.

Dans le courant du mois de février 1817, Hakim Rahmatullah-Beg-Khan, médecin d'Indou-Rao, beau-frère de Sa Hautesse Daulat-Rao-Scindiah, passa par Agra en se rendant à Delhi pour ses affaires. J'avais eu l'avantage de connaitre autrefois ce bon vieux gentleman à Gwalior; j'allai lui rappeler cette circonstance, et il me reçut très-cordialement.

Lui ayant demandé si, en m'adjoignant à sa suite, il ne pourrait pas tirer quelque utilité de moi pendant le voyage qu'il exécutait, il m'attacha généreusement à son service comme surintendant de ses drogues et de ses gens, et attacha à cet emploi un petit salaire.

Très-joyeux d'avoir atteint si inopinément le but de mes désirs, je retournai à la maison communiquer cette bonne nouvelle à mon bienfaiteur, qui, de même que tous les membres de sa famille, fut très-chagrin de se séparer de moi, accoutumés qu'ils étaient depuis cinq ans à me regarder comme un des leurs.

Le jour du départ venu, je mis dans une bourse les mohurs d'or et quelques roupies que je possédais en sus, et je déposai le tout aux pieds de mon bienveillant précepteur, en le suppliant d'accepter cette bagatelle pour l'amour de moi. A ma grande satisfaction, il acquiesça à ma prière après quelque résistance; puis il se rendit en personne auprès du médecin, auquel il adressa en ma faveur un long et chaleureux discours, et, prenant ensuite mes mains dans les siennes, il appela sur moi la *garde de Dieu* et me souhaita un bon voyage.

Enfin, un jeudi matin, nous prîmes congé de nos amis, et je dis adieu à la ville d'Agra. Il est bien connu de tous ceux qui ont visité cette partie de l'Inde que le trajet d'Agra à Delhi est comparable à une promenade à travers des jardins de plaisance; nous accomplîmes cet intéressant voyage en une semaine. Dans la matinée du huitième jour, la vue vraiment splendide de Delhi, la vieille capitale des Rajahs et des Empereurs, se déroula devant nos regards. Le premier coup d'œil jeté sur cette grande cité reporte la pensée du voyageur aux temps où elle était le centre de l'empire des Indes, où les ordres et les prescriptions qui en partaient étaient exécutés ponctuellement jusqu'aux extrémités les plus reculées des provinces; alors que son nom et son aspect suffisaient

pour imprimer à l'âme des princes du plus haut rang le
respect ou la terreur, et que, pendant qu'ils pénétraient
sous ses portes triomphales, les têtes coupables de plusieurs de leurs pairs ou de leurs vassaux séchaient au
soleil sur les créneaux.

A notre entrée dans la ville, quelques scribes et agents
subalternes du gouvernement anglais vinrent, à notre
grand ennui, soumettre nos bagages et nos personnes à
un examen minutieux, s'enquérant de nos intentions et
des causes de notre venue. Nos réponses leur ayant paru
satisfaisantes, ils nous laissèrent enfin. Le médecin établit sa demeure temporaire chez un noble descendant de
Nawasich-Khan, qui habitait dans le quartier de Chandni-
Chauk une grande maison, ornée et meublée de tout ce
que requièrent le luxe et la vanité d'un homme. Là, pendant dix-sept jours, nous vécûmes d'une existence confortable, fort douce après les fatigues de notre voyage;
et, durant tout ce temps, je n'eus presque rien à faire.
Le matin seulement j'avais à enregistrer dans un livre
un petit nombre de prescriptions écrites par le docteur,
ou à extraire du coffre confié à mes soins quelques drogues destinées par mon patron à ses malades. Puis,
après le déjeuner, ayant la libre disposition du reste de
la journée, je l'employais en délicieuses promenades
dans la ville et ses environs.

L'antique cité de Delhi, désignée sous le nom d'Indra-
prastha dans les annales mythologiques de l'Inde, forme
un labyrinthe de ruines au sud de la ville moderne.
Quelques vestiges de ses anciens palais et de ses vieilles
demeures peuvent encore se reconnaître, et les plus
modernes de ces constructions, telles que les portes des
remparts, les mosquées et le tombeau de l'empereur

Humayoun, la citadelle de Sher-Schah et quelques forts de moindre importance, sont encore respectées par le temps. Leurs formes et leur architecture conservent même dans ce temps-ci un caractère de force et de grandeur.

Le premier conquérant musulman de l'Inde fut, comme on sait, le sultan Mahmoud de Ghisni, qui s'empara de cette capitale vers la fin de l'année 1110 de l'ère du Christ. Mais, suivant une politique grande et généreuse, il la rendit au rajah régnant et le rétablit sur son trône, en ne lui imposant qu'un léger tribut.

La ville moderne fut bâtie par l'empereur Schah-Djëhan, vers l'année 1631, sur la rive occidentale de la Jumna, et elle porta quelque temps, d'après son fondateur, le nom de Shah-Djahanabad. A l'époque de mon passage, on estimait sa population à environ deux cent mille habitants. Ayant beaucoup souffert pendant les guerres des Mahrattes, la cité semblait en pleine décadence.

Ses remparts, ses nombreux bastions et sept de ses portes sont construits en grès rouge. De ses édifices dignes de remarque, quelques-uns sont bien conservés, quelques autres penchent vers la ruine. Parmi les premiers, il faut ranger le collége de Ghaziuddin-Khan, situé près la porte d'Ajmeer, quelques palais et un petit nombre de mosquées. Le plus élevé et le plus élégant de tous ces monuments est la Jumni-Musjid, ou grande cathédrale musulmane, bâtie au centre de la ville, en belle pierre rouge entremêlée de marbre blanc. Ce vénérable lieu de culte, commencé par Schah-Djëhan dans la quatrième année de son règne, fut terminé dans la onzième.

Le peuple de Delhi est généralement poli et bienveillant, et le climat y paraît salubre. Au bout de trois semaines consacrées à cette ville, mon patron nous ordonna de tout préparer pour son retour à Gwalior, et, ces préparatifs n'ayant exigé que bien peu de temps, nous quittâmes immédiatement la vieille métropole de l'Inde, et une autre semaine nous suffit pour atteindre notre destination en sûreté et sans autre accident que le suivant, qui arriva à l'un de nos porteurs.

Le quatrième jour de notre marche, comme nous avions fait halte pour déjeuner sous un arbre, non loin d'un petit village, ce pauvre Indou, pressé par la soif, prit son vase à boire et descendit le premier dans un puits près duquel nous étions arrêtés. A peine avait-il franchi quelques degrés de l'escalier, qu'il fut mordu par un grand serpent noir couché sur une marche de pierre de même couleur. Dès qu'il se sentit blessé et qu'il eut vu son ennemi, il tira un pistolet de sa ceinture et fit feu sur le venimeux reptile. L'explosion inattendue de l'arme nous ayant tous attirés instantanément autour du puits, nous y trouvâmes le blessé occupé à couper, avec son épée, la chair de son talon, tandis qu'à deux yards de lui, gisait, la tête percée d'une balle, une hideuse *cobra* [1]. Nous emportâmes le pauvre diable, qui, à force de sang perdu, ne tarda pas à s'évanouir; mais le bon médecin, notre patron, ayant fait rougir immédiatement un couteau à large lame, cautérisa le pied mordu au-dessous de la cheville, puis, après avoir lavé la blessure, il la couvrit d'une couche de sel commun. L'action cuisante du sel ne tarda pas à

[1] Cobra-capella, le *coluber naja* des naturalistes, la *naga* des poëmes sanskrits, l'*uræus* des monuments égyptiens.

tirer le patient de son évanouissement; il demanda à
boire, et le docteur, au lieu d'eau pure, lui donna une
dose copieuse d'eau-de-vie anglaise, qui, presque aussitôt, le plongea dans un profond sommeil.

Sur ces entrefaites, une foule d'habitants du village
étaient accourus autour du puits, et nous comblaient de
remercîments pour la destruction du monstre, qui, disaient-ils, depuis le commencement de l'année, avait mis
fin à l'existence de trois de leurs compatriotes : deux
hommes et une femme.

Le pauvre porteur, hissé sur un chameau, fut porté à
son tour pendant le reste du voyage, et guéri radicale-
ment de sa terrible blessure au bout de six semaines.
Dans le même temps, le beau-frère du maharajah, Son
Excellence Indou-Rao, au service duquel était notre noble docteur, ayant appris le courage que ce pauvre couli
avait déployé, le tira de son humble position pour en
faire un cavalier, aux appointements d'une roupie par
jour, non compris l'uniforme, etc.

A notre arrivée au camp, le vieux soubahdar, mon ancien protecteur, ou plutôt oppresseur, se présenta chez
le docteur et sollicita de moi l'oubli et le pardon de ce
qui s'était passé entre nous. Puis, s'adressant au docteur, il lui demanda de me permettre de retourner demeurer avec lui. Mon patron lui répondit qu'il n'avait
nulle objection à faire à cette proposition, pourvu toutefois qu'elle me convînt. Comme le bonhomme se tournait de nouveau vers moi pour avoir ma réponse, je lui
dis que je lui avais entièrement pardonné le passé, et
que je ferais tous mes efforts pour l'oublier aussi; que
j'irais avec plaisir lui rendre visite quand j'en aurais le
temps, mais que je ne délaisserais jamais le service du

docteur pour aller demeurer avec lui ou avec tout autre, jusqu'à ce que l'occasion d'une caravane allant à Oujein se présentât à moi, auquel cas je me proposais de prendre un congé pour aller voir ma mère. Cette détermination mit fin à l'éloquence du soubahdar, et il retourna chez lui.

Je passai avec le docteur environ six mois, pendant lesquels je ne m'occupai guère que de médecine ; je commençai à prendre un goût réel pour cette profession, dont j'acquis les connaissances les plus usuelles. La méthode du docteur était aussi simple que facile. Il avait rarement recours aux drogues, et c'était par les changements de régime qu'il traitait généralement ses malades. Il jouissait de toute la confiance de son patron, Indou-Rao, bien qu'il n'en reçût qu'un salaire de cinq cents roupies par mois ; mais des présents journaliers faisaient plus que doubler cette somme. Je crois devoir enregistrer ici un exemple de sa manière d'opérer. Son Excellence Indou-Rao, étant allé chasser pendant deux ou trois jours à une trentaine de milles de Gwalior, fut tout à coup saisi d'un incessant et douloureux hoquet. Il avait auprès de lui deux hommes de l'art qui s'ingénièrent de leur mieux, mais sans aucun succès, pour délivrer le prince de son mal. L'un d'eux lui proposa une saignée du bras, opération que le patient repoussa obstinément ; enfin, perdant patience devant la douleur, Son Excellence reprit en grande hâte le chemin de la ville, et mon patron, mandé immédiatement auprès d'elle, lui prescrivit simplement une fumigation de canne à sucre broyée et bouillie dans un peu d'eau de rose. A peine cette ordonnance eut-elle été exécutée, que la guérison s'ensuivit, et notre docteur reçut les témoignages de la reconnais-

sance de son malade, avant même de sortir du palais.
Le prince, ôtant de son propre cou un collier de grosses
perles, le passa lui-même au cou d'Hakim-Rahmatullah,
et lui fit remettre une paire de châles de la plus grande
beauté.

De mon côté, j'employai quelques-unes de mes heures
de loisir à rendre visite au soubahdar, et même à dîner
quelquefois avec lui; et je dois reconnaître qu'en toutes
occasions je le trouvai d'une politesse parfaite. Dans le
mois d'août, Khande-Râo, noble Musulman attaché à la
cour, et avec qui nous étions venus jadis à Gwalior, obtint la permission d'aller à Oujein pour voir sa famille, et
le soubahdar s'arrangea de manière à se faire attacher à
son service jusqu'à son retour.

Le jour de leur départ, je me séparai de mon patron,
qui ne me donna mon congé qu'à son grand regret, et non
sans m'objecter que quatre ou cinq années passées avec
lui auraient fait de moi un docteur accompli, un gentilhomme indépendant et maître de ses actions comme il
était lui-même. Mais le désir ardent que j'avais de revoir
ma mère aveuglait ma raison et fermait mes oreilles aux
avis du sage vieillard. Il me paya mes arrérages et y joi-
gnit généreusement, comme marques de sa satisfaction,
un cadeau de vêtements et une bourse assez pleine; de
sorte que je me trouvai de nouveau possesseur de quelque chose de plus qu'une centaine de roupies.

Partis de Gwalior vers le milieu d'août, nous voyageâmes à longues journées, marchant depuis sept heures
du matin jusqu'à quatre heures du soir. Nous étions
dans la saison des pluies, ce qui était loin de rendre le
voyage agréable. Chaque rivière, chaque cours d'eau,
nous faisa't perdre quelques heures et parfois la journée

entière et la nuit suivante. A notre halte près de Bundi,
nous fûmes accueillis par un vrai déluge qui, tombant
toute la nuit, se prolongea le jour suivant, la nuit d'a-
près et le surlendemain encore. Dès la seconde nuit, les
eaux, débordant des tranchées qui entouraient nos tentes,
s'élevèrent à plus de deux pieds dans l'intérieur, mettant à flots nos lits et nos coussins. Nos chevaux et nos
chameaux à demi immergés tremblaient de tous leurs
membres, nous-mêmes n'étions pas dans une meilleure
condition que ces pauvres bêtes; et, forcés de demeurer
cinq jours dans cette position, les angoisses de la faim
vinrent finalement couronner notre infortune.

A la fin de la première semaine de septembre, nous
atteignîmes enfin sans autre incident notre destination,
et, après une absence de plus de six années, j'eus la
joie de voir de nouveau Oujein s'offrir à nos regards.

Khande-Râo, à l'instigation du soubahdar, ne voulut
pas entrer dans la ville avant qu'une semaine de plus se
fût écoulée, les calculs astrologiques déclarant néfaste
la semaine dans laquelle nous nous trouvions; quant
à moi, j'étais trop impatient de voir ma mère pour qu'aucune astrologie possible me retînt un instant de plus au
camp, et, avant qu'on y eût proclamé publiquement la
défense d'entrer en ville avant la semaine suivante, je
courais vers la maison de ma mère, le visage inondé de
larmes de joie. Je fus heureux au delà de toute expression
de la trouver en parfaite santé, ainsi que son fils, beau
et vigoureux garçonnet. Je fus très-surpris aussi de voir
l'abondance de toute sorte qui régnait dans la maison :
mobilier, tentures et draperies, épices précieuses, vais-
selle de cuivre, etc. Trouvant toutes ces choses bien au-
dessus du revenu du soubahdar, j'interrogeai ma mère

sur leur origine. Peu satisfait de sa réponse vague et évasive, je poussai mon enquête ailleurs et appris, de quelques autres membres de la famille, que toutes ces richesses étaient les fruits de la rapine et du pillage. Conformément aux instructions du soubahdar, le frère de sa première femme exploitait en grand le métier de maraudeur à l'aide des chevaux et des chameaux de son beau-frère, et enrichissait la demeure de celui-ci avec le produit de ses déprédations.

Je vécus auprès de ma bonne mère bien paisiblement durant une période de trois mois et quelques jours. Vers le milieu de décembre, une armée anglaise d'environ dix mille hommes vint dans le pays sous les ordres de sir Thomas Hislop, et campa sur l'autre rive de la Siprah. Toute mon attention fut captivée par leurs brillants uniformes, leur belle artillerie et tout leur matériel de guerre. Chaque jour, après la prière du matin, je courais au camp pour contempler leurs étranges manœuvres, leurs exercices, leurs défilés, leurs parades. Je me liai d'amitié avec un soldat blanc, homme de manières très-polies, mais qui ne pouvait parler ma langue. Nous nous communiquions nos pensées à l'aide de signes et de quelques mots de mauvais indoustani que connaissait l'étranger. Il m'emmena dans sa tente, où il me fit asseoir et où tous ses amis m'accueillirent cordialement, en m'invitant à boire avec eux de cette liqueur défendue aux vrais croyants, mais qu'ils semblaient priser beaucoup. Je déclinai cette offre; mais, pour leur faire plaisir, j'acceptai un peu de pain et de lait. J'entendis alors parler anglais pour la première fois et j'éprouvai un irrésistible désir d'apprendre ce langage. Pendant les deux ou trois jours que je fréquentai ces nouveaux amis, je parvins à apprendre trente-sept mots, que je transcrivis en caractères persans. Je les conserve encore comme souvenir au milieu d'une liasse de notes.

Étant retourné au camp un matin, je ne le trouvai plus, à ma grande surprise. Son emplacement, couvert de corbeaux et de milans, était horrible à voir : j'y découvris cependant un petit nombre de goujats et de traînards qui, agissant confusément et dans le plus grand désordre, ployaient leurs tentes et chargeaient leurs provisions sur le dos d'un pauvre chameau surmené et à bout de force, ainsi que l'attestaient ses lamentables cris. J'appris de ces gens que l'armée s'était dirigée sur Méhidpour, pour y livrer bataille aux forces d'Holkar. A cette nouvelle, je regagnai la maison, désespéré, m'estimant très-malheureux de ne pouvoir prendre une part quelconque à ces événements.

Hira-Khan, le gouverneur d'Oujein, et la plupart des autres chefs étaient tout disposés à aller piller les bagages anglais, dont les propriétaires couraient, selon eux, à une bonne défaite et à une sanglante catastrophe. D'autre part, un ramassis de vagabonds, qui n'avaient rien à perdre et tout à gagner en eau trouble, et qui avaient établi leur séjour dans la ville pour y attendre le moment favorable à l'exécution de leurs mauvais desseins, étaient singulièrement surexcités. Mon vieux soubahdar et son beau-frère, voleur notoire, me semblaient particulièrement disposés à anticiper sur le désastre des Anglais. Dix mille hommes armés au moins se fussent présentés pour courir sus aux étrangers dans le cas où ceux-ci eussent perdu la bataille; mais ces espérances s'évanouirent à l'arrivée de nouvelles d'une nature tout opposée, et qui parurent d'abord incroyables à ceux qui

ne considéraient que la puissance d'Holkar. Peu après
cependant on apprit que Nawab-Abdoulghafour-Khan,
trahissant ouvertement son maître, avait déserté le champ
de bataille au moment même où les Anglais étaient sur
le point d'être forcés à la retraite par les loyales et vail-
lantes mânœuvres de Rochanbey, capitaine général de
l'artillerie d'Holkar. La souillure de cette trahison enta-
cha trop profondément le nom d'Abdoulghafour pour
qu'il pût jamais l'effacer, de son vivant, par ses libéralités
envers les pauvres et les infortunés; et son fils même,
Ghazi-Mohammed-Khan, au fond de son beau district de
Jaora, dont sa famille a été apanagée par le gouvernement
anglais, s'est plus d'une fois entendu reprocher par les
natifs de l'Inde l'acte infâme de feu son père.

J'étais encore à la fin de décembre chez ma bonne
mère; mais alors je commençai à me lasser du séjour
d'Oujein, et mon existence me parut singulièrement mo-
notone; en outre, j'avais de la peine à manger le pain du
soubahdar, si illégalement acquis, et l'excitation de mes
pensées était entretenue par les nouvelles successives
de la guerre qui ravageait le Deccan et de la chute du
dernier représentant de la famille des Peichwahs, Baji-
Râo, que sa vanité et son aveugle politique avaient fini
par rendre odieux à deux formidables alliés dont il n'a-
vait jamais eu qu'à se louer : les Musulmans et les Anglais ; oubliant que l'aide des premiers l'avait placé sur
le trône et que l'appui des seconds l'y maintenait. Il avait
encouru la haine des mahométans en leur défendant
d'apparaître devant lui, sous quelque prétexte que ce
fût, avant dix heures du matin, dans la crainte que ses
regards ne fussent souillés par leur aspect.

Bien plus, il avait publié une proclamation interdisant

aux Musulmans, de tous rangs et de toutes conditions, l'usage des rues sur lesquelles donnait son palais. Les sages et puissants disciples du Christ, quoique frappés des mêmes interdictions, attachaient peu d'importance aux folies du Peichwah, en pareilles matières, mais ils finirent par s'indigner de ces vacillations continuelles et du mépris où il laissait tomber leurs conseils.

Dans les premiers jours de janvier 1818, enflammé par les bruits de la guerre du Deccan, je brûlais de courir sur les champs de bataille, pensant que je pourrais peut-être bien y rencontrer un échelon pour m'élever aux sommets de la renommée et des honneurs. Infatué de cette idée, je me mis à errer par la ville, incessamment en quête d'une caravane ou de quelque bon compagnon avec qui je pusse accomplir mon dessein. Un jour que je flânais ainsi, j'aperçus une trentaine d'Afghans, étrangers à la ville et stationnant dans le magasin d'un Banian; leur chef, un Djémadar [1], avait l'extérieur d'un homme bien né et de bonnes manières. En passant devant eux, je les saluai suivant l'usage musulman, fondé sur la tradition de notre prophète. Mousa-Khan, tel était le nom du Djémadar, ainsi que je le sus plus tard, me rendit courtoisement mon salut, et m'invita à m'asseoir et à fumer avec lui, ce que je fis bien volontiers. A ma grande satisfaction, j'appris, tout en conversant, que mon interlocuteur retournait à Pouna, d'où il était parti quelques temps auparavant, avec un congé pour aller visiter sa famille à Rampour. Je lui demandai à quelle époque il comptait quitter la ville; car, ajoutai-je, j'ai aussi l'idée d'aller dans le Deccan pour y trouver de l'emploi. Le Djémadar répliqua que son intention était de partir d'Ou-

---

[1] Djémadar, grade équivalent à celui de chef de bataillon.

6

jein le lendemain matin après la prière, et que, pour peu
que je le désirasse, il me prendrait à son service, aux
appointements de dix roupies par mois, non compris la
nourriture et les vêtements, qui resteraient à sa charge ;
j'aurais à tenir les comptes de ses trente-cinq Afghans et
je pourrais le quitter dès qu'une meilleure position s'of-
frirait pour moi ; seulement il fallait me déterminer
promptement.

J'acceptai sans hésiter ses propositions et lui promis
de le joindre le lendemain, aussi matin que possible,
avec mon bagage.

« Oh ! point de bagage, répliqua le Djémadar, nous
n'en avons point d'autre que nos couvertures et nos
armes ; si vous voulez en emporter, ne prenez que ce
que vous pourrez porter sur vos propres épaules. »

Pensant que c'était là un petit inconvénient pour un
court voyage, je lui dis que je serais aussi agile que possible, et peut-être plus agile qu'aucun de ses hommes.

Je retournai, charmé, à la maison, et je serrai tous mes
effets dans un coffre que je donnai en garde à ma mère,
tout en conservant la clef par devers moi. Je gardai le
plus profond secret sur mes intentions, sachant bien que,
si j'en divulguais quelque chose, on s'opposerait à leur
exécution. Mes espérances d'avenir avaient tellement
troublé ma cervelle, que je passai toute ma nuit à bâtir
des châteaux en l'air et que je ne pus fermer l'œil un
moment ; bien éloigné de soupçonner le moins du monde
que je me précipitais, tête baissée, dans un abîme d'infortune, pire que la mort ; mais les arrêts du destin, tracés
par la puissante main de l'Être suprême, sont inintelli-
gibles pour la vue bornée de notre faible raison. Qui de
nous peut prédire ce qu'il sera demain ?

Au premier chant du coq, je fus debout ; je m'acquittai
de mes ablutions, de mes prières, et, jetant sur mes épaules
ma petite couverture, plaçant de l'encre, des plumes et
du papier dans ma ceinture, j'allai rejoindre mes nouveaux amis, qui se disposaient au départ. Tous me reçurent avec d'unanimes acclamations de joie :

« Ce jour, me dit Mousa, est le premier de votre
emploi dans une vaillante troupe de braves gens ; puisse-
t-il vous être prospère : soyez le bienvenu parmi nous. »

Il me demanda ensuite si j'avais fait mes prières, et,
cela étant, si je voulais m'asseoir auprès du foyer pour
veiller sur lui et sur les armes de ses compagnons jusqu'à leur retour ; et, me laissant la garde de leur avoir,
ils se rendirent à la mosquée la plus voisine pour s'acquitter de leurs dévotions. A leur retour ils me renouve-
lèrent leurs saluts suivant la coutume prescrite à tout musulman après la prière, et qui est surtout recommandée
au vrai croyant qui revient trouver une personne assise.
Quelques minutes leur suffirent pour leurs derniers préparatifs ; puis ils prononcèrent tous ensemble la prière
suivante, recommandée encore à tout bon musulman
partant pour un voyage ou une expédition de guerre :
*Nasrum min-Allah, fathum karib wabachschiril momi-
nin, Fallahou khairam hâfiza wahuwa ourhamour râ-
himin*[1] ! Ce verset du Coran débité, nous partîmes et
franchîmes, au soleil levant, les portes de la ville.

Nous dirigeant au sud-ouest et laissant Indour sur
notre gauche, nous franchissions chaque jour de grandes

---

[1] « Puisse l'assistance de Dieu, un succès facile et de bonnes nouvelles favoriser les vrais croyants ! Dieu est la meilleure sauvegarde,
et il est le plus miséricordieux de tous ceux qui dispensent la miséricorde. » (*Coran*, chap. LXII, v. 12.)

distances, et évitions avec soin, par des motifs qui m'étaient inconnus, les grandes villes placées sur notre route : nous ne nous arrêtions qu'à la nuit auprès de quelque hameau, et, après avoir acheté nos provisions du jour, nous les préparions à tour de rôle.

Nous dinions tous ensemble vers les huit heures du soir; puis du pain, quelques oignons ou un peu de sucre brut, étaient délivrés à chacun de nous pour son déjeuner du lendemain. Mon temps s'écoulait assez agréablement dans la société de mes nouveaux amis, et Mousa-Khan particulièrement semblait veiller avec sollicitude à ce que rien ne me manquât.

Le sixième jour de notre départ, dans la matinée, nous campâmes près d'un petit village bheel, situé aux pieds de l'énorme massif de montagnes qui, courant de l'est à l'ouest de l'Indoustan le long de la Nerbudda, forme sur la rive méridionale de cette rivière la limite naturelle de deux grandes provinces : le Malwa et le Kandeich. Comme je m'enquérais des motifs qui nous faisaient préférer cette âpre et montagneuse région au célèbre défilé de Jamghât, on m'informa que la passe où nous étions, bien que difficile et accessible seulement pour les piétons, avait été choisie par Mousa-Khan comme le chemin le plus court pour aller à Mandaleshwar, où la Nerbudda est toujours guéable.

Le lendemain, bien avant le jour, nous pénétrâmes dans les montagnes. Bien qu'ayant, suivant l'expression de Milton, — les ténèbres devant nous et des bruits menaçants sur nos traces, — notre marche ne laissa pas que d'être rapide. Mousa-Khan et ses Afghans semblaient aussi familiarisés avec les rampes vertigineuses, les dangereux précipices et les effroyables ravins de ces mon-

tagnes qu'un citadin paisible peut l'être avec les rues
tortueuses et les étroits passages de sa ville natale. Au
point du jour, ayant fait halte près d'une source limpide pour y accomplir nos ablutions et nos prières,
la fraîcheur du matin était si vive, que nos dents cla-
quaient involontairement. Les Afghans paraissaient assez
indifférents à cet inconvénient; mais, pour ma part, j'a-
vais toutes les extrémités glacées et je grelottais de tous
mes membres. Cependant, après la prière, Mousa donna
l'ordre d'allumer tout à la fois un bon feu et nos pipes;
nous obéîmes avec empressement : en un instant du bois
de toute dimension, dont il ne manquait pas autour de
nous, fut entassé en un large bûcher; un des Afghans,
tirant son *chakmak* [1] de sa ceinture, fit jaillir l'étincelle,
et bientôt une flamme confortable s'éleva devant nous
à notre inexprimable satisfaction. Peu après, le chef du
monde planétaire jaillit de l'horizon oriental, et, ses
rayons nous rendant peu à peu insensibles à ceux de
notre foyer, nous prîmes notre déjeuner, que nous terminâmes par une seconde pipe.

Ainsi bien restaurés, nous nous remîmes en marche
d'un pas plus rapide encore qu'auparavant. La route
était de plus en plus hérissée d'inextricables difficultés;
le sentier que nous suivions disparaissait souvent sans
laisser de traces. Souvent nous glissant avec peine dans
l'épaisseur des bois, nous étions un moment après obligés de nous accrocher à une racine d'arbre ou à une
saillie de rocher pour franchir un précipice ou nous
hisser le long d'un escarpement à pic.

Nous allâmes de ce train jusqu'à cinq heures du soir;

----

[1] Briquet avec son assortiment.

j'entendis alors un de mes compagnons s'écrier joyeusement : « Nous touchons au terme de notre voyage; grâce à Dieu, nous arrivons enfin à notre destination ! » Ne voyant nulle trace d'habitation ou de ce gué de la Nerbudda dont on m'avait parlé, je demeurai très-surpris et demandai à Mousa où nous nous trouvions. En réponse, il me montra du doigt, à une distance d'environ une portée de mousquet, une vallée sauvage, qu'un bois épais, au sein duquel on distinguait quelques toits de huttes, recouvrait tout entière.

« Voilà, me dit-il, le lieu que j'étais si désireux d'atteindre; je vais y établir ma demeure pour un an; ce temps expiré, je retournerai dans mon pays. » Il ajouta que cette vallée était la résidence de son seigneur et maître, un chef bheel, nommé Nadir, qui avait toujours à ses ordres cinq cents hommes armés de sa tribu. Que ces Bheels, avec lesquels lui Mousa et ses gens avaient fait un pacte d'alliance, étaient maîtres des routes et des défilés de ces montagnes et ne laissaient passer sans les dévaliser ni une caravane ni un voyageur. Que tout le butin apporté à Nadir était divisé en trois parts égales, dont deux revenaient de droit au chef bheel et la troisième aux Afghans. Après cet aveu, Mousa chercha à me consoler en me faisant observer que je n'aurais rien à démêler avec leurs expéditions; qu'en leur absence, je n'aurais qu'à rester à la maison pour prendre soin de leur bagage, et que la tenue de leurs comptes ne me prendrait certainement pas plus d'une demi-heure par mois.

L'horreur soudaine dont je fus saisi à cette déclaration inattendue et la rage qu'elle m'inspira allaient éclater en paroles amères dont, sans nul doute, une mort rapide eût été le prix, quand une réflexion, non moins instantanée, me fit sentir la nécessité d'avoir recours à une hypocrite diplomatie; et, feignant de sourire, je demandai à Mousa :

« Alors nous n'irons donc pas à Pouna?

— Non certainement, répliqua-t-il; qu'irions-nous y faire, puisque sans aller plus loin nous pouvons atteindre ici le but de nos désirs?

— Eh bien, répondis-je, comme la destinée a voulu que je me joignisse à vous, je m'y soumets et j'essayerai de me rendre utile à votre service jusqu'au terme dont vous venez de parler, et, l'année écoulée, je verrai si la fortune veut jeter sur moi un regard favorable. »

Tout en conversant de la sorte, nous arrivâmes auprès du repaire du chef bheel, et trois coups de fusil furent tirés par nos gens pour annoncer notre arrivée. Éveillant de rocher en rocher tous les échos de la vallée, cette décharge fut suivie de sauvages clameurs de la part des Bheels, qui, en un instant, nous entourèrent, armés d'arcs et de flèches, et sans autre vêtement qu'une bande d'étoffe de coton autour des reins. Leurs arcs étaient taillés dans de fortes tiges de bambou, et avaient pour corde une mince nervure de la même matière; quant aux flèches, elles différaient peu de celles dont se servent pour la chasse des peuples plus civilisés. Un de ces barbares, s'avançant comme un furieux à notre rencontre et jetant sur nous des regards farouches, nous salua en ces termes sauvages et menaçants :

« Qui êtes-vous, vous qui vous précipitez volontairement dans les griffes de la mort?

— O Kaliya, s'écria Mousa, ne me reconnaissez-vous donc pas? »

Entendant la voix bien connue du Djémadar, le Bheel vint à nous en criant aux siens :

« C'est notre ami Mousa, et non un ennemi ! »

Et, dans un instant, notre troupe ne fit plus qu'une avec celle des brigands indigènes, chacun s'efforçant de part et d'autre de témoigner de l'amitié à quelque ancienne connaissance. La nuit tombait comme nous arrivions devant une caverne à l'entrée de laquelle nous aperçûmes un homme noir d'assez bonne mine, juché sur une sorte de siége dont la charpente en bois était recouverte par les fibres nattées d'une liane sauvage. Il n'était pas plus vêtu que les autres; mais une paire d'épais bracelets d'or à ses poignets, une épée placée devant lui en sus de l'arc et des flèches usuelles, ainsi qu'une marmite bouillant à quelques pas de lui sur un feu clair, entouré d'un cercle de Bheels accroupis, indiquaient suffisamment que c'était là le chef des bandits.

Mousa, allant à lui, le salua et nous dit :

« Voici Nadir Bhâï, le bon prince du désert; présentez-lui vos hommages, et allez à votre logis, où je ne tarderai pas à vous rejoindre. »

Les mains levées à la hauteur du front, nous nous inclinâmes tous devant le Bheel, qui, se levant de son siége, nous rendit notre salut. Comme il témoignait le désir d'entretenir Mousa en particulier, celui-ci s'approcha et s'assit sur la terre à ses côtés, l'épaule appuyée à l'un des pieds de son trône sauvage. Nous, cependant, nous prîmes le chemin de notre future demeure, trop bien connue de mes compagnons pour qu'aucun d'eux en s'y rendant eût besoin de l'assistance d'un guide. C'était un trajet d'un demi-mille à peine; mais, mon ardeur et mes illusions ayant complétement fait place à

l'horreur, au dégoût et à l'abattement, j'éprouvai dans
ce court espace une fatigue égale à celle d'un pénible
voyage de cent milles. Enfin, nous arrivâmes au lieu qui
nous était destiné pour demeure : c'était un vaste ap
pentis en troncs d'arbres et en bambous, appuyé à une
des parois de la montagne, qui formait ainsi le mur de
derrière de la construction. Au milieu de sa longueur,
un intervalle avait été laissé vide entre deux troncs d'arbres et tenait lieu de porte. A droite comme à gauche de
cette ouverture s'étendait un long compartiment, divisé
en une trentaine de niches séparées les unes des autres
par des cloisons de bambou fendu.

Notre dernière étape n'avait pas moins fatigué les
Afghans que moi-même; aussi, à peine arrivés, ils se
hâtèrent de prendre chacun possession d'un des chenils
vacants, suspendirent leurs effets aux cloisons, et se jetèrent sur le châssis grossier qui y tenait lieu de toute
literie. Je suivis l'exemple de mes compagnons, et, m'al-
longeant sur ma triste couche, je fermai les yeux pour
appeler le sommeil et essayer de refaire un peu mes
membres brisés. Mais, au lieu de sommeil, je ne rencontrai que les réflexions suivantes : « Pourquoi, sans
informations préalables, me suis-je joint à cette bande
de meurtriers? Ne pouvais-je pas rester un mois de plus
auprès de ma bonne mère et attendre patiemment le
passage d'une escorte sûre? Ce n'est pas le défaut d'expérience, c'est ma folie qui me précipite toujours dans
l'abîme de l'infortune. Mousa, il est vrai, a agi avec moi
d'une manière déloyale; mais une perfidie n'est-elle pas
un jeu pour un *outlaw*? Pourquoi me suis-je jeté moi-
même dans ses rets? Agé de dix-huit ans, n'étais-je donc
pas apte à veiller prudemment sur moi-même? » Sans

espoir du côté de mes semblables, je me tournai alors
vers le dernier et infaillible appui de toute créature; je
levai mes yeux et mes mains vers le ciel et priai ainsi :
« O Dieu glorieux et tout-puissant ! jusques à quand m'a-
bandonneras-tu dans le malheur? Suis-je condamné au
déshonneur, à passer ma vie au milieu d'assassins, de
voleurs et d'*outlaws*? O souverain maître de la terre et
du ciel ! suis-je né pour être une souillure au nom de
mes ancêtres? S'il doit en être ainsi, ô Seigneur ! je te
supplie de mettre fin à mon existence terrestre. Amen! »

Pendant que je priais ainsi, les pleurs coulaient à flots
le long de mes joues, et bientôt un courant de pensées
contraires aux premières se fit jour à travers mon cerveau, cherchant évidemment à m'exonérer de la responsabilité de mon infortune. « Les sévères reproches que je
me faisais n'étaient pas mérités; je devais me soumettre
aux décrets de ma destinée, comme tout homme est tenu
de le faire, sage ou fou, qu'il soit doué de la philosophie
de Platon ou de la stupidité de Khozib, qu'il porte sur
son front la couronne des rois ou sur ses épaules le bât
de la misère. Rien n'avait pu me révéler à l'avance le
vrai caractère du soubahdar, de Jumha le thug ou du
Djémadar actuel. Mes sens extérieurs m'avaient fait voir
en eux des hommes ; s'ils étaient en dehors de l'humanité, le blâme n'en pouvait retomber sur moi. »

Sur ces entrefaites et vers huit heures du soir, Mousa
vint au logis. Il nous appela tous, et la bande entière accourut à son appel, le voyant avec un grand plaisir suivi
d'un certain nombre de Bheels porteurs de cruches d'eau
et de lait, de sucre et de gâteaux de froment en quantité
plus que suffisante pour satisfaire notre appétit. Il faut
dire que ces articles d'indispensable nécessité étaient en

ce moment une vraie bénédiction; aussi Mousa reçut-il de tous côtés de sincères actions de grâce. Nous nous empressâmes de faire tout à la fois nos ablutions et nos prières du soir et de la nuit. On fit droit ensuite aux réclamations de la faim, et chacun se retira pour se livrer au repos, à l'exception de deux sentinelles, dont l'une fut placée dans l'intérieur de notre hangar et l'autre au dehors, sur un arbre élevé. Tous plus ou moins accablés des fatigues du jour, nous ne tardâmes pas à céder au sommeil; le mien fut, je crois, plus profond que celui d'aucun autre, et la matinée du lendemain était fort avancée quand, pour me réveiller, on fut obligé de me secouer par les épaules.

Je ne tardai pas à reconnaître la nécessité de mettre un terme aux troubles, aux tortures, ainsi qu'aux vains murmures de mon esprit et à me familiariser avec la localité et ses étranges habitants. Mon temps se passait uniformément : souvent j'allais m'asseoir sous un arbre et méditer solitairement; souvent aussi je conversais avec mes camarades afghans, ces ennemis de tout le monde et qui n'étaient pas moins les miens, puisqu'ils m'avaient si indignement abusé. Pendant ce temps leur système de brigandage et de vol allait son train sous la direction du fameux Nadir, le chef bheel, dont les détestables satellites, non-seulement infestaient toutes les passes de la montagne, mais allaient fréquemment attaquer les bourgades et les villes du voisinage. Le destin de ceux de ces brigands qu'une blessure mettait hors d'état de suivre la bande était arrêté d'avance par la nécessité de prévenir la divulgation du secret de tous dans les fers et dans les tortures; on leur coupait immédiatement la tête, qui disparaissait dans les flammes ou dans le sein de la terre, et le cadavre ainsi méconnaissable ne pouvait rien trahir.

Notre arrivée imprima une activité nouvelle à la perpétration de ces actes diaboliques. Deux ou trois fois par mois une quinzaine d'Afghans étaient envoyés en course avec une bande de voleurs indigènes, et, s'ils ne trouvaient dans les défilés aucune proie digne d'attaque, les bandits se séparaient : les Afghans se rendaient d'habitude dans quelque partie civilisée des districts voisins, où ils s'engageaient comme escorte au service des caravanes et des voyageurs, et les Bheels attendaient à l'affût le passage des malheureuses dupes que les premiers leur amenaient. A un signal convenu, les Bheels sortaient de l'embuscade, un combat simulé s'engageait entre eux et l'escorte prétendue, qui inévitablement avait le dessous et s'enfuyait à quelque distance. Les pauvres voyageurs étaient alors dépouillés de tout ce qu'ils possédaient, même des vêtements qu'ils portaient. Un guenillon d'un pied de large sur trois pieds de longueur était laissé aux dépouillés pour couvrir leur nudité, puis on leur ordonnait de décamper au plus vite. Malheur à celui qui eût fait mine de résister le moins du monde ! il n'y eût gagné que des coups, des blessures, et peut-être la mort. Telles étaient les horribles scènes qui m'étaient fidèlement rapportées par mes camarades, à mon grand et secret dégoût. Grâce au ciel, je n'ai jamais été témoin occulaire de ces horreurs; mais leur description était plus que suffisante pour infliger blessure sur blessure à un cœur inaccoutumé à la cruauté.

Au retour de la quatrième expédition de notre parti, trois têtes de nos gens furent rapportées avec le butin. Deux d'entre elles avaient appartenu à des Bheels; la troisième était celle d'un jeune Afghan nommé Darâ-Khan. Ces trois malheureux, dangereusement blessés en attaquant une caravane véritablement escortée, n'avaient pu suivre la retraite de leurs amis, qui avaient alors jugé que l'expédient le plus sûr était de les décapiter. Nous enterrâmes la tête du pauvre Darâ selon l'usage accoutumé, et, la chose faite, on n'y pensa plus.

Je ne puis exprimer le dégoût, l'indignation et l'horreur que j'éprouvais; mais, ma sûreté exigeant impérieusement un masque épais sur mes pensées, j'affectais avec mes compagnons une contenance souriante. Levé chaque jour de bonne heure, vers quatre heures du matin, je me rendais à une fontaine solitaire pour y faire mes ablutions et mes prières. Rentré au logis au lever du soleil, je déjeunais avec Mousa et ses gens, je conversais avec eux pendant une heure ou deux, puis, prenant ma petite arbalète, excellent cadeau que m'avait fait un vieux Bheel, j'allais parcourir le jungle en chassant les petits oiseaux, ou, assis dans la solitude, je déplorais ma lamentable condition.

Je passai ainsi près de quatre mois qui me parurent aussi longs que quatre années, et je calculais tristement que huit autres semblables devaient s'écouler avant que je visse poindre à l'horizon l'heure de ma délivrance.

La huitième expédition de nos gens fut si heureuse, si abondamment féconde, que chaque Afghan de ce détachement revint littéralement chargé d'or et d'argent, en espèces et en bijoux. Le partage de ce butin, opéré la nuit suivante, mit le djémadar et ses hommes en possession de valeurs considérables. J'eus pour ma part, dans la distribution, deux paires de jambières d'argent, une chaîne d'or et trente roupies en numéraire,

le tout représentant une somme d'environ quatre cents
roupies. Je remerciai le djémadar de cette gratification
inattendue, et j'enterrai mes richesses dans un coin
inaperçu de ma cellule. L'éclat et la beauté de cet or
étaient sans charme pour moi, et la possession de ces
richesses pillées ne me causait pas l'ombre du plaisir
naturel que j'aurais trouvé dans un gain légitimemen
acquis.

Les Afghans, ayant atteint leur but, étaient désormais
très-désireux de prendre congé, pour quelques mois, du
chef bheel, et d'aller passer cet emps dans leurs familles.
Mousa ayant communiqué les intentions de ses compatriotes à Nadir, celui-ci n'éleva pas la moindre objection. Il dit seulement que, puisque ses alliés voulaient
le quitter pour six mois, il ne pouvait les laisser partir
sans leur donner une grande fête ; qu'elle aurait lieu
dans trois jours; et, ce disant, il ordonna à son peuple
de faire les préparatifs nécessaires pour cette solennité.
Mousa, de retour auprès des siens, les enchanta en leur
rapportant le résultat de sa visite à Nadir, et j'avoue que
son récit, me faisant entrevoir la liberté comme prochaine, me rendit le plus heureux de tous. De l'opium
et de la jusquiame, tant à l'état brut qu'en prépara-
tion, des sucreries en abondance et de gras moutons,
furent envoyés à notre quartier. Les Afghans, se considérant désormais comme délivrés du souci de toute
affaire sérieuse, ne pensaient qu'à se donner tout le bonheur qu'on peut trouver dans la bonne chère et dans
l'ivresse. Ils passaient toute la nuit à contempler les
danses sauvages des Bheels et à entendre leurs chants.
Ainsi, pendant trois jours et trois nuits, mes compagnons
urent bercés d'illusions et aveuglés par les ordres du

chef bhcel, et le quatrième matin les trouva dans l'attente de la grande fête qu'on leur avait promise.

Ce matin même, m'étant levé de meilleure heure encore qu'à l'ordinaire, je gagnai ma fontaine accoutumée. Là, lorsque j'eus accompli les imprescriptibles devoirs de tout bon musulman, je m'assis et m'abandonnai aux réflexions que faisait éclore en moi mon prochain retour dans le monde civilisé, pour lequel j'allais quitter une société de brigands et de voleurs. Chose étrange à dire, ces pensées, au lieu d'inonder mon cœur de joie, pesaient sur lui; je ne savais pourquoi, mais la lumière matinale, si douce à mes sens d'ordinaire, leur déversait une tristesse profonde. Il y avait dans l'air des présages sinistres dont pourtant je tins peu compte, et, quand le soleil eut brillé sur l'horizon, je me mis en devoir de rejoindre mes compagnons. J'étais arrivé à portée de la voix de notre hutte, lorsque les bruits que j'en entendis sortir me glacèrent tout à coup de saisissement et d'épouvante. C'étaient des hurlements et des cris de mort mêlés à des chocs incessants de coups et d'instruments tranchants, rappelant le son sourd que produit un couperet de boucher tombant sur la chair et les os d'un animal; puis des clameurs de détresse, expirant dans des gémissements étouffés...

La prudence, surgissant opportunément du fond de mes pensées, m'arrêta court et appela mes réflexions sur ce qui se passait autour de moi.

« Ce sont peut-être, me dis-je, les moutons que l'on dépèce pour notre festin d'aujourd'hui. Mais alors pourquoi ces cris et ces râles de mort? »

Pendant ce soliloque, mes pieds, au lieu d'avancer, me ramenaient instinctivement en arrière, quand soudain,

portant au comble ma terreur et mon effroi, apparut
devant moi un Afghan, fuyant hors d'haleine, la tête
fendue et les vêtements couverts de sang. Je m'élance
à ses côtés et lui dis :

— Que se passe-t-il donc, Ibrahim Khan?

— C'en est fait de nous, me répond-il, tous les
Afghans sont assassinés par les Bheels; j'ai perdu trois
doigts en parant un coup porté à ma tête. Mes blessures
ne sont pas dangereuses; je me suis échappé en faisant
le mort. Ne me suis pas, je puis être atteint; toi, léger à
la course comme tu l'es, tu peux sauver ta vie.

— Adieu, Ibrahim, lui dis-je, et que Dieu te protége!
Ces mots proférés, je m'élançai avec la rapidité d'un
cheval de course, pendant plus de deux heures, dans la direction du nord, sans regarder derrière moi, et franchissant tête baissée les précipices, les crêtes escarpées et
les profondes ravines. Parfois, du haut d'une cime je
voyais les nuages s'étendre sous mes pieds en manière
d'océan, et, le moment d'après, il me semblait descendre dans les entrailles de la terre. Trois heures de cette
allure, néanmoins, finirent par m'épuiser, et, incapable
d'un pas de plus, je me blottis sous un arbre pour
respirer un peu. La faim et la soif commençaient à me
faire sentir leur aiguillon, et je ne savais où j'étais. Le
gazon froissé par le passage de la plus petite créature
des bois, la moindre feuille ébranlée par le vent, suffisaient pour m'épouvanter; je tremblais d'être atteint et
massacré par les Bheels. Cependant, revenu à moi au bout
d'une demi-heure, je me remis en chemin, mais non
avec la même rapidité qu'auparavant. Je marchai néanmoins jusqu'au coucher du soleil, à travers les solitudes
de la montagne et l'épaisseur des forêts, ne m'arrêtant

pour reprendre un peu de force que lorsque l'excès de la fatigue m'y obligeait.

Je récoltai, chemin faisant, une assez grande quantité de figues sauvages et de groseilles avec lesquelles j'essayai de tromper la faim qui me pressait, mais je fus déçu dans cette espérance; la frayeur, je suppose, ayant dérangé mon estomac, il ne gardait rien de ce que je lui confiais. J'avais heureusement sur moi mon briquet et mon arbalète, et je tirai avec celle-ci quelques petits oiseaux, mais sans succès ce jour-là.

Je vis venir le soir avec une certaine satisfaction. Les ténèbres de la nuit, en s'étendant sur moi comme un voile maternel, devaient, je l'espérais du moins, me protéger. Mais bientôt je m'aperçus que le danger d'être mis en pièce par les bêtes de proie et la solitude étaient de mauvais compagnons de nuit. Aucun signe d'habitation quelconque n'était en vue; j'avais voyagé toute la journée sans rencontrer un sentier ou la moindre trace des pas de l'homme; j'ignorais absolument où j'étais. Y avait-il encore en ce monde un lit pour me recevoir, des amis pour m'accueillir, un être pour venir en aide à ma misérable condition? serais-je jamais assez heureux pour atteindre encore une fois un lieu civilisé? Pendant que ces pensées se succédaient dans mon cerveau, j'étais arrêté sur les bords d'une ravine. L'espérance ne m'abandonnait pas entièrement, mais mes craintes étaient horribles. Pour m'abriter à la fois contre le poignard des assassins et contre la dent des animaux carnassiers, je montai au haut d'un grand arbre, et, m'asseyant sur une branche, je demeurai plongé dans une sombre contemplation.

Autour de moi régnait un silence de mort, qu'entrecoupaient seuls de loin en loin les hurlements des hôtes sauvages de ces bois. Chaque fois que je levais les yeux, ils étaient comme fascinés par le limpide azur du ciel, orné d'innombrables étoiles, œuvres merveilleuses du Créateur tout-puissant, et ce spectacle, auquel pourtant j'aurais dû être habitué, plongeait en ce moment mon esprit peu scientifique dans une crainte respectueuse. En ce moment, le bel orbe de la lune, surgissant comme une montagne d'or pur, fit sa gracieuse apparition dans l'horizon oriental. Des ondes lumineuses s'étendirent aussitôt sur les montagnes environnantes et sur le paysage qu'elles encadraient. La scène me parut changer autour de moi. Les flancs escarpés des montagnes, avec leurs angles saillants et leurs terrasses superposées et couvertes d'arbres verdoyants, prirent l'aspect de palais et de villas s'élevant au milieu de magnifiques jardins. Ces jeux fantastiques du clair de lune et les fraîches brises de la nuit chargées de la douce senteur des fleurs et des arbustes aromatiques de la forêt eurent sur moi un effet si calmant, que je passai presque sans transition dans les régions du sommeil, et, mon activité mentale et corporelle se trouvant suspendue, je parcourais en songe les jardins illusoires que je venais d'entrevoir, au milieu d'une troupe de nymphes et de houris, quand une chute soudaine, rudement supportée par mon échine et par ma tête, me rendit à la réalité.

> Il rêvait de trésors, de grandeur, de couronne...
> Il tombe, et se réveille un simple clown. (Rowe.)

Ainsi de moi. Je me trouvai étendu au pied de l'arbre, et pour un moment incapable de mouvement; mais je ne tardai pas à revenir à moi. Fort heureusement mon arbre avait cru dans une partie très-sablonneuse de la forêt, de sorte que la chute, quoique fort grande, n'avait pu avoir des conséquences bien graves. Je regrimpai donc dans l'arbre, où, m'étant bien et dûment attaché à une mère branche avec mon turban, je ne tardai pas à m'endormir aussi profondément qu'un maquignon quand il a pansé tous ses chevaux [1].

Réveillé assez tard par le gazouillis délicieux des oiseaux, je me trouvai assez bien remis, seulement la souplesse des jointures de mes membres laissait beaucoup à désirer. Je descendis néanmoins de mon gîte élevé, je m'acquittai des devoirs de tout bon musulman envers le Créateur au bord d'une jolie petite source

[1] Ici l'auteur interrompt le récit de sa chute et de sa fuite pour se livrer à une assez longue dissertation sur les avantages des vêtements asiatiques. Nous croyons devoir donner à cette digression inopportune la forme de note.

« C'est le moment de faire remarquer au lecteur en combien de points notre gracieux costume asiatique l'emporte sur les pièces étriquées des vêtements européens, qui ne peuvent servir qu'à couvrir leur nudité tant bien que mal. La même commode et ample robe, qui commande le respect par ses plis flottants, peut nous servir de lit si nous ne pouvons en trouver un autre. Notre *dopatta*, cette ceinture des occasions solennelles, peut nous servir de drap pour nous envelopper la nuit, ou de tente pour nous garantir des rayons du soleil. Le turban, qui est la pièce la plus usuelle de notre toilette, est supérieur, sous tous les rapports, au chapeau européen. Il repousse l'ardeur du soleil, que le chapeau au contraire attire. Dans les déserts, dans les jungles, où l'on ne trouve de l'eau que dans des puits profonds, le voyageur altéré sauve sa vie à l'aide de son turban employé comme corde. La souplesse soyeuse du turban préserve la tête d'un coup de sabre bien mieux qu'un casque de métal. Il peut même servir à bander les blessures, quand on manque de chirurgien, ou que celui-ci n'a point d'autre linge sous la main. Enfin il serait trop long de décrire tous ses avantages, » etc.

sourdissant non loin de mon arbre hospitalier, puis je repris la direction du nord. Quoique mon corps n'eût pas l'élasticité du jour précédent, j'eus à peine fait un demi-mille, que la lassitude me quitta et que je sentis une généreuse vigueur courir de nouveau dans mes veines.

Je ne fatiguerai pas le lecteur en déroulant à ses yeux tous les obstacles, toutes les misères de ma marche, loin de tout chemin, de tout sentier frayé, loin de toute place où l'on pût supposer que jamais se fût posé un pied humain, dont la moindre trace eût été pour moi un inexprimable bonheur; mais il me comprendra, si je lui affirme que la fin de mon voyage fut cent fois plus pénible encore que les débuts que je viens de décrire.

Pour abréger le récit de mes misères, je voyageai pendant quatre jours, sans autre guide que le soleil, sans autre asile pour la nuit que les arbres sur lesquels je m'attachais solidement avec mon turban. Ma nourriture ne se composa guère que de figues et de baies sauvages, n'ayant pu prendre, pendant tout ce temps, que trois passereaux et une perruche, gibier qui, je l'avoue, me parut délicieux, bien que le dernier de ces oiseaux fût prohibé par notre loi ; mais la faim me tint lieu de dispense et d'excuse. Dans la matinée du quatrième jour, du haut d'un sommet élevé, j'eus le bonheur d'apercevoir à plus d'un mille de distance quelques pauvres Bheels, hommes et femmes, portant sur leurs têtes des fagots de bois à brûler, indice certain du voisinage de quelque localité habitée où ce combustible devait trouver son débit. Je courus aussi vite que je pus du côté de ces pauvres diables, et je parvins à les atteindre vers neuf heures, alors qu'ils avaient fait halte autour d'un puits pour y prendre

repos et rafraîchissement. L'indomptable amour de
l'homme pour ses semblables, excité par ma longue solitude, me poussait instinctivement vers ces enfants d'A-
dam, et me faisait oublier qu'ils étaient d'une race hos-
tile à tout être civilisé ; et que, si misérable que fût leur
condition, ils étaient en nombre suffisant pour mettre fin
à mon existence, si tel était leur bon plaisir; car un serpent amaigri èt malade n'est pas moins dangereux que
jamais. Mais j'étais trop près d'eux pour pouvoir hésiter
désormais. Je pensai que toute question relative à la position d'un lieu habité et à la distance qui m'en séparait
ne pouvait que les pousser à m'induire en erreur, me
placerait à leur merci et m'exposerait à tous les mauvais
traitements qu'ils voudraient me faire subir. Mettant de
côté toute timidité, et affectant une grave contenance,
je leur demandai d'un ton rude le prix de leurs fagots.
Chacun d'eux, fixant une somme bien minime, me demanda si je voulais prendre la marchandise sur place ou
à Nasilpour? A ce nom, qui était celui du village du
pauvre vieux scheik Nasrullah, dont j'ai parlé dans le premier chapitre, je me sentis renaître. Continuant à affec-
ter une fermeté capable de leur commander le respect,
je leur dis qu'une société de mes amis, restée à quelque
distance en arrière, avait besoin de combustible, et que
je leur payerais le leur au village s'ils voulaient l'y porter.
Ils s'en vinrent donc avec moi, et, après une marche de
trois milles qui nous fit monter et descendre plusieurs
montagnes, j'eus le bonheur de voir les environs cultivés
d'un village. Je n'oublierai jamais l'indescriptible joie
que j'éprouvai en ce moment. Je courus vers les habitations, laissant mon humble escorte derrière moi, et vers
onze heures du matin j'atteignis le cottage du vieux

7.

scheik, que je trouvai déjeunant avec toute sa famille, assise en cercle autour d'un grand vase rempli d'une bouillie de farine de maïs, chaque convive ayant en outre devant lui une bonne coupe de lait caillé.

Le vieux scheik me reconnut de loin, se leva et m'embrassa avec une chaleur cordiale. J'essayai de le remercier de cet accueil et de l'interroger sur sa santé et celle de sa famille, mais en vain; je ne pus articuler le moindre son. Le brave homme m'apprit alors qu'il avait eu connaissance de mon retour de Gwalior et de ma subséquente disparition; puis il termina par cette question : « Allons, jeune homme, avouez-moi où vous êtes allé. » Mes yeux se chargèrent de lui répondre, mes lèvres restant muettes, et le torrent de larmes qu'il en vit tomber ne laissa pas que de l'étonner beaucoup. Il s'efforça de me consoler et s'informa de nouveau si j'avais été maltraité par quelqu'un; il ne cessait de me répéter, mais bien vainement : « Mon ami, qu'avez-vous donc? » Je restais muet, et mes pleurs ne cessaient de couler. Enfin le bon vieillard fit apporter un vase plein d'eau froide avec laquelle il me lava la figure, les pieds et les mains, et ce simple remède mit un terme à l'attaque de nerfs à laquelle j'étais en proie.

Des compliments et des questions réciproques s'étant ensuite succédé entre nous, je fus invité à prendre ma part du déjeuner; j'acceptai avec empressement; la faim donnait une saveur inappréciable au simple et grossier gruau et au lait caillé, et j'en dévorai une quantité énorme. Je pus ensuite raconter à mon vieil hôte mes malheureuses aventures, dont le récit éveilla sa sympathie et lui arracha à son tour des larmes de pitié et de compassion.

La masse d'aliments que j'avais ingurgitée, l'absence de toute appréhension, le sentiment intime de mon salut, ne tardèrent pas à me plonger dans une sorte d'assoupissement. Le vieux scheik, s'en apercevant, me conduisit dans une chambre à coucher où je dormis profondément le reste du jour et toute la nuit suivante, c'est-à-dire pendant seize heures et plus. Il fallut que mon hôte vînt mettre fin à mon sommeil dans la matinée du lendemain, et, après la prière, nous eûmes ensemble une longue conversation. Il me donna des nouvelles qui furent loin de m'être agréables. Elles étaient relatives à mon beau-père de Gwalior, au soubahdar, qui, s'étant démis de sa charge à la cour de Scindiah, s'était engagé avec son beau-frère et une petite troupe de cavaliers au service d'Holkar à Indour, et s'était rendu dans cette ville avec sa famille. Là, peu après leur arrivée, les deux beaux-frères s'étaient pris de querelle, et, l'irritation de l'un comme de l'autre étant portée à son comble, des injures ils avaient passé aux coups, et des coups aux blessures. Le bandit d'Oujein, plus jeune que le soubahdar et plus habile spadassin, lui avait porté un coup fatal du revers de son sabre, et l'avait étendu par terre sans mouvement. Voyant son adversaire hors de combat, il avait fait une tentative désespérée pour s'échapper et blessé plusieurs personnes qui l'entouraient. Mais, le bruit de la lutte ayant attiré sur les lieux une multitude de gens, on l'avait poursuivi, atteint et mis à mort. Le soubahdar, de son côté, était mort le jour suivant, et toutes ses propriétés avaient été confisquées par le gouvernement, sous le prétexte que les deux champions étaient morts chargés du crime d'avoir troublé la paix publique et de s'être fait justice de leurs propres mains.

Ces mauvaises nouvelles tombaient comme un nouveau poids sur ma tête. Je me souciais fort peu du soubahdar, mais j'étais plein d'anxiété relativement à ma mère. J'ignorais ce qu'elle était devenue, et, en conséquence, mon séjour chez le scheik Nasrullah ne se prolongea pas au delà de trois jours.

Dès le quatrième, je le quittai bien malgré lui et m'acheminai vers Indour. Deux jours me suffirent pour atteindre cette ville, où je fus assez heureux pour ne pas être longtemps en quête de la demeure de ma mère, seul et unique objet de mon affection. Je ne décrirai pas la joie mutuelle que nous causa notre réunion. Elle me mit au courant de tous les détails de la fatale querelle et de l'illégale mesure du gouvernement, suivie du pillage de notre maison. Ma cassette particulière, confiée à ma mère, et où j'avais enfermé mes effets et une petite somme loyalement gagnée, avait, grâce à son humble apparence, échappé aux recherches des exacteurs.

Ayant interrogé ma mère sur sa santé, qui me paraissait laisser à désirer, elle me fit une réponse qui, aussi inattendue qu'une flèche de Tartare, me brisa le cœur. Elle me dit simplement qu'elle était atteinte d'une fièvre lente, accompagnée d'une légère toux et de diarrhée; qu'elle y avait fait peu d'attention, mais qu'elle sentait ses forces diminuer graduellement. Je ne pouvais me méprendre sur la nature fatale de ce mal, en dépit de son apparence bénigne. Quelque alarmé que je fusse pourtant, je conservai mon sang-froid devant ma mère, et, affectant l'indifférence, je lui affirmai qu'elle se rétablirait bientôt, s'il plaisait à Dieu, et que son indisposition n'avait rien de sérieux. En même temps je lui recommandai le changement d'air, lui disant qu'elle s'en trouverait bien, surtout si elle retournait dans sa ville natale, où elle retrouverait sa bonne mère, son frère et toute sa famille. Elle acquiesça volontiers à cet avis, et, détachant un bracelet de son bras, elle me dit d'aller le vendre pour subvenir aux dépenses du voyage. Je repoussai cette idée et lui appris que ma cassette contenait assez d'argent pour payer cette dépense et d'autres encore, et que, grâce à Dieu, nous n'étions pas réduits à la nécessité de la priver des quelques bijoux qu'elle avait sauvés du naufrage de sa fortune et que les pillards royaux lui avaient laissés, n'osant enfreindre à son égard le respect auquel ont droit les femmes de haut rang, même au milieu des exécutions arbitraires et tyranniques ordonnées par le gouvernement.

Je courus à la place du marché, et il ne me fallut que bien peu de temps pour terminer les préparatifs de notre départ. Le lendemain, de grand matin, nous quittâmes Indour, et la bonté du ciel nous permit d'atteindre, au bout de trois jours et sans accident, notre ville natale. Quand nous entrâmes dans notre humble demeure, la surprise et l'étonnement que notre arrivée éveilla chez tous les membres de la famille ne furent égalés que par la joie sincère qu'ils éprouvèrent de nous revoir. Ce fut un jour de vrai bonheur pour tout le monde, excepté moi, dont la pensée anticipait déjà sur le deuil inévitable que nous gardait un avenir prochain. J'informai mon oncle, en cachette, de la maladie mortelle de sa sœur; mais il était déjà plein de tristesse et sans espoir; la pâleur, la toux et l'affaiblissement moral de sa sœur lui ayant révélé le fatal secret. Il chercha néanmoins à me consoler, tout en me recommandant d'éviter avec soin de trahir mes craintes devant la malade, de ne jamais con-

verser avec elle qu'avec un air joyeux et satisfait; car
c'était là le seul traitement connu de cette maladie. Il
ajouta que je ne devais pas m'abandonner au désespoir,
les secrets de la vie et de la mort étant dans les mains
de la seule Providence; qu'il n'était pas sage de porter
un deuil anticipé, et que déplorer la mort d'un autre à
l'avance ou la craindre pour soi-même était une folie.

Nous suivîmes donc strictement ces prescriptions et
usâmes de tous les remèdes en notre pouvoir, mais sans
succès. Les progrès de la maladie étaient visibles de jour
en jour, et l'énergie vitale de la malade s'évanouissait ma-
nifestement; au bout de vingt jours elle était réduite à
l'état de squelette. S'apercevant alors que le terme de sa
vie était proche, elle me donna en ces termes ses dernières instructions : « Mon fils, soyez vertueux, et gui-
dez-vous toujours en ce monde d'après votre raison et
votre conscience. Ayez soin de ce pauvre enfant que je
vais laisser orphelin; il a six ans à peine et n'a nul appui
à espérer. Traitez-le avec l'affection d'un frère, et puisse
Dieu vous rendre la protection que vous lui donnerez!
Quant à moi, je sens que je suis rappelée dans ces mêmes
régions d'où le Créateur m'a tirée jadis. »

Ayant ainsi parlé, elle tomba dans un évanouissement
profond, et je ne pus contenir plus longtemps le flot de
larmes que je tenais en réserve pour le moment de l'é-
ternelle séparation. Ma grand' mère, mon oncle, tous les
autres témoins de cette scène funèbre, éclatèrent en
sanglots à mon exemple. Nous pleurions depuis une
demi-heure, quand, à notre grande joie, ma mère reprit
ses sens, et demanda de l'eau. Elle nous parut plus calme,
et ses idées plus nettes; elle s'efforça de nous consoler,
et nous recommanda de ne pas la pleurer. Le jour sui-

vant, l'amélioration de son état semblait plus sensible, et nous la vîmes même avec bonheur se promener un peu, appuyée sur un bâton. Mais, hélas ! cette fausse convalescence ne pouvait retarder l'instant fatal ; c'était la flamme passagère, dernier effort d'une lampe qui va s'éteindre. Dès le jour suivant elle se trouva plus mal que jamais, et dans la matinée du vendredi 24 avril, pendant que sa tête reposait sur ma poitrine, son âme pure et sainte prit son vol vers les bienheureuses régions de l'éternité. Puissent les bénédictions du Dieu de miséricorde demeurer sur elle pendant les siècles des siècles. Amen !

CHAPITRE V

Funérailles de ma mère. — Un ami obtient pour moi la place de maître de poste à Dharampour. — Mon séjour en ce lieu. — Je suis subitement congédié. —Marche de nuit. — La rencontre d'un Tigre. — Sir John Malcolm. — Je passe sous les ordres du lieutenant Hart. — Expédition à Nagar-Parkar. — Impudence d'un cavalier mahratte. — Décision d'un magistrat indigène. — Version égyptienne de l'histoire de Shylock.

Je n'avais à présent à consulter que moi-même pour la cérémonie funèbre, et, si pauvre que je fusse, je voulus qu'elle se fît dignement, et je pourvus à ses dépenses avec libéralité. Mais les frais des obsèques, les aumônes, les repas qu'il fallut donner aux connaissances et amis qui vinrent de près ou de loin faire leurs compliments de condoléance à la famille, épuisèrent presque ma bourse. Je vendis le peu de bijoux qu'avait laissés ma mère, mais cela ne suffit pas. Je songeai alors à trouver quelque prétexte pour quitter la ville, où un plus long séjour semblait devoir m'être à la fois désagréable et nuisible à ma réputation, les créanciers auxquels j'avais emprunté quelques sommes commençant à me presser de les leur rendre.

Parmi mes amis, il s'en trouvait un nommé Munshi Najaf Ali Khân. C'était un gentilhomme fort respectable des provinces supérieures, et qui alors résidait à Dharampour, où il était l'agent indigène du gouvernement britannique. J'allais le voir souvent, pour prendre auprès de lui les informations dont j'avais besoin, et il me traitait toujours avec la plus parfaite bienveillance. Trouvant une occasion favorable, je lui confiai, les larmes aux yeux, la détresse où je me trouvais, et cet excellent homme en fut ému de compassion. Non-seulement, en venant généreusement à mon secours, il me préserva de l'abime d'une ruine imminente; mais il employa tous ses efforts à m'être utile, et me fit obtenir au service de l'honorable compagnie un bureau de poste de district, avec un petit traitement de quinze roupies par mois. Le 18 mai je reçus du quartier général de Mhow ma commission revêtue du sceau et de la signature de sir John Malcolm; on m'y annonçait mon admission au service de l'honorable compagnie, en ajoutant que, si je me montrais un bon et loyal serviteur, mon avancement était certain. Je recevais en même temps pour instruction de me rendre au village de Dharampour, avec sept harkaras ou coureurs sous mon commandement, pour y remplir les fonctions de maître de poste, y expédier tous les envois de Sinduà-Pas à Mandleshwar, et réciproquement. J'avais l'ordre de joindre aux dépêches pour Mandleshwar une lettre où je rendrais compte de toutes les nouvelles de l'endroit, et de la transmettre journellement à l'adresse de M. Bell, à Mhow. Ces instructions reçues, je fis mes préparatifs de voyage, et je me mis aussitôt en route pour ma destination avec mes coureurs. J'y arrivai en trois jours le 22, et je m'établis dans un grand

temple indou avec ma petite suite. J'étais le premier
agent de la Grande-Bretagne qui eût paru en ce lieu, et
j'y fus respecté en conséquence par tout le monde.

A cette époque, le pouvoir indigène était représenté
à Dharampour par un gouverneur qui appartenait à la
caste des brahmanes, et se nommait Nathu Bhài. C'était
un homme d'une cinquantaine d'années, fort brun, chétif, grand mangeur d'opium, se montrant très-tyranni-
que à l'égard des habitants du village, d'un caractère
hargneux et vil, et d'une conduite tout à fait en rapport
avec son extérieur. Il me traita en apparence avec un
grand respect, me fournit gratis tout ce qui était nécessaire à la vie ; mais intérieurement ma présence dans la
ville lui inspirait de la haine contre moi, parce qu'il
voyait que j'y exerçais une autorité réelle, et que ses administrés se montraient plus soumis envers moi qu'envers
lui. Il était parfaitement clair, en effet, qu'il y avait autant de différence entre le pouvoir de son maître et celui
de la Grande-Bretagne qu'il y en a entre une fourmi et
un éléphant. Je représentais le plus fort, et étant un
jeune homme de bonne façon appartenant à la haute
classe gouvernante, et en apparence fort supérieur à sa
misérable personne, il existait bien des raisons pour que
les choses prissent la tournure que je viens de dire.

Dharampour, qui, vingt ans auparavant, avait été une
grande ville, était réduite alors à n'être plus qu'un petit
village presque en ruines, composé à peine de cent maisons habitées par une population indigente. Tel était le
siège de mon gouvernement. Le peuple, ayant grandement
souffert de l'oppression d'une série de tyrans sans remords comme Nathu Bhài, et de la rapacité des voleurs,
semblait désirer avec anxiété d'être soumis à un pouvoir

exercé avec équité, et, sachant que la justice du gouvernement anglais n'avait pas sa pareille dans le monde, il
était prêt à se précipiter sous sa protection à la première
occasion. Dharampour, quoique en ruines, ainsi que je
l'ai déjà dit, est admirablement situé sur la rive droite
de la rivière Nerbudda par 22°, 10 de latitude nord,
et 75°,26 de longitude est [1]. La rivière, dont les eaux
limpides coulent là sur un lit de sable, y forme une
vue véritablement charmante. Ses deux rives sont or-
nées de plusieurs temples indous bâtis par la célèbre
princesse Ahilya Baï, qui régit les possessions étendues du
gouvernement d'Holkar, de 1769 à 1795, avec talent,
énergie et pouvoir absolu. Sa modération, son impartiale
justice, son mâle courage et sa pieuse libéralité, perpé-
tueront longtemps son nom.

La rivière abonde, en cet endroit, en oiseaux aquatiques
de toute sorte, et le pays, quoique ses forêts ne soient
pas fort épaisses, fourmille de gibier de toute espèce ;
malheureusement il est infesté de bêtes rapaces. Ces
animaux sont, pour la population, aussi incommodes que
dangereux ; ils lui enlèvent une ou deux fois par mois
ses vaches et ses chèvres, qu'ils viennent saisir même
dans leurs enclos. On comprend qu'avec un tel voisinage ma résidence non fermée, le temple indou, était
peu rassurante pendant la nuit. Je donnai en conséquence à mes coureurs les ordres les plus stricts pour
qu'ils tinssent pendant toute sa durée du feu allumé
comme une sauvegarde contre les visiteurs nocturnes
que nous avions à redouter. Peu après mon arrivée, un détachement de l'infanterie indigène de Ma-

---

[1] Longitude de Greenwich. — 73° 2' du méridien de Paris.

dras et commandé par un officier anglais de très-bonne
façon, arriva à Dharampour et s'y arrêta, à la grande satisfaction du peuple et de moi-même, et à la grande vexa-
tion du gouverneur Nathu Bhâi. L'officier anglais, après
avoir entendu tout ce que j'avais à lui dire, laissa sa
brigade sous le commandement d'un soubahdar de sa
nation, et, prenant avec lui un naïk et trois cipahis, se
rendit à Mohw le lendemain matin de bonne heure. A
partir de ce moment, ma position et mon autorité s'accrurent dans le village, et cette époque de ma vie est la
plus heureuse dont je me souvienne. Une demi-heure
suffisait aux devoirs de mon emploi, et le reste de la
journée m'appartenait. Dans le jour, je me baignais dans
les eaux pures de la rivière; je prenais à l'hameçon quelques oiseaux aquatiques; je jouais aux échecs avec les officiers du détachement Indou, et, le soir, je tenais régulièrement dans le temple un Durbar [1] où se réunissaient
jusqu'à minuit les officiers dont je viens de parler et les
principaux habitants du village.

Deux mois après, arriva un autre Anglais nommé Dau-
gerfield, officier de génie, muni des instruments de sa profession. Il s'enquit auprès de moi du chiffre de la population du lieu, et me fit plusieurs autres questions auxquelles je répondis, après quoi je me retirai. Ce pauvre
homme paraissait fort maladif, et c'était sans doute sa
mauvaise santé qui le rendait hargneux et irritable. Pendant que j'étais avec lui, une mouche étant venue se
placer à plusieurs reprises sur sa bouche, il ne se contenta pas de charger d'imprécations le domestique qui

---

[1] Durbar signifie à la fois cour de justice, assemblée, audience officielle, etc.; ici il indique simplement une réunion..

se tenait près de lui pour l'éventer, mais il fit tous ses efforts pour lui asséner un coup de poing sur le visage, mais
sans succès, le domestique évitant adroitement le coup,
ce qui augmenta de plus en plus l'irritation de son maître, et à ce point que le pauvre garçon crut de sa sûreté
de s'enfuir de la tente, et qu'il ne voulut point y revenir,
bien que son maître lui en intimât l'ordre expressément.
En voyant cette scène, je ne pouvais m'empêcher de
sourire ; mais, certes, il n'y avait aucune trace de gaieté
sur la figure de l'ingénieur.

Il y avait quatre mois environ que je vivais comme je
l'ai dit, sans que rien fût venu troubler ma tranquillité,
lorsqu'au commencement de septembre la poste cessa
de parvenir à ma station sans que j'en pusse deviner la
raison ; mais, vers la fin du même mois, un ordre venu
du chef-lieu me surprit aussi brusquement qu'un coup
de fusil surprend un oiseau, en m'annonçant que j'é-
tais révoqué. Voici la traduction de cet ordre : « Vous
vous êtes acquitté de vos fonctions à la saticfaction du
sublime gouvernement. Sa Hautesse le Peichwah ayant
été dernièrement capturée et la contrée étant rentrée
dans l'ordre, il n'est plus besoin de vos services, dont
vous êtes déchargé par le présent écrit. Veuillez rendre
vos comptes dans votre prochaine dépêche que vous en-
verrez à Mhow avec les piétons placés sous votre commandement. Recevez du porteur la somme de quarante-
cinq roupies, formant vos appointements du mois prochain et ceux de deux mois à titre de gratification. Con-
sidérez ces injonctions comme strictes, et exécutez-les
en conséquence. »

J'étais obligé de me conformer à cet ordre final, aussitôt après sa réception. J'avais de nouveau en ma pos-

session quelque argent pour courir le monde; mais que devenaient mes espérances de m'élever en rang et de devenir un personnage considérable? Que devenait tout ce que j'avais rêvé bien au delà de ces quatre mois passés à Dharampour. Tout cela s'évanouissait soudainement, j'avais bâti des châteaux en l'air.

Le lendemain je pris congé de tous mes amis, des officiers du lieu, des hommes du détachement anglais. Comme il faisait clair de lune à cette époque du mois, nous partîmes sur les six heures du soir pour profiter de la fraîcheur. Un naïk du détachement nommé Mahiûddin Saheb m'accompagna jusqu'à un mille environ. C'était un de mes amis intimes avec lequel je jouais habituellement aux échecs, et qui était très-habile à ce jeu. J'ai eu le plaisir de le revoir à Surat en 1840, vingt-deux ans après, sous l'habit religieux, avec une longue barbe blanche. Ce n'était plus le même homme. Je suis fâché d'ajouter que son changement de vie n'avait pas amélioré ses affaires, bien qu'il se posât en saint.

Vers cinq heures, je quittai Dharampour avec mes sept facteurs et le messager qui m'avait apporté la fâcheuse nouvelle de ma révocation, et je m'acheminai vers Mandleshwar, où je comptais me séparer de ces gens et gagner avec une caravane ma ville natale. Eux devaient se rendre à Mhow. Chemin faisant, nous causions, ou nous écoutions les chants du messager malencontreux, dont la voix était vraiment belle, et à qui nous demandions de temps en temps de nous régaler de son excellente musique. Le temps était nébuleux et les ombres du soir s'étendirent avec rapidité; en conséquence, j'ouvris l'avis que chaque homme marchât alternativement en tête de la troupe avec une torche allumée à la main, pour nous préserver des bêtes féroces, ainsi qu'il est d'usage parmi les piétons de la poste. Mais je n'étais plus en fonctions, mes paroles ne furent pas écoutées et mes compagnons me firent sentir que je n'avais plus d'autorité sur eux. Ils raillèrent ma prudence et me dirent : « Laissez-nous tranquilles, si vous voulez nous accompagner; sinon, vous pouvez nous quitter et voyager comme il vous plaira. » Je ressentis vivement cette insulte et ne leur adressai plus la parole.

Il était près de onze heures du soir; la fatigue de la marche et le froid de la nuit engourdissaient à la fois ma tête et mes pieds; mais je forçais le pas pour suivre la troupe. La lune parfois épanchait sur nous ses molles clartés, et parfois se cachait derrière un épais nuage. Tout à coup sur notre gauche, un rugissement s'élevant du fond du taillis nous glaça d'effroi, et presque au même instant un tigre bondit hors du jungle, tomba sur celui de nous qui était le plus à sa portée, et disparut avec lui en un clin d'œil. Le bond de l'animal, le craquement des os de la pauvre victime dans la gueule du monstre, et son dernier cri de détresse, *Oh ! hâ !* involontairement répété par chacun de nous, se succédèrent en moins de trois secondes. Je fus même quelque temps à me rendre compte de ce qui était arrivé, et, quand je repris mes sens, je me trouvai étendu par terre ainsi que tous mes compagnons, comme une proie toute prête pour notre ennemi, le monarque des forêts... Ma plume est incapable, je le sens, de rendre l'horreur de ce terrible moment. Les membres paralysés, la voix éteinte, les oreilles aux aguets, nous entendions nos cœurs battre dans nos poitrines, et s'élever une dernière fois dans le jungle, pour s'éteindre étouffé, le funèbre *Oh ! hâ !* Dans cet état, nous nous traînâmes à quatre pattes, à quelque distance en arrière, puis, attachant notre vie à nos talons, nous courûmes avec la rapidité d'un cheval arabe pendant plus d'une demi-heure; ce temps écoulé, nous fûmes assez heureux pour atteindre un petit village d'une cinquantaine de huttes. Nous nous y précipitâmes sans prendre garde aux aboiements furieux des chiens, qui éveillèrent les habitants, lesquels, nous prenant pour des voleurs, nous chargèrent de leur mieux de huées et de cris pour nous écarter de leurs demeures. Mais, ne tenant nul compte de ces clameurs, nous pénétrâmes dans le *chaura*, ou corps de garde de la commune, misérable cabane devant laquelle brûlait un petit feu. Un pauvre vieux Bheel, qui s'y trouvait de garde, assis devant le feu, reconnut instinctivement, au premier coup d'œil, que nous n'étions pas des voleurs, mais bien plutôt des volés, et parvint à tranquiliser ses concitoyens en leur communiquant son opinion. Hors d'haleine, nous fûmes quelque temps à retrouver l'usage de la parole, et, quand nous eûmes repris nos sens, nous reconnûmes qu'il nous manquait un de nos facteurs du nom de Rama. Nous mîmes alors nos hôtes soupçonneux au fait de notre mésaventure. Ils nous reprochèrent comme une folie d'avoir traversé, de nuit et sans feu, une partie si dangereuse de la forêt, et affirmèrent que nous nous étions attirés notre malheur. Ils nous apportèrent ensuite un grand pot de lait caillé étendu d'eau, et une large portion de ce breuvage fut servie à chacun de nous. Ce rafraîchissement fut reçu avidement et bu avec gratitude à la santé de nos hôtes. Chacun de nous n'en fut pas moins pris d'un fort accès de fièvre accompagné d'atroces frissons, et nous demeurâmes dans cet état déplorable jusqu'au matin, où nous reprîmes le chemin de Mandleshwar, trajet d'environ cinq milles, que nous franchîmes sous la direction de deux Bheels que les bons villageois nous donnèrent pour guides. Arrivé dans cette ville, je laissai les facteurs du gouvernement à eux-mêmes, et je me rendis chez le *kazi* ou juge, musulman du même nom que moi et allié d'assez loin à ma famille.

Je jouis pendant près d'une semaine de l'hospitalité de ce fonctionnaire, puis, profitant du passage d'une bonne caravane, je retournai chez moi, où je passai environ six mois, dans un repos troublé par le souvenir et les conséquences de ma révocation inattendue. Grâce à Dieu pourtant, après avoir liquidé toutes mes petites dettes, il me restait encore en numéraire de quoi subvenir à mes besoins et à ceux de mon frère pendant un an et plus.

Il arriva que, sur ces entrefaites, sir John Malcolm vint visiter le sanctuaire dont nous étions les gardiens et nous fit un beau présent en argent. Il lui prit aussi fantaisie d'une belle table de marbre blanc d'environ deux pieds et demi en carré et de quatre pouces d'épaisseur, scellée à la base de la tribune de notre mosquée, et dont l'inscription, en caractères sanskrits parfaitement conservés, se rapportait à une ancienne légende indoue. Il nous demanda de lui céder cette antiquité contre un bon prix, que nous acceptâmes après avoir pesé le pour et le contre de la chose.

Il y avait peut-être de l'inconvenance à retirer d'un lieu de prière une relique qui y avait été placée de la main puissante du souverain qui avait changé le temple en mosquée; et, à ce point de vue, nous inclinions à repousser les offres du général. D'un autre côté, il était impolitique de rejeter

la demande d'un si haut personnage, qui, d'un seul mot
au rajah, pouvait nous déposséder de la pierre sans la
moindre indemnité : en conséquence, je fis desceller la
table de marbre par les gens de sir Malcolm, sous le prétexte que cette inscription païenne ne pouvait avoir été
placée dans un sanctuaire que par erreur, et que le plus
tôt qu'elle en serait ôtée serait le mieux. Elle fut empor-
tée, et la place qu'elle avait occupée réparée par les gens
du général, qui fut au plus haut point enchanté de son acquisition. Il me fit venir dans sa tente, où, me trouvant
seul avec lui, et si près de sa personne, que je pus me
convaincre que ma tête atteignait à peine à ses épaules,
il me tint, en bon persan, une conversation si aimable
sur l'inscription, sur la mosquée et sur notre famille,
qu'elle fut pour moi d'un bien plus haut prix que les
pièces d'argent qu'il me donna.

Peu après je me mis en quête d'une occupation, et,
suivant le proverbe arabe : « Qui cherche trouve, » j'obtins l'objet de mes désirs avec l'emploi de professeur de
persan auprès d'un jeune gentleman anglais nommé
Mac-Mahon, agent bheel à Nalcha.

Une partie de chasse ayant amené cet officier et un de
ses amis, le lieutenant C. F. Hart, dans notre ville, ils
s'établirent près de notre mosquée pendant deux ou trois
jours ; et, au moment de leur départ, le lieutenant Mac-
Mahon m'offrit spontanément l'emploi dont je viens de
parler, et que je me hâtai d'accepter. Je le suivis à sa
résidence de Nalcha. Cet officier, qui doit être aujour-
d'hui colonel ou même davantage, était un svelte et grand
jeune homme doué de beaucoup de talent, de capacité,
d'un excellent caractère et d'une gaieté inépuisable. Il
connaissait parfaitement l'indoustani et ne parlait pas

moins bien le jargon des Bheels ; il était parvenu à imiter les gestes de ces sauvages, leurs cris d'appels dans le péril, la victoire ou la joie, de manière à tromper le plus habile. Si on l'eût vu à l'affût, peint en noir, vêtu d'un langouti, l'arc et les flèches en main, on n'aurait, certes, pu le prendre pour autre chose que pour un Bheel.

Je vivais sous le généreux patronage de ce jeune homme depuis quatre mois et demi, logeant avec lui dans un ancien palais, quand il fut malheureusement attaqué de la fièvre des jungles et forcé de retourner, pour sa santé, à Bombay, d'où j'appris, à quelque temps de là, qu'il avait dû rentrer dans sa patrie.

A son départ de Nâlcha, je fus retenu chez son ami, le lieutenant Hart, comme professeur d'indoustani ; et depuis lors, jusqu'en 1835, je ne cessai d'exercer l'emploi de professeur de persan, d'indoustani, d'arabe et de maratte auprès des jeunes Anglais nouvellement débarqués dans l'Inde; tantôt avec l'un, tantôt avec l'autre, et allant de place en place, suivant qu'ils y étaient obligés par leurs devoirs ou conduits par leur caprice. Sur plus de cent élèves que j'eus pendant ce laps de temps, pas un seul ne sortit des comités d'examen du gouvernement avec une boule noire. J'ai en ma possession un gros livre formé des certificats les plus flatteurs, et je puis dire que ma profession a été rarement exercée avec plus de succès que par moi.

J'étais depuis trois mois avec le lieutenant Hart quand il reçut l'ordre d'aller avec son détachement de pionniers rejoindre, à Nagar-Parkar, un corps de la division du Malwa, qui, sous les ordres du colonel Barkly était chargé d'aller châtier une tribu de déprédateurs béloutchis, communément désignés sous le nom de Kossas.

Je fus obligé d'accompagner mon élève, et nous échangeâmes, vers la fin de l'année, le confortable cantonnement de Mhow pour le district de Parkar, asile et repaire des maraudeurs. Notre marche se fit lentement par la voie de Baroda, où nous nous recrutâmes d'un second détachement, et par Radhanpour, d'où nous gagnâmes, quarante mille plus loin, le désert de Ran, qui encadre de ses solitudes et de ses dunes de sable le district de Parkar, bande de terre de quarante-quatre milles de longueur, sur une largeur de dix, douze et quinze milles. Chacun de ses villages ne se compose que de dix à douze huttes, à l'exception de Virawaw, qui en a près de quatre cents. Le chef-lieu lui-même ne renferme guère que six cents misérables cabanes.

A son départ de Mhow, M. Hart, montant en grade, ainsi que dans l'estime de ses supérieurs, avait été promu major de la brigade. A mon égard, il se conduisait en frère : ses serviteurs avaient l'ordre de me considérer comme son égal ; il m'avait donné une tente pour moi seul et un de ses meilleurs chevaux pour monture. Mes fonctions de professeur ne me prenant que quelques heures par mois, j'éprouvai le plus grand désir de faire quelque chose de plus pour lui en retour de son *sel* que je mangeais[1] et de la bienveillance qu'il me témoignait. J'assumai donc, de mon chef, la charge et le soin de ses affaires domestiques et les gérai de manière à le satisfaire, ainsi que tous ses amis. En marche, j'avais soin que sa tente fût dressée la toute première, et pendant les haltes ma surveillance paralysait les mains toujours àpres

---

[1] Cette expression orientale correspond, on le voit, à celle qui, dans l'Occident, a le pain pour objet principal.

et avides de ses serviteurs. Ses témoignages de zèle et de bon vouloir cimentèrent pour longtemps les liens d'une intimité qui s'accrut de jour en jour.

A notre arrivée à Baroda, quelques jours de repos furent destinés à notre troupe, qui devait attendre en ce lieu le reste du corps expéditionnaire et s'y approvisionner de vivres, de surfaix et de bâts pour les chameaux et de l'eau fraîche indispensable aux hommes et aux animaux d'une armée destinée à traverser les longues solitudes du Ran. J'employai ce temps à me promener à cheval soir et matin. La veille du jour où nous devions quitter Baroda, ma promenade habituelle à travers la ville fut ridiculement troublée par l'insolence d'un cavalier mahratte qui vint tourner autour de moi, ne cessant de croiser ma route en manière de bravade, comme s'il eût voulu se moquer de moi et du noble arabe qui me portait, et dont la valeur, certes, excédait de beaucoup la sienne propre et celle de son cheval, si brillamment caparaçonné qu'il fût. Parfois il s'escrimait en gestes menaçants avec sa longue lance qu'il dirigeait sur moi, comme s'il eût voulu me la passer à travers le corps, et, le moment d'après, il partait ventre à terre, lançait son mouchoir en l'air et le rattrapait, tout en galopant, à la pointe de sa lance, pour le rejeter encore. Ces provocations sans cause m'irritèrent au plus haut degré, et, comme j'avais dans mes fontes une excellente paire de pistolets, j'étais décidé à les décharger sur ce faquin dans le cas où il m'aurait blessé avec sa lance.

Chose curieuse à observer, mon noble coursier semblait beaucoup plus froid et moins sensible à l'injure que moi-même, si bien que je pensais à lui faire exécuter un

temps de galop du côté de son écurie sans prendre plus de
souci de l'insolence du Mahratte. Cependant je n'avais pas
tourné bride, que je vis le drôle revenir de mon côté avec
une nouvelle rage; mais, au moment où il faisait un demi-
tour derrière moi, son cheval, faisant un faux pas, frôla
légèrement la queue du mien qui lui décocha en plein
flanc une telle ruade, qu'il l'envoya rouler avec son cavalier à trois yards de là, l'un d'un côté, l'autre d'un
autre. Je fus très-surpris de l'action de cette bonne
bête, qui semblait avoir ruminé secrètement sa vengeance et attendu patiemment le moment de l'exercer.
Immédiatement après sa chute, le cheval vaincu, laissant son maître se tirer d'affaire tout seul, se rua sur un
autre infortuné cavalier, qui, par hasard, passait par là,
monté sur une jument, et, avec la férocité d'une brute
de basse origine, le poursuivit à travers le marché, non
sans y causer grand émoi et beaucoup de dégâts. Ce n'est
pas tout; l'épée du pauvre Mahratte, qui s'était séparée
de son fourreau au moment où il s'était séparé de sa
selle, lui avait fait une large égratignure au bras gauche,
depuis le coude jusqu'au poignet, et le sang vint à couler abondamment. Je fus en conséquence accusé d'avoir
causé l'accident et arrêté par les gens de la police pour
en rendre compte à la justice. Quant au Mahratte, héros
de théâtre qui peut-être n'avait jamais vu de sang en sa vie,
il ne put supporter la vue du sien; il pâlit, cria comme
une femme, et s'évanouit : « Sont-ce là vos leçons d'équi-
tation? » lui criait-on de toute part comme on fait dans
les manéges aux mauvais cavaliers. « Ces fanfarons van-
tards, » ajoutait un vieux soldat qui s'était arrêté pour
jouir du spectacle, « ne sont bons qu'à parader sur les
places de marché; leur effronterie est comme celles des

filles de mauvaise vie; ils sont accoutumés à boire la
honte. »

Laissant donc le héros sur le champ de bataille et requis par la police de comparaître au bureau du magistrat, je m'y rendis, et trouvai au milieu d'une salle un
obèse et corpulent brahmane assis sur un carreau de
soie, appuyé sur une large pile de coussins et assisté de
trois scribes et de quelques pions. A mon arrivée, j'atta-
chai mon cheval à un des piliers de la salle, puis je m'approchai du magistrat, auquel je donnai le salam, qu'il me
rendit avec une orgueilleuse nonchalance, élevant à
peine à son menton la main qu'il eût dû porter à son
front. J'ai toujours eu de la répulsion pour ces fonctionnaires, qui croient relever leurs charges en refusant aux
autres la politesse qu'ils en exigent; mais, en cette circonstance, je commençai à penser que la journée serait
mauvaise pour moi. Le juge ordonna à l'un de ses gref-
fiers d'enregistrer ma déposition, et le drôle se mit en
devoir de faire courir sa plume sur le papier plus vite
que je ne pouvais faire aller ma langue. Mais, je n'eus
pas plutôt dit au service de qui j'étais, que la contenance
de la cour changea du tout au tout. Le nom du capitaine
Hart, major de la brigade d'expédition, eut sur l'assemblée
un effet électrique, et les airs terribles du magistrat furent subitement métamorphosés en sourires de bienveillance. Il me pria de venir prendre place à ses côtés; mais,
comme je refusais cet honneur, sur le prétexte qu'étant
botté je ne pouvais décemment fouler le tapis de son
prétoire, il s'empressa d'ordonner qu'on m'apportât un
fauteuil. Pendant que je m'asseyais, après un échange
de saluts, le héros blessé et le maître de la jument (un
palefrenier du pays), qui portait sur ses reins plusieurs

morsures du cheval vicieux du premier, puis le cheval lui-même, furent amenés devant la cour. Dès que j'eus terminé ma déposition, l'homme à la jument exposa son déplorable cas; ensuite le matamore, devenu plus doux qu'un agneau, déclina, en peu de mots, la responsabilité de cet accident; toute son attention, au moment où il avait eu lieu, ayant été fixée sur sa blessure, dont témoignaient assez ses bandages couverts de sang.

La cour pesa et considéra l'affaire pendant quelques minutes, et le digne magistrat prononça l'arrêt suivant :

« Considérant que Krichnadji Holkar (ainsi se nommait le malencontreux cavalier) comparaît pour la cinquième fois devant la cour, dans une période de quatorze mois, toujours pour de mauvaises querelles suscitées à de respectables citoyens; qu'il n'a été relâché que sur ses promesses formelles d'amender son caractère pour l'avenir, et qu'il est évident qu'il n'a tenu aucun compte de l'indulgence de la cour;

« Considérant que, dans la présente circonstance, il a insulté, sans la moindre provocation de la part de la partie plaignante, *un officier du gouvernement britannique*, et que c'est là un grave et impardonnable crime, car de tels actes commis par nos sujets et serviteurs peuvent soulever contre nous le déplaisir d'un gouvernement puissant ;

« Nous condamnons ledit Holkar à être chassé du service de Sa Hautesse le Maharajah, à voir ses biens confisqués et à être lui-même déporté au delà de la rivière Rewrah, hors des domaines de Sa Hautesse.

« Quant à l'agent britannique, en compensation de l'injure intentionnelle qu'il a subie, il recevra l'épée et les excuses dudit Holkar; et le cheval sera donné au

Patel[1], pour l'indemniser de ses souffrances corporelles. »

Une lettre contenant un sommaire du procès et de ce jugement arbitraire fut, séance tenante, dictée par le juge et envoyée au bakchi ou généralissime des forces du Guikowar, et moi, après avoir reçu l'épée et les excuses du condamné et les compliments du tribunal, je repris le chemin du logis, mon trophée à la main et la joie dans le cœur.

Comme je n'avais pas paru à midi, le capitaine Hart commençait à éprouver de l'inquiétude à mon sujet, supposant qu'il m'était arrivé quelque accident. Aussi, dès qu'il m'aperçut du fond de sa tente, il sortit à ma rencontre, tête nue, me serra les mains avec la chaleur d'un véritable Anglais, et, dans l'excès de sa joie, oubliant que je ne pouvais ni parler ni entendre sa langue : « Qu'avez-vous donc fait si longtemps, mon cher Lutfullah ! » s'écria-t-il. L'instinct, toutefois, me révélant sa question, me dicta aussi ma réponse. Je lui racontai mon aventure qui le fit rire de tout son cœur.

Ce procès et la sentence de ce tout-puissant magistrat me rappelèrent les jugements que, suivant les légendes arabes, rendait un ancien cadi de l'Égypte, et que je crois dignes d'être racontés ici.

VERSION ÉGYPTIENNE DE L'HISTOIRE DE SHYLOCK.

Comme la civilisation commençait à poindre dans le troisième siècle de l'Hégire, et qu'Édouard II, le roi martyr, régnait en Angleterre, il y avait dans la ville

---

[1] Patel, — palefrenier.

du Caire un cadi ou juge qui se nommait Mansur Bin
Mùsia[1]. Parmi les justiciables de ce fonctionnaire se
trouvait un militaire très-pauvre et qui avait une jeune
femme très-jolie. Dans le voisinage de ce dernier de-
meurait un riche juif, portant naturellement l'usure, la
bassesse et l'avidité à l'excès. Ce fils d'Israël, ayant
trouvé plus d'une fois le moyen de voir en cachette
l'incomparable femme de son pauvre voisin, avait conçu
pour elle une telle passion, que, ne pouvant plus maîtriser ses désirs, il épiait impatiemment l'occasion de
la séduire. Il avait tenté toutes sortes de moyens pour
accomplir son criminel dessein, mais sans aucune espèce
de succès, une âme qui s'est une fois fortifiée dans la
vertu ne pouvant jamais céder à l'attrait du vice.

Cependant le pauvre vétéran, étant depuis longtemps
sans emploi, était tombé à ce degré d'indigence, que
quelquefois sa femme et lui restaient deux ou trois jours
sans manger. Les étreintes de la pauvreté leur paraissant à la fin intolérables, la femme suggéra à son mari
un plan propre à améliorer leur sort; elle lui représenta que l'oisiveté était la source de toutes les misères,
qu'il n'avait qu'à acheter une hache et des cordes, à
parcourir chaque jour la forêt, et qu'il rapporterait des
fagots, dont la vente lui procurerait certainement quelque argent; elle ajouta que, de son côté, elle allait faire
usage de son aiguille, et que par ce double moyen ils
ne pouvaient manquer de se mettre dans une meilleure
condition dans ce monde.

Le mari, goûtant ce plan, dit à sa femme du ton le plus
soumis : « J'approuve fort votre projet; mais la difficulté,

---

[1] Ce nom peut se traduire par Victor, fils de Moïse.

c'est d'abord de se procurer les moyens d'en commencer l'exécution; il nous faudrait au moins une centaine de dirhams [1] pous acheter la toile ou la soie nécessaire à votre aiguille, et la hache et les cordes dont j'ai besoin. » La femme répliqua qu'il lui semblait aisé de trouver la somme, et que certainement leur voisin le juif consentirait à la prêter, si on lui offrait l'appas d'un bon intérêt. Le pauvre soldat ne répliqua pas, mais il hésitait fort à avoir recours au juif. « Non, se dit-il à lui-même, j'aimerais mieux mourir de faim que de me faire honteusement l'obligé de cet infidèle. » Mais il réfléchit ensuite qu'il valait mieux encore se soumettre à cette honte que de voir sa charmante femme périr de misère sous ses yeux.

Le cœur agité de crainte et d'espérance, il se décida donc à aller trouver le juif, auquel il exposa avec la rude franchise du langage militaire le cas où il se trouvait. L'Hébreu fut enchanté de voir le gibier venir à lui, et de l'idée, qu'en sacrifiant une pièce il pouvait espérer de prendre la reine [2]. Il commença d'abord par pénétrer l'esprit de son chaland de toute l'importance qu'avait l'argent dans ce monde, en ajoutant qu'il était bien fâché de n'en avoir point à lui en ce moment, et qu'il pût lui prêter; qu'il ne pouvait nier qu'il n'eût chez lui quelques petites sommes, mais qu'il n'oserait y toucher même pour sauver sa vie, parce que c'étaient des dépôts à lui confiés par des personnes qui avaient de l'autorité et du pouvoir.

— Il faut donc que je m'en retourne comme je suis venu? demanda le vétéran.

[1] Petite monnaie arabe.
[2] Métaphore tirée du jeu d'échec.

— Je n'y puis rien, répliqua le juif; je ne consentirai certainement pas à jouer ma vie et tout ce que je possède pour obliger autrui. Ainsi laissez-moi, je vous prie, et ne me parlez plus de pareilles affaires! Ne m'en veuillez pas, continua-t-il; mais je suppose que je prenne dans les dépôts qui sont entre mes mains pour vous prêter, obligé que je suis de restituer fidèlement ces dépôts aux dépositaires, dans deux mois à dater de ce jour, où en serais-je, si je me trouvais dans l'impossibilité de le faire? pensez-vous que ma tête restât longtemps sur mes épaules?

— Mais vous ne courez pas ce risque, répliqua le vétéran, si je prends l'engagement de vous rembourser dans six semaines.

— Comment puis-je vous croire, dit le juif; quelle garantie pouvez-vous me donner?

— Je ne puis vous en présenter aucune, répliqua le pauvre homme; mais je puis vous affirmer que je serai ponctuel, et je suis prêt à vous en signer l'engagement dans les termes que vous voudrez.

— Soit donc, dit le juif; en ce cas, vous allez pour la forme vous obliger, par exemple, à me laisser prendre une livre de votre chair, si vous manquez à votre promesse.

—De tout mon cœur, répondit le vétéran, en songeant que sa femme et lui travailleraient nuit et jour et seraient sûrement en mesure d'acquitter la dette avant l'époque fixée. En conséquence, le billet fut écrit, certifié, signé dans les termes convenus, et la somme fut comptée au pauvre homme; le juif, ne se sentant pas de joie en voyant l'amorce avalée, et en songeant qu'il pouvait patienter, puisque dans six semaines le poisson serait dans ses filets. Il se disait d'ailleurs que, s'il arrivait que l'emprunteur fût en position de rembourser à l'échéance, ce qui lui paraissait peu probable, il ne lui serait pas difficile de substituer adroitement dans la somme qu'il lui apporterait quelques pièces fausses aux bonnes, que de cette façon il le mettrait dans l'impossibilité de se libérer et pourrait, par-dessus le marché, l'accuser de fourberie. Il ne doutait point que des charges aussi graves portées à la connaissance d'une cour de justice, jointes à l'impossibilité où serait l'accusé de trouver un remplaçant qui se laissât mutiler à sa place, ne tournassent au succès de ses vues coupables.

Quant au pauvre vétéran, il n'eut pas plutôt l'argent, qu'il se hâta de faire emplette des objets nécessaires à l'industrie que se proposait sa femme et à celle qu'il se proposait lui-même. Il acheta aussi quelques provisions indispensables pour vivre en attendant, et les deux époux se mirent à travailler pour se délivrer des étreintes de la pauvreté. Certes, ils ne s'épargnèrent point pour ramasser la somme due dans le délai fatal; mais, en dépit de leurs efforts, ils restèrent loin de compte, et purent à peine arriver à la moitié de cette somme.

Aussitôt que le délai fut expiré, le maudit juif ne manqua pas de se montrer, stationnant à la porte du pauvre homme et demandant son payement dans les termes les plus violents. Vainement l'infortuné vétéran le supplia-t-il de l'excuser, en lui exprimant tout le chagrin qu'il éprouvait de n'avoir pu réussir, malgré tout son travail, à réaliser le montant de sa dette ; vainement lui offrit-il de lui en rembourser la moitié, en lui demandant quelque répit pour le reste, ajoutant même que, si cela ne le satisfaisait pas, il était prêt à lui donner, avec la moitié de la

somme, les outils qui avaient servi à la gagner, et dont la
vente ferait plus que le désintéresser ; tout cela, loin de
calmer le juif, ne fit qu'accroître son indignation. —
« Frivoles excuses, s'écria-t-il aigrement, et qui ne sau-
raient me toucher ! Le temps fixé est expiré; ainsi point
de retard. Rappelez-vous la peine à laquelle vous vous
êtes soumis par écrit. Payez ou préparez-vous à la subir. » Ce colloque ayant à la fin dégénéré en véritable
rixe, le juif, ayant l'avantage sur son débiteur, le saisit
au collet et s'efforça de le traîner vers la cour de justice.
Le pauvre homme s'échappe comme il peut des mains de
son créancier, qui s'élance à sa poursuite. En traversant
rapidement la première rue, le fugitif heurte une femme
enceinte ; elle tombe et se blesse. A cette vue, le mari de
cette femme se met aussi à poursuivre l'auteur de l'accident pour se saisir de lui. Un peu plus loin, un cavalier
se trouvait sur le passage du malheureux vétéran qui
cherche une issue et vient heurter le cheval du cavalier; le sang jaillit d'un des yeux de l'animal, et le cavalier, furieux, se joint aux deux premiers poursuivants
pour obtenir réparation. Cependant le pauvre homme, en
faisant de rapides détours, parvient à sortir de la ville,
laissant à quelque distance derrière lui ceux qui courent
sur ses traces. Alors il aperçoit en face de lui une carrière ; il s'y précipite pour y chercher un refuge, et en
invoquant le saint nom de Dieu : *Bismillah !* Mais, en s'y
jetant, il tombe sur un auvent sous lequel était couché
un vieillard, et, rompant de son poids les solives de l'auvent, non-seulement il tue le vieillard, mais il se foule la
jambe et se contusionne au point de ne pouvoir plus re-
muer. C'est dans cet état que ceux qui le poursuivent, et
auxquels se joint à présent le fils du vieillard qu'il a tué,

se saisissent de sa personne. Après l'avoir fort maltraité
et lui avoir attaché les mains derrière le dos, ils le traî-
nent devant le cadi Mansour Bin Mousia. Arrivé à la porte
du prétoire, ses yeux sont frappés de l'aspect odieux de
boutiques où se vendent publiquement des liqueurs dé-
fendues, et il aperçoit devant l'une de ces boutiques,
chancelant dans une honteuse ivresse, un vieux et vénérable gentilhomme à longue barbe blanche. Au même
instant passe sous ses yeux un homme couché dans une
bière et qu'on porte au cimetière pour y être enterré tout
vif, sans que ses cruels porteurs fassent la moindre attention à ses lamentables cris. On peut croire que ces
horribles scènes, se passant à la porte du cadi et évidemment en exécution de ses sentences, font éprouver au
pauvre soldat de terribles appréhensions. Cependant il
ne tarde pas à comparaître devant le magistrat, dont l'aspect l'épouvante, et qu'il ne peut regarder que comme
un ministre de l'ange de la mort. Au milieu de la salle
se trouve un tapis garni d'un large coussin sur lequel est
accroupi un homme gros et court, et dont la tête est
aussi remarquable par son exiguïté que sa barbe noire
l'est par sa longueur. Il tient dans ses mains un rosaire,
et c'est d'un signe de sa petite tête qu'il approuve ou
désapprouve ce que lui disent les personnes qui lui parlent. On voit çà et là autour de lui quelques exécuteurs
dans les postures les plus humbles et les mains armées
d'instruments de torture.

Les nouveaux plaideurs, conduits à la barre, s'y
arrêtèrent tout tremblants. Les causes du juif, de la
femme blessée, du propriétaire du cheval et du fils du
vieillard qui avait été tué, furent alors plaidées par les
clercs. Quant au pauvre soldat, il raconta sans art son

affaire, ajoutant que ses adversaires l'avaient cruellement traité après s'être saisis de lui.

L'affaire fut discutée à fond par les hommes de loi, et le cadi, qui avait écouté avec une profonde gravité les arguments produits de part et d'autre, rendit enfin sa sentence dans les termes suivants : « Qu'on apporte ici « un couteau bien aiguisé, une paire de balances et des « poids, et que les exécuteurs se saisissent de l'accusé et le « tiennent ferme. Juif, voici le couteau, coupez une livre « de la chair de cet homme, qui n'a qu'à s'imputer à lui- « même d'avoir follement signé le billet dont vous vous « prévalez. » — Le juif, tout joyeux d'avoir à infliger une mortelle blessure à un ennemi de sa foi, et dont la femme allait, par suite, devenir sa proie, se saisit du couteau; mais, comme il allait porter la main sur sa victime, le cadi l'arrêta et lui dit : « Il est bien entendu que vous n'enlè- « verez à cet homme qu'une livre de chair, exactement, « sans peau ni os, etc., et que vous devez faire cette opé- « ration en un seul coup, le billet ne vous donnant point le « droit de le torturer par des coups répétés. Ainsi donc, « une livre de chair, ni plus ni moins. S'il en était autre- « ment, vous auriez, d'après les lois sacrées du Coran, à « subir la peine du talion » En entendant ces mots, le juif vit qu'il ne pouvait pousser la chose plus loin sans danger pour lui-même, et se désista de sa plainte. Sur ce, le cadi le condamna à une amende de cinq pièces d'argent pour avoir intenté un injuste procès, et le renvoya. Le cadi s'occupa ensuite de peser mûrement la plainte du mari de la femme à laquelle le pauvre soldat avait occa- sionné une fausse couche, et il prononça l'arrêt ainsi qu'il suit : « Que le défendeur se charge de cette femme; « qu'il fasse d'abord venir un bon médecin pour la gué-

« rir; après qu’elle sera rétablie, qu’il la garde avec lui
« dans sa maison jusqu’à ce qu’elle se retrouve dans l’é-
« tat où elle était avant l’accident, et qu’alors il la rende
« honorablement à son mari. » Le plaignant, choqué d’un
pareil jugement, s’écria aussitôt que, puisque telle était la
justice, il renonçait à son bénéfice ; mais le cadi n’en dé-
chargea le plaignant qu’à la condition qu’il payerait une
amende de dix pièces d’argent à la cour pour avoir abusé
de son temps.

L’affaire du cheval éborgné venant ensuite, le propriétaire de l’animal affirma qu’il l’avait naguère acheté à
bon marché, qu’il lui avait cependant coûté deux cents
pièces d’or, et que la pauvre bête était considérablement
dépréciée par la perte d’un œil. Il en concluait que le
malheureux vétéran devait être condamné à prendre
le cheval au prix d’achat, ou à payer, à lui plaignant, à
titre d’indemnité, la moitié de ce prix.

Sa Seigneurie le cadi, ayant encore dûment considéré
le cas, jugea ainsi : « Qu’on aille chercher deux scieurs
« de long pour partager le cheval dans toute sa longueur,
« depuis le milieu de la tête jusqu’à l’extrémité de la
« queue ; que, cela fait, on donne au demandeur la moitié
« qui n’a pas souffert, et que l’autre moitié soit attribuée
« au défendeur, à la charge par lui de payer au plaignant
« cent pièces d’or, formant la moitié de la valeur de
« l’animal. » Le propriétaire du cheval, voyant que la
somme à lui accordée ne l’indemniserait pas de la perte
de sa bête, s’empressa aussi de renoncer à sa demande ;
mais le cadi n’accepta cette renonciation qu’à la charge
par le plaignant de payer une amende de vingt pièces
d’argent à la cour.

Enfin se présenta le fils du vieillard, couvrant sa tête

de poussière au sujet de la mort de son vénérable père,
assurant qu'elle n'était due qu'à la chute de ce misérable
vétéran, dont il ne doutait pas que le tribunal ne fît
prompte justice en le condamnant au supplice du pal.

Sa Seigneurie ayant écouté froidement cet exposé exa-
géré, puis ayant pesé dans les plateaux de sa justice tous
les faits énoncés, d'une part par l'accusation, de l'autre
par la défense, prononça la sentence suivante : « Que
« l'accusé, pieds et poings liés, soit porté sous l'auvent
« de la carrière, et soit placé dans la position identique
« où se trouvait, au moment de sa mort, le vieillard qu'il
« a tué, et qu'alors le fils d'icelui se précipite du haut de
« la carrière sur ledit inculpé pour venger la mort de
« son père. »

Le jeune homme, sentant immédiatement le danger
d'une telle entreprise, refusa de l'exécuter, offant plutôt
d'abandonner sa plainte et d'attribuer la mort de son père
à un accident. Mais le magistrat répliqua qu'il ne pouvait
laisser l'accusateur enfreindre ainsi la loi ou abandonner
sa plainte, à moins qu'il ne payât à la cour une amende
de quarante pièces d'argent pour l'avoir entretenu d'une
aussi sotte affaire. Le jeune homme paya l'amende et se
retira, se considérant comme très-heureux d'en être
quitte à si bon marché.

Sur ces entrefaites, l'heure de la prière étant arrivée,
l'audience fut levée, et le cadi, prenant en pitié les épreu-
ves du vieux soldat, le gratifia d'un beau présent et lui
demanda s'il était satisfait des procédés de la cour. Le
pauvre diable ne put que louer la justice du cadi et s'é-
cria : « Dieu vous bénisse, mon seigneur ! Quant à moi,
la reconnaissance que m'inspire Votre Seigneurie durera
aussi longtemps que ma vie. »

Ces mots dits, le bonhomme se retirait avec une hésitation qui ne put échapper à l'œil du juge, et celui-ci, le rappelant, lui demanda s'il n'avait pas quelque observation à faire. Ainsi pressé, le vétéran répondit qu'il avait bien un doute à soumettre à la cour, mais qu'il ne pouvait se résoudre à l'exposer sans permission, craignant que la chose ne fût pas respectueuse. « Vous ne pouvez être blâmable, observa le juge, en satisfaisant à la loi; car, si vous laissez la cour dans le doute relativement à quelque verdict, elle peut être entraînée à errer de nouveau, et l'erreur même devenir trop grave pour être réparée. »

Le vétéran exposa alors humblement qu'il ne savait comment concilier avec la haute justice de Sa Seigneurie ni la liqueur prohibée qu'il avait vu vendre à la porte même du prétoire, où un vénérable vieillard donnait le scandaleux spectacle de l'ivrognerie, ni l'homme vivant qu'il avait vu porter au cimetière.

« Je suis content, répliqua le cadi, que vous m'ayez adressé ces questions, car je puis tranquilliser votre conscience. Écoutez-moi seulement avec attention. Les liqueurs, avant d'être mises en vente, sont ordinairement falsifiées avec des substances vénéneuses par les marchands, qui cherchent à les rendre ainsi plus énergiques; elles deviennent conséquemment très-nuisibles aux personnes qui en achètent, soit comme médecine active, soit comme un narcotique nécessaire après un excès de travail. Boire est un crime certainement punissable par notre sainte loi; mais cette même loi stipule strictement que les choses prohibées sont légales dans les cas de nécessité. Appliquant cette tolérance à l'abolition d'un crime odieux, j'ai chargé un homme vénérable, d'une in-

contestable probité, d'examiner les spiritueux qui sont
mis en vente, et la dégustation, qui est un devoir légal, a
bien pu le griser un peu. Quant à l'individu que l'on a
porté vivant au cimetière, il l'a été par mon ordre, c'est
vrai; mais sachez qu'il y a déjà six ans que sa femme s'est
remariée à un autre homme, conformément à un article
de notre loi, deux témoins du plus respectable caractère
ayant affirmé que le premier mari était mort à Bagdad.
Ce même individu, néanmoins, est venu ce matin devant
la cour, affirmant qu'il était bien vivant, réclamant sa
femme et menaçant le second mari d'un procès criminel.

J'ai fait reparaitre les deux témoins, et ils ont mis hors
de doute, par des preuves irrécusables, qu'ils avaient assisté aux funérailles du plaignant à Bagdad, où il avait
été enterré en leur présence. Il était facile de conclure
de tout cela que cet intrus ne pouvait pas être le premier
mari, mais seulement son ombre, son fantôme, et en le
faisant reporter en terre, j'ai mis fin à toute dispute
relativement à sa femme et assuré le repos de celle-ci.

Le vétéran, libéré de ses doutes, loua encore une fois
la justice du cadi et se retira.

CHAPITRE VI

Le désert du Ran. — Le colonel Miles. — La musique de Charles XII ne peut durer toujours. — Pensées de la Mecque. — Le capitaine Bagnold. — Mandavi. — Méditations philosophiques et dogmatiques troublées. — Études anglaises à Khaira. — L'infanticide. — Les pirates de Dwarka. — Prise du fort. — Courses errantes dans les montagnes du Kattiawar. — L'Aghori-baba. — Gogo. — Surat. — Le cimetière parsi.

Je reviens à mes propres aventures. Le lendemain de ma victoire sur le Mahratte, nous partîmes de Baroda pour Nadar-Parkar, passant successivement par Ahmanabad, Karri, Sammi, Radhanpour et Suigam. Nos étapes jusque-là ne furent que d'environ dix milles en moyenne. De Suigam, une première longue marche de nuit nous amena à Narrah, lieu désolé au milieu du Ran, d'où il nous fallut subir une traite plus longue et plus fatigante encore pour atteindre Virawaw. Nous étions tous si excédés de fatigue, qu'une poignée d'insurgés eût suffi pour exterminer notre détachement, s'ils avaient eu le courage de nous attaquer. Nos souffrances, pendant ces deux dernières marches, s'accrurent énormément par le manque d'eau douce, dont l'approvisionnement, porté à dos de chameaux, de bœufs et de poneys, si considérable qu'il fût, avait été entièrement épuisé dès notre arrivée à Narrah. L'eau de cette place, dont nous fûmes dès lors obligés de faire usage, tant pour nous que pour nos animaux, est fort saumâtre, et, quoique potable, produisit sur beaucoup d'entre nous l'effet d'une médecine. Le moindre inconvénient de cette eau salée était d'augmenter la soif au lieu de l'éteindre, et je suis sûr que si notre brigade eût prolongé de dix ou douze heures son séjour en ce lieu, elle aurait absolument desséché la contrée. Les souffrances des cipahis, d'origine brahmanique, étaient plus grandes encore ; car les prohibitions de leur caste ne leur permettaient pas de toucher à l'eau portée dans des outres de cuir, et les barils réunis pour eux par les soins de l'administration n'en contenaient guère que pour deux jours. Cependant une bonne surveillance de la part des officiers et un peu d'économie de la part des soldats nous permirent d'atteindre sains et saufs l'autre côté du désert de Sel.

La vue du Ran ou marais salant n'est pas sans intérêt, peut-être parce que c'est une curiosité peu fréquentée des voyageurs. C'est une vaste plaine, basse, parfaitement plane et d'un niveau continu. Aussi loin que l'œil peut s'étendre, elle ne présente qu'un blanc linceul qui n'a pour toit que le ciel et pour cadre que l'horizon. On peut y parcourir des milles et des milles sans y rencontrer la trace d'un végétal ou d'une créature vivante. Parfois vous apercevrez, il est vrai, de magnifiques jardins, des arbres gigantesques dont les hautes ramures plongent dans les nues. Dirigez-vous de leur côté; approchez encore... le mirage magique s'est évanoui, vous n'avez à

vos pieds qu'un buisson nain, une touffe d'herbe des-
séchée.

Un jour nous vîmes passer devant nous, avec une rapidité sans égale, une bande de coursiers gigantesques :
c'étaient des zèbres [1] qui s'enfuyaient. A trois ou quatre
milles de distance ils ressemblaient à des éléphants flot-
tant dans les airs ; plus loin encore, ils avaient revêtu
l'apparence de montagnes suspendues entre ciel et terre
et qui finirent par disparaître, en perdant peu à peu leurs
dimensions.

Le matin qui suivit notre arrivée à Virawaw, ayant
quitté le camp pour aller rôder dans les faubourgs de la
ville à la recherche de quelque nouveauté, je fus surpris
d'y rencontrer un gentleman européen qui semblait m'y
avoir devancé. Au milieu des ruines d'une mosquée, il était
arrêté devant une table de pierre, chargée de caractères
arabes. Comme il copiait cette inscription en silence et
sans lecture préalable, je le pris pour un transcripteur
superficiel qui ne pouvait ni déchiffrer les caractères, ni
en faire passer le sens difficile dans la phraséologie de sa
langue maternelle. Je pris donc aussi mes tablettes et je
copiai l'inscription en moins de cinq minutes, devançant
de beaucoup l'étranger dans sa tâche difficultueuse ; puis
je lus à haute voix ce que je venais d'écrire en le comparant avec l'original. Mais, m'apercevant que mon compagnon européen suivait ma lecture avec une attention
marquée, j'affectai à dessein de faire un contre-sens dans
ma lecture, pour le mettre à l'épreuve. Il m'arrêta court
et releva l'erreur en très-bons termes, d'où je conclus
que j'avais affaire à un homme lettré et de capacités peu

---

[1] L'auteur veut sans doute parler d'*hémiones ;* le zèbre ne se trouve
que dans le sud de l'Afrique.

vulgaires. Je le saluai, et nous engageâmes en langue
persane une conversation assez longue sur l'histoire du
Goudjerat ; ensuite, ayant échangé nos noms et nos
adresses, nous nous séparâmes en nous promettant de
nous revoir.

C'était le colonel Milès, résident britannique à Palan-
pour, et je n'ai pas trouvé l'occasion de le revoir avant
le milieu de l'année 1844, où j'eus le plaisir de lui faire
une visite à Londres, dans sa propre maison. Je le reconnus très-bien, mais lui ne me reconnut pas.

Trente milles séparent Virawaw de Nagar-Parkar ;
nous les franchîmes en quatre petites étapes sans rencontrer d'obstacles devant nous. Un soir, cependant, le
chef de notre brigade ayant été secrètement avisé qu'une
troupe de rebelles, campée à environ quarante milles de
nous, se préparait à nous surprendre, partit immédiatement avec l'élite de sa cavalerie pour frapper sur eux le
coup qu'ils méditaient contre nous. Le lendemain matin, en effet, il tomba sur eux à l'improviste, en tua ou
blessa un certain nombre et épouvanta le reste, qui joua
des jambes en lui abandonnant tous ses bagages. Le jour
suivant, notre brigadier rentra au camp victorieux. Mais,
hélas ! à notre grande confusion, nous ne tardâmes pas
à apprendre que le corps d'armée dont nous venions
ainsi de triompher était de nos amis, envoyé qu'il
était à notre rencontre par nos alliés les Amirs du Sindh,
pour coopérer avec nous, soit par la persuasion, soit par
la force, à la soumission des insurgés. Telle fut notre
manière de lui payer son assistance. Ce fut en réalité une
triste méprise que ne manquèrent pas d'exploiter et de
représenter sous un faux jour les ennemis de l'honorable
Compagnie.

Durant notre passage à Virawaw, quelques-uns de
nos officiers, curieux d'antiquités, trouvèrent dans les
environs un vaste champ pour l'exercice de leurs talents :
des idoles de beau marbre et de toute grandeur, images
des divinités du panthéon bouddhique et qui dormaient
dans le sol de la contrée depuis des siècles, furent soigneusement exhumées et emportées.

A notre arrivée devant Nagar-Parkar, nos tentes furent dressées à une petite distance de cette ville. Une
colonne de nos troupes de ligne, qui, pour venir s'y
installer, défilait à portée des murailles ennemies, eut à
supporter un feu acharné de la part des insurgés, qui
croyaient peut-être venir à bout de nous à force de coups
et de blessures, et s'emparer ensuite facilement de nos
bagages. Nos gens, fatigués de cette fusillade, au lieu
d'aller droit à leurs tentes, firent froidement demi-tour
du côté de l'ennemi, mouvement qui suffit pour lui faire
abandonner immédiatement la ville. Il chercha un refuge
dans la montagne dont Nagar-Parkar occupe un escarp-
pement, et là, retranché derrière des rochers et des four-
rés inaccessibles pour nos hommes, il continua à tirer
sur eux et sans leur faire beaucoup de mal jusqu'à quatre
heures du soir. Dans cette affaire, j'entendis, pour la première fois et non sans quelques frissons, le sifflement
des balles autour de mes oreilles. A la nuit tombante, les
rebelles disparurent dans les gorges de leurs montagnes,
qui leur offraient des retraites connues d'eux seuls et
impraticables pour nous.

Dans cette escarmouche, le capitaine Hart fut sur le
point de perdre la vie, mais non de la main de l'ennemi.
Ayant pris le fusil d'un cipahi, il faisait le coup de feu
avec les Khojas, quand, entraîné par son ardeur, il s'a-

vança d'un pas de trop sur l'arête saillante d'un précipice et tomba. Il ne fut sauvé que par le soldat dont il
avait emprunté le mousquet, et qui le retint par le colle
au moment où il allait disparaitre dans l'abîme. Il paya
sa dette de reconnaissance avec une générosité qui dépassa mon attente et celle de son sauveur, car elle mit
celui ci à même de se libérer d'un seul coup du service
militaire et de retourner dans les provinces supérieures
où il était né, avec une somme assez ronde pour lui
permettre d'y passer en paix le reste de ses jours. Deux
ans auparavant, quand il avait quitté son village natal,
il n'était rien de plus qu'un jeune rustre; mais un seul
instant et un acte opportun de dévouement suffirent
pour l'élever instantanément à la fortune et faire de lui
un grand personnage parmi ses compatriotes villageois.

Après cette petite affaire, notre brigade opéra son retour en se dirigeant sur Bhoudj, par la route de Lodrani.
Nous trouvâmes dans cette nouvelle traversée du Ran
les mêmes difficultés que dans la première, mais l'idée
de sortir avec gloire de cet infernal désert soutenait
le courage de chacun de nous. Bientôt nous eûmes le
plaisir d'entrer dans la province de Koutch, et avant d'atteindre Bhoudj, sa capitale, nous observâmes, dans les
montagnes qui entourent la ville d'Anjar, les traces encore parfaitement visibles du terrible tremblement de
terre qui avait bouleversé cette localité remarquable le
vendredi 16 juin 1819.

A notre arrivée à Bhoudj, le capitaine Hart, soudainement attaqué de la fièvre, fut obligé de s'arrêter à la
résidence britannique et de laisser la brigade continuer
sans lui sa route jusqu'à Khaira, petite localité entre
Bhoujd et Mandavi, où elle prit ses cantonnements et ne

tarda pas à être rejointe par plusieurs régiments d'infanterie et de cavalerie, suivis de quelques batteries d'artillerie. L'honorable colonel L. Stanhope commandait toutes ces forces, réunies pour intimider le gouvernement du Sindh.

La maladie du capitaine Hart mit ses jours en danger et se prolongea au delà de trois semaines, durant lesquelles je ne quittai pas son chevet, veillant sur lui comme sur un frère. Quand il entra en convalescence, ce n'était plus l'homme d'autrefois, le mal avait eu pour résultat d'aigrir son caractère, et, loin d'être touché de ce que j'avais fait pour lui, il affectait de croire que je ne m'étais acquitté que d'une faible part de mes devoirs envers lui ; si bien que nous nous séparâmes médiocrement satisfaits l'un de l'autre.

En le quittant, je me sentis dégoûté du monde, et je formai le dessein de me rendre à la Mecque sur un vaisseau qui était alors sur le point de faire voile du port de Mandavi pour la côte d'Arabie. Je fis mes préparatifs de départ et fis part de ma résolution à mes amis le munshi Abba-Miyân d'Anjar et Mohammed-Saiyid-Khan, noble citadin de Rampour, accidentellement éloigné alors de sa ville natale. Mais tous les deux me désapprouvèrent, ne trouvant pas suffisante la somme dont je pouvais disposer pour ce long voyage. Abba-Miyân fit observer que pour rien au monde il ne voudrait me détourner d'une aussi louable détermination, mais qu'il me conseillait de prendre de l'emploi pendant quelque temps encore, jusqu'à ce que j'eusse économisé une somme suffisante pour me permettre d'accomplir convenablement le pèlerinage projeté.

J'accédai aux sages conseils de mes amis, et le munshi

fut assez bon pour me conduire avec lui de Boudj au camp
de Khaira, où, grâce à son intercession, je fus attaché
comme professeur d'indoustani à la personne du lieutenant Spencer, du 6ᵉ régiment (native infanterie), et
chargé en outre de faire une copie de l'histoire persane
de Bombay pour le capitaine Bagnold, du même corps.
Avant de reprendre le cours de mes travaux, je fis une
excursion à Mandavi pour satisfaire enfin le désir que
j'avais de contempler la mer, que je n'avais jamais vue.
L'aspect de l'immense Océan, ondulant au gré du flux et
du reflux, me frappa d'étonnement et ramena ma pensée
à cette puissance sans limites de l'Être souverain pour
lequel notre univers tout entier n'est rien de plus qu'un
atome dans l'étendue. Plongé tout entier dans des méditations de ce genre, j'étais un matin assis sur le rivage,
suivant des yeux sur la plaine liquide l'allée et la venue
des vaisseaux ; peu à peu la pente de mes idées m'avait
amené à cette doctrine du djaïnisme qui tient la matière
pour éternelle et existante d'elle-même; mais, avant d'arriver à la conclusion de ce sacrilége syllogisme, une douleur aiguë à la jambe me fit lever en sursaut... et j'aperçus un chien qui, après s'être glissé sournoisement jusqu'à mes côtés, et m'avoir mordu cruellement à la
jambe, en punition de mon péché, s'éloignait plus vite
qu'il n'était venu. Je le poursuivis quelques instants, bien
déterminé à me faire justice avec ma canne; mais en
vain, l'animal finit par disparaître, et je revins au logis
non vengé et souffrant beaucoup de mon mollet. De retour à Khaira le jour suivant, je ne songeai plus qu'à
m'acquitter ponctuellement de mes devoirs, et je m'y
adonnai du matin au soir. Ma journée terminée, je jouis-
sais de la société cordiale d'Abba-Miyân, qui m'apprenait

l'alphabet anglais, m'expliquait les mots du dictionnaire et me mit à même de lire bientôt couramment l'indoustani et le persan en caractères romains. A dater de cette époque jusqu'à la fin de 1829, je me fis une loi de ne jamais me coucher avant d'avoir appris par cœur dix nouveaux mots d'anglais et d'avoir lu avec toute l'attention dont j'étais capable un certain nombre de pages des œuvres grammaticales du savant docteur Gilchrist. C'est grâce à cet âpre labeur, soutenu pendant huit années, que je suis parvenu à connaître l'anglais, la plus difficile de toutes les langues parlées en ce monde.

Avant de quitter le Koutch pour Dwarka, je dois consacrer quelques mots à la description de cette province.

Elle ne déploie pas aux regards cette apparence séduisante que possèdent les parties fertiles de l'Inde.

Au lieu de rivières permanentes versant leurs inestimables bienfaits à la terre et à ses habitants, on n'y trouve que des torrents tombant des montagnes et se desséchant aussitôt après la saison des pluies. Dans le sable de leurs lits, de grands trous creusés par les riverains fournissent un supplément temporaire de l'indispensable élément, et, autour des villes et des villages, des puits profonds comblent le déficit en quantité, mais non en qualité.

Des signes tant anciens que récents de la colère de Dieu sont gravés d'une manière incontestable sur la surface bouleversée de cette contrée. Le pied des montagnes y est jonché de matières volcaniques ; on n'y voit que pans de rochers éboulés, fendus, mis en pièces. Le tremblement de terre dont j'ai parlé détruisit en partie les forteresses d'Anjar et de Bhoudj, et dans toutes les villes de la province il n'y a guère de forts et de monuments qui n'aient été changés en ruines par les convulsions du sol.

Quoique le premier coup d'œil donné au caractère des habitants prévienne en leur faveur, il ne faut qu'un bien court séjour parmi eux pour révéler à l'étranger leur immoralité ou plutôt leur défaut absolu de sens moral.

Le brigandage, le vol, la piraterie, passent pour des actes héroïques parmi des gens dont l'adultère, la fornication, l'infanticide et pis encore souillent impunément toute l'existence.

L'infanticide, ce crime le plus haïssable de tous, crime contre nature, et dont les brutes les plus féroces des forêts ne se rendent pas coupables, est commis chaque jour par les indigènes de cette contrée, et non-seulement par les gens du commun, par le menu peuple, mais avant tout par la caste gouvernante et maîtresse du sol, par les Rajpoutes Jârahjâs, issus d'une tribu royale qui, dès la plus haute antiquité, était fixée dans le Sindh et gouvernait ce pays sous le titre de Djam. Il n'y a nul doute qu'ils n'aient importé avec eux cette horrible coutume de leur terre natale, car elle ne peut en aucune manière avoir été imaginée par les Indous, qui détestent jusqu'à l'idée même de ce crime. Ces Jârahjâs s'estiment plus nobles que tous les autres Rajpoutes, et pensent qu'ils dérogeraient et compromettraient la pureté de leur sang en mariant leurs filles. En témoignage des excès hideux et meurtriers auxquels cet absurde orgueil a fait aboutir ces cœurs endurcis, je citerai le résultat de l'enquête faite lors de mon passage sur la population du Koutch. Sur cinq cent mille âmes dont elle se composait, les Jârahjâs comptaient pour douze mille mâles et seulement pour vingt-sept femmes !

Le dernier rajah de ce pays s'étant fait déposer à force de crimes, le Koutch est heureusement tombé sous le contrôle de l'administration anglaise, qui y a opéré d'utiles réformes dans ces derniers temps.

Je passai quelques mois au camp de Khaira, logé dans une mosquée et favorisé de la société de mon excellent ami le munshi Abba-Miyân, que Dieu bénisse et récompense pour la cordiale bienveillance qu'il déploya à mon égard !

Pendant ce temps, je terminai la copie de l'Histoire de Bombay pour le capitaine Bagnold, dont je fus très-honorablement rémunéré. Vers la fin de l'année, une portion de la division reçut l'ordre de se rendre, sous le commandement du colonel Stanhope, dans les îles de Dwarka et de Bet, dont les habitants venaient de se révolter, et, le régiment de mon élève faisant partie de cette expédition, nous fîmes voile, un soir, du port de Mandavi.

Avant le lever du jour nous atteignîmes notre destination, et la sinistre détonation du canon me tira de mon sommeil à la place de la voix sainte et sereine du muezzin proclamant, selon l'usage, l'heure de la prière. Nous prîmes terre à quelque distance de l'embouchure de la rivière Choumty, d'où nous eûmes le spectacle complet de l'attaque du fort de Dwarka [1]; quelques boulets partis de ses murailles passèrent même au-dessus de nos têtes. Presque au même instant un vaisseau de guerre anglais apparut soudainement dans le havre, et ouvrit aussitôt contre le fort le feu de son artillerie. Un parti de volontaires, conduit par un jeune officier nommé Marriot, courut tenter l'escalade pendant que l'attaque

[1] Dwarka, l'antique Dravaka, est célèbre dans les vieilles légendes sanskrites comme ayant été fondée par Krichna, douze ou quatorze siècles avant J. C.

principale était dirigée contre une des portes. Le pauvre
jeune homme atteignit le sommet de la muraille, mais
presque aussitôt son corps, pris pour point de mire, fut
précipité en arrière, percé de coups ; un destin pareil
atteignit ceux de ses compagnons qui l'avaient suivi
jusque-là. L'affaire néanmoins ne pouvait être de longue
durée ; la garnison était incapable de résister à des troupes disciplinées ; la confusion ne tarda pas à se mettre
dans ses rangs, et une autre attaque nous rendit maîtres
de la place. Ses défenseurs, qui étaient environ six cents,
n'étant accoutumés ni à donner ni à demander quartier,
furent tous, ou presque tous, passés au fil de l'épée.
Un certain nombre d'entre eux, ayant tenté de s'é-
chapper par une porte opposée à l'attaque, et se voyant
refoulés par un corps de cavalerie indigène dirigé contre
eux par le capitaine Solier, reçurent bravement la charge,
rendirent coups pour coups, et moururent en braves.
Dans cette mêlée, un coup de sabre enleva au capitaine
Solier les doigts de la main qui tenait les rênes de son
cheval, et plusieurs des hommes et des chevaux de son
détachement furent blessés. Notre perte générale fut
néanmoins assez légère.

Après cette brillante victoire sur une place réputée
des plus sacrées parmi les idolâtres de l'Inde, nous reçûmes l'ordre de nous y arrêter quelques jours, que
j'employai à visiter tous les lieux de culte des environs,
et, à ma grande surprise, je découvris sur l'île d'Amara
le tombeau d'un saint musulman, Pir-Patta, vraie lumière de l'Islam brillant glorieusement au milieu des
ténèbres du paganisme.

Notre régiment ayant ensuite reçu l'ordre de poursuivre et de détruire les Kattis, brigands de la tribu de

Kuman, qui, sous leur chef Djogui-Das, infestaient les montagnes de Ghir, nous nous embarquâmes sur un navire indigène, qui, après dix-huit heures d'une très-rude traversée, nous déposa à Sourya-Banda. Là, notre troupe ayant été divisée en détachements de deux compagnies chacun, nous nous lançâmes, à travers toute la chaîne de Ghirnar, à la poursuite des Kattis.

Cette chaîne, quoique inférieure en hauteur aux autres montagnes de l'Inde, doit à sa fertilité et à son éternelle verdure un charme particulier. Elle est consacrée, dans l'esprit des Indous, par leurs anciennes légendes, où elle porte le nom de Rewtachal. Une de ses branches, qui s'étend jusqu'à Palitanah, dans le Goelwar, est décorée par un grand nombre de temples djains de toute forme et de toute grandeur, et tous les membres de cette secte dissidente du vieux brahmanisme lui portent la plus grande vénération.

Ces montagnes abondent en gibier de toute sorte, depuis le lion jusqu'à la caille. On peut y rencontrer aussi parfois quelques ascètes indous, qu'une austère dévotion a poussé dans ces solitudes pour y consacrer, loin des bruits du monde, leur vie tout entière au service de la divinité. Les végétaux sauvages de ces régions suffisent à leur nourriture; deux morceaux de bois sec, frottés l'un contre l'autre, leur donnent le moyen d'allumer du feu pendant le froid des nuits; ils se couvrent et se frottent le corps de cendres au point de rendre leur peau insensible et se délivrent ainsi du besoin et de la préoccupation de tout vêtement. Après dix ou douze ans de ce genre de vie, ils deviennent semblables aux bêtes fauves et fuient la présence de l'homme. Le peuple de ces contrées a quelques vagues idées que ces dévots ne se font

pas faute de dévorer la chair humaine quand ils peuvent
exercer leur cannibalisme aux dépens d'une personne solitaire et sans défense ; mais je crois cette opinion peu
fondée.

Un matin, mon élève et moi, nous marchions côte à
côte, dissertant longuement sur l'esprit et sur la matière. Absorbé tout entier par cet intéressant sujet, le
lieutenant confia son détachement à son second et me
pria de le suivre un peu à l'écart de la route pour traiter
plus à fond et sans distraction cette importante question. Détournant donc nos chevaux un peu à gauche
de nos gens, nous marchions absorbés dans la thèse
philosophique, sans autre préoccupation que de ne pas
perdre de vue notre petite troupe. Tout à coup nous
vîmes devant nous la flamme claire d'un foyer, témoi-
gnant assez que celui qui l'avait allumé devait s'être
absenté depuis peu; mais pas un être humain n'était vi-
sible. Ayant interrogé nos serviteurs sur l'origine de ce
foyer dans une pareille solitude, ils nous répondirent tout
d'une voix que ce feu appartenait à quelque Aghori Baba
(frère omnivore), et qu'il était dangereux pour nous de
nous y arrêter plus longtemps. Ceci éveilla notre hilarité,
et nous poursuivîmes notre chemin sans autre explication. Un peu plus loin, nous atteignîmes le bord d'une
vallée excessivement profonde, et, en y plongeant les
yeux, nous eûmes l'honneur d'apercevoir l'ascète en
personne, ce demi-dieu des Indous, à près de mille
yards de nous, courant de toutes ses forces et jetant de
temps en temps des regards anxieux derrière lui, comme
s'il eût été poursuivi par quelqu'un. A cette vue, nos
pauvres serviteurs, saisis de crainte, se prosternèrent,
frappant le sol de leurs fronts. Mon élève, curieux

comme un Européen, héla le fugitif, l'appelant de la voix et du geste comme s'il eût eu quelque importante communication à lui faire. Mais ses saluts et ses gestes, au lieu de produire l'effet désiré, ne firent qu'accélérer la fuite de l'hôte incivil du désert, et la déclivité du terrain, impraticable pour tout autre que pour lui, empêcha mon ardent compagnon de le suivre.

Il nous fallut donc recourir à notre télescope, qui nous permit de juger parfaitement de l'extérieur du personnage. C'était un grand et vigoureux gaillard, dont l'énorme chevelure argentée couvrait en désordre la tête et les épaules, sa longue barbe flottait devant lui, également inculte; ses yeux ardents semblaient lancer des flammes, et son corps velu était couvert de cendres. Il ne put éviter ainsi un assez long examen avant de disparaître dans le fond de la vallée.

Après trois jours de marche, nous arrivâmes à Tulsi-Sham, monastère indou, situé au centre des montagnes, qui était indiqué comme point de concentration à notre détachement, ainsi qu'à plusieurs autres, qui delà devaient rayonner dans différentes directions à la recherche des bandits de Djogui-Das. Quelques-unes de ces colonnes volantes nous avaient déjà précédés à Tulsi-Sham, quand nous y arrivâmes sans coup férir. Le manque de provisions ne tarda pas à se faire sentir dans le camp et à y sévir cruellement, surtout sur les gens de ma classe, qui n'avaient nul droit aux distributions régulières faites aux serviteurs de l'honorable Compagnie. Les plaintes et les privations générales poussèrent l'officier qui nous commandait à aller trouver le *mahant* ou grand prêtre du monastère, et à lui parler fort sérieusement, lui déclarant que, s'il refusait à notre camp son assistance, c'est-à-dire des renseignements précis et des approvisionnements, il devait s'attendre à voir piller son monastère, où de grandes quantités de grains étaient renfermées, à la connaissance de tout le monde. Ces menaces émoustillèrent les facultés du vieux saint homme; il répondit que son canton ne produisait ni froment ni riz, que ses greniers ne contenaient que du millet, dont l'armée anglaise pouvait faire l'essai. En conséquence, un grand moulin de campagne, que traînait une paire de bœufs, fut immédiatement mis en mouvement, et, quelques heures après, on put faire à tout le camp une distribution de farine de millet. La ration quotidienne fut fixée à une livre par tête, avec une quantité proportionnée de mélasse et de beurre fondu. Pour toutes ces choses le prêtre ne voulut accepter aucun payement, alléguant que ces provisions n'étaient pas sa propriété, qu'elles ne provenaient pas d'achat, mais d'aumônes, et qu'en les distribuant gratuitement il remplissait le vœu de leurs donateurs.

Quoi qu'il en fût de ce prétexte, cette nourriture servit à apaiser notre faim, bien qu'elle fût malsaine pour ceux qui n'y étaient point accoutumés. Moi, entre autres, j'en éprouvai une attaque de dyssenterie dont je me débarrassai dès que je pus remplacer cette nourriture par une meilleure; ce qui arriva de la manière suivante.

Je fus assez heureux, pendant mon indisposition, pour recevoir la visite d'un coreligionnaire nommé Sikandar-Khan, officier qui, bien que non commissionné, était alors régulièrement placé à la tête de sa propre compagnie et jouissait, par conséquent, d'une double ration des vivres de campagne. Touché de ma situation, il eut la bonté de partager avec moi son riz, qui me fut d'un grand secours, ainsi qu'à mes domestiques. Je lui gardai la plus grande reconnaissance de ce service, et l'amitié que nous avons contractée dès lors ne s'est jamais affaiblie; retraité aujourd'hui, Sikandar-Khan, jouit d'une pension de soubahdar major.

Tulsi-Sham est l'objet d'une double vénération de la part des Indous. D'abord le monastère renferme une petite image de Krichna, leur Apollon; puis, devant la façade de édifice, une source thermale déverse ses eaux bouillantes dans deux larges bassins. Le sol est calcaire, mais une forte odeur qu'on ne peut méconnaître révèle la présence de puissantes veines de soufre. Les bassins sont assez élégamment construits en pierres et en mortier et laissent échapper l'eau de quatre côtés disposés en gradins. Les indigènes attribuent la chaleur de la source à la nature miraculeuse de l'idole et considèrent, par conséquent, un bain pris dans ces réservoirs comme un moyen de salut.

Nous ne nous arrêtâmes que quatre jours en ce saint lieu, puis nous nous divisâmes en petites colonnes comme auparavant. Durant une course de six semaines dans les montagnes, nous ne fûmes pas assez heureux pour rencontrer un seul bandit vivant. Toutefois, dans la matinée du sixième jour après notre départ de Tulsi-Sham, comme nous approchions d'un large groupe de mangos et d'autres arbres sauvages, notre odorat fut affecté d'une odeur infecte de corps en putréfaction. A quelques pas plus loin, nous découvrîmes, pendus par les pieds aux branches de ces arbres, quatre cadavres d'outlaws horriblement mutilés et défigurés. — Ces barbares exécutions, qui dataient de trois jours déjà, comme nous l'apprîmes plus tard, étaient l'œuvre d'un détachement des troupes du Guikowar, notre allié dans cette expédition.

Enfin, après une campagne vagabonde de trois mois au cœur de ces montagnes, nous fûmes informés de la soumission de tous les rebelles qui n'avaient pas été pris ou détruits, et nous dûmes, en conséquence, nous diriger sur le village de Dhara pour y prendre nos cantonnements pendant la saison des pluies.

Mon élève, intelligent et laborieux jeune homme qui ne négligeait jamais ses leçons, soit en marche soit au repos, profita si bien du temps de la mousson qu'avant la fin de cette saison il possédait à fond l'indoustani. Il obtint alors un congé pour aller à Bombay afin d'y passer ses examens. Je l'accompagnai jusqu'à Gogo, où nous nous séparâmes l'un de l'autre avec de mutuels sentiments d'estime et d'affection. Le 17 septembre 1821, après m'avoir fait un riche présent, en sus de mes appointements arriérés, il me quitta, et mes vœux les plus sincères l'accompagnèrent dans le chef-lieu de la présidence. Je ne tardai pas à apprendre le bon résultat de son examen et, peu après, sa promotion à l'emploi de quartier-maître de son régiment.

La petite ville de Gogo, située sur la côte occidentale du golfe de Cambaye, renferme environ trois cents familles, presque toutes musulmanes. Son havre est sûr, même dans la saison des tempêtes. Suivant une antique tradition, l'île de Périm, qui se trouve dans son voisinage, était autrefois jointe à la côte du Goudjérat et formait alors le siège du gouvernement des anciens Rajpoutes-Goels. Cette île n'est plus maintenant qu'une solitude déserte où le gouvernement a érigé un phare. Le sol de cette île contient, même à très-peu de profondeur, des quantités considérables d'animaux et de végétaux fossiles

appartenant aux âges reculés de la terre, et plus d'un
voyageur européen a emporté de ces débris dans sa patrie comme de curieuses raretés. Les habitants musulmans de Gogo, étant généralement actifs, bien faits et
vigoureux, forment de bons marins. Je restai parmi eux
trois jours après le départ de mon ami, et le quatrième je
montai à bord d'un petit vaisseau allant à Surat, où j'arrivai le jour suivant.

Informé, pendant la traversée, des ennuis sans fin auxquels on est soumis à la douane de ce port, même lorsqu'on n'a dans ses bagages aucun article propre à la
vente, je résolus de les éviter, et moyennant une demi-
roupie j'obtins des gens de l'équipage de me faire entrer
en contrebande. L'assistance des ténèbres étant indispensable pour l'exécution de ce dessein, je fus obligé de
demeurer à bord jusqu'au soir ; alors deux matelots se
chargèrent de mes effets et me dirent de les suivre. Nous
abordâmes à une place nommé Badchahi-Bhagal ou porte
royale ; titre bien gratuit, car on n'y voit rien qui ressemble à une porte, à moins qu'on ne veuille donner ce
nom à une brèche entre deux pans de murailles ruinées
et que traverse une sorte de chenal guéable où les gens
du voisinage viennent puiser l'eau nécessaire à leur ménage et où s'abritent les petits bateaux.

Je suivais mes guides dans les ténèbres depuis un peu
de temps quand, malheur inattendu ! un pion de la
douane mit la main sur les matelots qui portaient mon
bagage et commença à les maltraiter sous prétexte de
fraude envers le gouvernement. Il insista tout d'abord
pour les conduire à la Douane, les menaça de la prison
pour la nuit, d'une grosse amende pour le lendemain et
de la confiscation de leurs bagages. Croyant à la réalité

de ces menaces, je sentais la peur me gagner aux paroles
du douanier; mais les marins, accoutumés à de pareilles
scènes, soutinrent très-froidement ses injures et ses
imprécations. Ils lui répondirent qu'ils n'étaient pas
des marchands, qu'ils ne possédaient pas un seul article
de vente; qu'au reste ils étaient prêts à lui donner
une gratification; et, ce disant, l'un d'eux me pinça le
bras en manière d'avertissement. Trouvant le conseil bon
à suivre, je glissai quelques pièces de monnaie dans la
main du douanier, qui immédiatement fit un demi-tour
et s'éloigna paisiblement sans proférer un mot de plus.
Je gagnai ensuite la mosquée la plus voisine pour y passer la nuit, ne pouvant pas espérer trouver un autre logement à une heure aussi avancée.

Dans la matinée du 25ᵉ jour de zilhardji, 1236 de l'hégire, correspondant au 23 septembre 1821, je fus tiré
d'un bon et profond sommeil par l'appel sacré du muezzin. Appelant à mon tour mon domestique : « Ismaël!
m'écriai-je, procure-moi un peu de feu afin que je fume
une bonne pipe pendant que je me préparerai à mes devoirs religieux. » — Mais je n'obtins aucune réponse;
Ismaël avait disparu. Saisi d'étonnement et d'épouvante,
« Allons! pensai-je en moi-même, ce serait plaisant de
perdre en une nuit ce que j'ai gagné en quatre années
de labeurs et de servitude. Mais Dieu est grand! on doit
se soumettre aux décrets de la destinée. » — Réconforté
par cette pensée, je me mis à palper la tête, les pieds et
les côtés de mon matelas, sous lequel, avant de me coucher, j'avais serré mon petit coffre-fort et mes autres
effets. A mon grand soulagement je trouvai chaque chose
à sa place; le drôle s'était enfui n'emportant que ses har-
des et à peu près les trois quarts d'une roupie en menue

monnaie que je lui avais remise pour la dépense du jour.

Après le lever du soleil, j'allai m'asseoir à la porte de la mosquée, attendant un portefaix qui pût transporter mes bagages jusqu'à un petit logement que les bons offices du muezzin venaient de me procurer. Je remarquai alors que les mahométans de haute et de basse classe se dirigeaient en toute hâte du même côté de la ville ; les uns en palanquins ou dans des chars à bœufs, les autres à pied ; mais tous affectant une triste contenance, comme s'ils étaient frappés de chagrin. Étant allé aux informations, j'appris que Nasir-Ud-din-Khan, nawab de la ville, était décédé pendant la nuit et qu'on allait procéder à ses funérailles.

J'appris aussi que Nasir-Ud-din Khan avait eu deux fils ; mais que l'aîné, doué d'un excellent naturel, était mort dix-huit mois avant son père, et que le second, entraîné par des penchants diamétralement opposés à ceux de son frère défunt, vivait plongé dans les habitudes les plus dégradées et la plus abjecte société. Il n'en espérait pas moins être reconnu par le gouvernement anglais comme héritier du titre et des droits de nawab de la ville, ce qui le mettrait en possession d'une pension d'un lac et demi de roupies [1] et d'autres immunités accordées par la Compagnie à sa famille.

La ville de Surat, surnommée la porte de la Mecque, est célèbre parmi les vrais croyants comme port d'embarquement pour un grand nombre de pèlerins se rendant à la *sainte Kabaa ;* elle ne l'est pas moins dans les annales de l'empire anglo-indou, comme la première place de l'Inde où les Anglais apparurent en humbles

---

[1] Cent cinquante mille roupies, ou 375.000 francs ; le lac est un nom de nombre équivalant à 100.000.

marchands. Ce fait remonte à l'année 1608, époque où
le capitaine Hawkins vint avec son vaisseau l'*Hector*,
mouiller dans le port de Surat. Après avoir entamé quelques affaires commerciales et en avoir laissé la suite
à son équipage, il se rendit de sa personne à la cour
d'Agra, à l'effet d'obtenir de l'empereur Djéhanguir,
alors régnant, une autorisation privilégiée pour trafiquer
dans le susdit port. Ayant usurpé le titre d'ambassadeur
du roi d'Angleterre, il fut accueilli avec égard et bienveillance, et le discernement avec lequel il sut distribuer
quelques menus présents à l'empereur et à ses courtisans lui fit non-seulement atteindre le but de ses dé-
marches, mais lui valut encore un *khélat* de grand prix,
comprenant, outre des vêtements d'honneur d'une excessive richesse, une dame chrétienne que sa mauvaise
étoile avait amenée à Agra et retenait captive dans le
sérail.

Surat est située sur la rive méridionale de la rivière
Tapty. Un mur en briques s'étend autour de ses faubourgs, en forme d'arc dont la corde serait représentée
par la rivière. Toute l'enceinte peut avoir six milles de
pourtour. De petits bastions, inégalement espacés, flan-
quent ce rempart, dont la hauteur varie entre treize et
dix-huit pieds, et qui, peu redoutable dans l'origine, et
n'ayant jamais été entretenu ou réparé, est aujourd'hui
dans le plus misérable état. Il était percé, dans le principe, de douze portes garnies de lourds battants de bois
tournant sur des gonds, et précédait un autre rempart
intérieur décrivant autour de la ville primitive une enceinte ovale de trois milles d'étendue. Cette seconde for-
tification ressemblait à la première par ses matériaux et
et son mode de construction ; mais son état de vétusté

est encore pire, et, en bien des endroits, son niveau se confond avec celui du sol environnant.

Ni l'une ni l'autre de ces fortifications n'existaient en 1512, lorsque la ville fut prise et saccagée par les Portugais. Cette catastrophe, suivie des déprédations d'une foule de forbans d'Europe et de sauvages abyssins fixés dans l'île de Zanzjira, engagèrent enfin les autorités d'Ahmadabad à faire construire les remparts et la citadelle, et le tout fut terminé, en 1530, par les soins de Roumi-Khan, ancien mameluk turc passé ingénieur au service du Grand Mogol.

Surat semble aujourd'hui en pleine décadence; sa population s'élève à peine à cent trente mille habitants, dont un sixième a dépassé soixante ans. L'administration locale est entièrement sous la main du gouvernement anglais, qui n'entretient pas moins de trente-quatre officiers ou fonctionnaires dans Surat, y compris le personnel de la haute cour [1]. Deux régiments d'infanterie et un gros corps de cavalerie irrégulière y ont leur cantonnement. Cette forte garnison a pour but, je suppose, de garantir la soumission des populations voisines; précaution bien superflue aujourd'hui, et qui augmente beaucoup les dépenses du gouvernement actuel, dépenses très-lourdes si on les compare à ce qu'elles étaient au temps des anciens nawabs.

Je désirais depuis longtemps contempler de mes yeux l'intérieur d'un cimetière parsi; informé qu'il en existait plusieurs autour de la ville, je me préparais un matin à faire d'un de ces lieux funèbres le but de ma promenade, quand mon ami le muezzin me dit qu'il y avait folie à satisfaire ce caprice; car dans tous ces cimetières un

[1] Sudder Adowlat.

prêtre, sentinelle attentive, veille incessamment, toujours prêt à tuer ou à punir très-sévèrement toute personne qu'il soupçonne souiller de son contact ou de ses regards la sainteté du lieu. Cet avertissement de mon ami, loin d'éteindre ma curiosité, ne fit que l'irriter. « Quoi qu'il arrive, répliquai-je, je veux y aller. » Mon ami, me voyant résolu à tenter l'entreprise, m'engagea à attendre au moins jusqu'au soir, heure du jour où il pourrait m'accompagner et m'aider au besoin.

Au coucher du soleil, nous nous mîmes donc en campagne, et, à un mille environ de la porte orientale de la ville, nous arrivâmes devant un groupe de tours dont les murailles étaient couvertes d'immondes vautours à la tête et au cou dénudés. Arrêtés sous un arbre, nous y attendîmes que les ombres du soir vinssent nous abriter non-seulement contre les regards du prêtre de faction, mais encore contre ceux des pâtres et des passants du voisinage. Le moment venu, je laissai sous l'arbre le muezzin, qui, au moment où je me dirigeais vers une des tours, me recommanda d'être sur le qui-vive et de me hâter de battre en retraite vers l'arbre protecteur aussitôt que je l'entendrais tousser, car ce signal annoncerait l'approche de quelque danger. Après l'avoir remercié de ses prudentes précautions, je m'éloignai, et une minute après j'étais sur les marches du portail d'une des tours. Étant très-fort en gymnastique, et les lourdes ferrures de la porte offrant une prise suffisante pour mon gros doigt de pied, je fus bientôt au sommet du mur, d'où je découvris une horrible scène. Des cadavres humains à tous les degrés de décomposition, et dont beaucoup n'offraient plus que des fragments de squelettes mêlés à des haillons de suaires, gisaient de-

vant moi, les uns couchés sur les murs mêmes de la
tour, les autres précipités dans son intérieur vide et
béant. Les affreuses et pénétrantes effluves qui s'élevaient de ce charnier ne me permirent pas de rester plus
de cinq minutes à mon poste d'observation, et j'opérais
tout doucement ma descente, quand, par malheur, ma
main venant à glisser sur le mur, pendant que mes pieds
cherchaient un point d'appui sur les ferrures du portail,
je tombai assez lourdement, et n'arrivai point en bas
sans m'écorcher rudement la poitrine contre les aspéri-
tés de la muraille.

Le double bruit de ma chute et de la porte ébranlée
fit sortir le gardien parsi d'une petite guérite qu'il occupait à deux cents yards de là. Il s'élança comme un furieux, la bouche pleine de menaces et de malédictions,
et la main armée d'un énorme gourdin qu'il brandissait
en l'air, tout en appelant au secours et en criant au voleur et à l'assassin En même temps que ses cris, j'entendis la toux convenue de mon ami le muezzin, et je courus le rejoindre. De notre cachette nous ne tardâmes
pas à reconnaître que le pauvre gardien qui nous pour-
chassait était un vieillard édenté, infirme et à demi
aveugle, ou plutôt affecté de nyctalopie, car, au lieu de
venir de notre côté, il tournait dans une autre direction,
s'escrimant à droite et à gauche avec son gourdin, et ne
cessant de vociférer comme s'il eût trouvé dans sa longue langue une compensation suffisante pour toutes les
facultés qu'il avait perdues. Comme personne, néanmoins, ne vint à son aide, nous nous éloignâmes tranquillement; seulement, voyant le vieux prêtre se diriger
vers la porte de la ville que nous avions prise en venant,
nous regagnâmes, sans être inquiétés, notre logis par

une autre porte. Quelques lotions de litharge mêlée d'eau
de rose firent disparaître en peu de jours de ma poitrine
les traces de cette équipée.

Le 29 septembre, dans la matinée, je quittai Surat et
m'acheminai par la route de Broach vers mon pays natal. J'étais suivi de trois porteurs chargés de mes bagages, et que je changeais à chaque village que je rencon-
trais. Comme je les payais généreusement, et qu'avec un
ou deux pennys je les régalais à discrétion de vin de palmier, dont ces bonnes gens sont très-friands, j'obtenais
d'eux ce que je voulais; aussi, pendant que deux d'entre
eux se partageaient mon bagage, le troisième préparait
ma pipe chaque fois qu'il était nécessaire, me massait
pendant les haltes, ou interposait mon ombrelle entre ma
tête et le soleil, dont l'ardeur, bien que la saison des
pluies touchât à son terme, était encore insupportable.

Le tuddy, ou vin de palmier, dont je viens de faire
mention, est un des fléaux du bas peuple de cette province. Il y a des échoppes pour son débit dans tous les
villages; il y en a même dans les solitudes que traverse
la grande route. Tous les deux milles au moins on est
certain de rencontrer un comptoir de marchand de cette
boisson, installé sous l'ombrage attrayant d'un grand arbre, ou tout au moins un appentis portant à son sommet
un petit drapeau, et le marchand, un Parsi d'ordinaire,
ne manque jamais de débiter au passant, du ton le
plus flatteur, tous les aphorismes connus des ivrognes.
C'est toujours, à la poésie près, quelque chose comme
cette invitation bachique du poëte anglais :

> Bois cette coupe, elle renferme en chacune de ses gouttes
> Un charme contre les maux d'ici-bas ;

Qui ne connait la coupe d'ambroisie où s'abreuvaient les dieux?
Elle n'est pourtant qu'une fiction ; celle-ci est bien réelle !

Tant et si bien, que l'ivrognerie est la source d'une foule de délits et de méfaits pour les pauvres et ignorants habitants de cette partie de l'Inde.

La distance qui sépare Surat de Broach étant de trente bons milles, je n'atteignis cette dernière ville que le 30 septembre dans la soirée. Bâtie en partie sur le sommet, en partie au pied d'une élévation dominant la rive droite de la Nerbudda, fleuve qui se jette, trente-cinq milles plus bas, dans le golfe de Cambaye, Broach est entourée d'un beau et fertile territoire ; mais, en réalité, elle n'est elle-même qu'une pauvre petite ville à demi ruinée, aux constructions chétives, aux rues étroites et encombrées d'immondices. J'ai peu fréquenté sa population de trois mille âmes ; mais ce que j'en ai vu pendant mon court séjour d'un jour et de deux nuits m'a suffi pour me mettre à même d'attester que sa moralité n'a droit à aucun panégyrique.

Cependant, avant de m'éloigner de Broach, je dois faire mention d'une curiosité naturelle de son voisinage que la croyance populaire attribue à l'intervention miraculeuse d'un saint du pays, honoré sous le nom de Saizid-Ismaël-Saheb, ou plus communément de Per-Chattar. La tombe de ce saint homme, vieille, dit-on, de trois mille ans, gît dans une plaine ouverte, à environ deux mille pas de la porte occidentale de la ville. Elle est construite dans la forme ordinaire, entourée d'une balustrade, formant un carré long, de trente-quatre pieds sur onze, et le tout est ombragé par un grand sapotier[1] au feuillage toujours vert. Au centre de la tombe est un bassin de

---

[1] Mimusops-Kauki.

cinq pieds quatre pouces de longueur sur vingt pouces de largeur et quatorze de profondeur. Du milieu de l'eau s'élève une petite île en forme de cercueil dont la longueur est de quatre pieds sur un de largeur. Une eau légèrement nitreuse, mais parfaitement limpide et fraîche, remplit toujours cette fontaine au même niveau ; quelle que soit la consommation qu'on en fasse, et qui est incroyable, le mardi surtout, jour de pèlerinage en ce lieu, l'eau ne monte ni ne diminue dans le bassin : voilà le miracle. Au moment de ma visite, il n'y avait pas moins de soixante personnes présentes autour du monument ; toutes puisèrent à plusieurs reprises et simultanément dans la petite fontaine sans produire un changement sensible dans la hauteur de son eau. Le gardien du lieu, bon vieillard presque centenaire, interrogé par moi, m'affirma qu'il se souvenait que dans son enfance un prince mahratte, venu avec des sentiments d'incrédulité, et voulant mettre à l'épreuve le miracle et le saint, avait fait conduire au réservoir trois éléphants altérés. Mais voyant l'impuissance où étaient ces pompes vivantes de diminuer le niveau de la fontaine sacrée, il s'était humblement prosterné devant elle ; puis, après y avoir apposé solennellement ses lèvres, il avait donné des ordres et de l'argent pour la construction de la balustrade actuelle et la réparation complète du monument.

D'après ce que j'ai vu et entendu, il est évident pour moi que cette sainte fontaine n'est rien de plus que l'orifice d'un canal souterrain débouchant en ce lieu ; mais je ne puis formuler aucune hypothèse sur la permanence de son niveau.

A deux petites marches de là, j'atteignis Baroda, où les fêtes du Mouharram m'arrêtèrent pendant sept jours.

A mon entrée dans la ville, le hasard me fit rencontrer
Sa Hautesse le nawab Mir-Amiraddin-Hussein-Khan, qui
passait à cheval avec sa suite. J'avais eu autrefois l'honneur de lui être présenté; il se rappela cette circonstance, me reconnut sur-le-champ et m'invita à le suivre
en son palais. Étant résolu à vivre pendant quelque temps
isolé et indépendant, je m'excusai auprès du prince, tout
en le remerciant de son invitation. Je lui dis combien
tous mes proches étaient, ainsi que moi, reconnaissants
de l'assistance tutélaire que feu son père nous avait prê-
tée, aux jours de nos malheurs, dans notre ville natale;
que notre gratitude remontait jusqu'à lui, et que, si nous
n'étions pas assez heureux pour lui en donner des preuves, son nom du moins était toujours mêlé à nos prières,
et que nos vœux les plus sincères étaient pour son bonheur et le succès de ses entreprises. Quand j'eus fini de
parler, la bonté innée et l'esprit hospitalier de ce digne
prince ne lui permirent pas de me laisser aller. Il descendit de cheval, et, me prenant par la main, il me conduisit lui-même dans sa royale demeure, où il m'assigna,
pendant tout le temps de mon séjour à Baroda, un appartement confortable et indépendant. J'y passai une
semaine, partageant mes heures entre la promenade et
la société toujours aimable de mon noble et excellent
hôte. Ce temps écoulé, il me laissa reprendre la route de
mon pays natal, mais non sans me faire un beau présent
de vêtements d'apparat et d'espèces sonnantes. Ce généreux nawab abandonna prématurément cette existence
transitoire pour un monde meilleur dans l'année 1857,
et laissa sa succession à l'un de ses deux frères. Il n'est
plus, mais sa mémoire demeure ineffaçable et respectée
dans un grand nombre de cœurs.

Peu après mon retour auprès de mon oncle et de ma
grand-mère, qui étaient toujours charmés de me revoir,
j'appris que notre jeune prince Ramchandar-Râo se préparait à se rendre à Gwalior pour y célébrer son mariage
avec une fille de Scindiah. Aussitôt, avec l'ardeur qui
me poussait à interrompre la monotonie de la vie de
foyer chaque fois que j'en trouvais l'occasion, j'achetai
un petit cheval et je me joignis au cortége dans l'espoir d'y trouver un acheminement vers quelque bon
emploi.

A notre deuxième ou troisième étape, nous fûmes
joints par un monsieur Robinson, officier anglais, chargé
d'accompagner le prince et de lui remettre de la part des
autorités britanniques des lettres de félicitations.

Cet agent politique reçut un accueil plein de déférence
et de courtoisie; mais ses lettres, écrites en persan,
étaient indéchiffrables aussi bien pour le prince que
pour son ministre Raghunath Râo Bâpou, et elles restèrent comme des énigmes entre leurs mains, jusqu'au
moment où, ayant été signalé au ministre comme professeur de persan, je fus mandé au durbar du prince.
Là, après m'être acquitté des formalités d'usage envers
la noble assemblée, je fus invité à m'asseoir, et l'on m'apporta les lettres en m'ordonnant de les lire tout haut, ce
que je fis tout couramment, et en les traduisant sans la
moindre hésitation en langue mahratte, au grand étonnement des assistants. Le ministre, homme habile,
hardi et fin, fut si enchanté de la chose, qu'au moment
où je prenais congé, il me dépêcha un de ses secrétaires
pour m'offrir de sa part de rester attaché à sa personne
avec des appointements de quinze roupies par mois, la
table commune des courtisans, et des rations pour mon

cheval. Cette offre rentrait dans mes vues; je l'acceptai
sans hésiter.

Les devoirs de ma nouvelle charge n'étaient pas lourds;
j'allais deux fois par jour présenter mes respects, soit au
rajah, soit au ministre, ou à tous les deux réunis; trois
ou quatre fois par mois, au plus, j'avais à lire ou à écrire
une lettre pour ces grands personnages, et de temps en
temps, l'après-midi, il me fallait subir une partie ou deux
d'échecs, que j'étais dans l'obligation de perdre Le ministre, je l'avoue, était plus fort que moi à ce jeu; j'aurais cependant bien gagné une partie sur trois ou quatre,
si Son Excellence eût été juste; mais, hélas! elle était sans
la moindre équité à cet égard. Lorsqu'il m'arrivait de
prendre sa reine, ou d'obtenir quelque autre avantage sur
lui en sacrifiant une pièce ou deux de mon jeu, il récla-
mait toujours la pièce perdue ou voulait recommencer le
coup; et, comme notre position relative faisait de sa requête un ordre pour moi, il résultait de ma condescen-
dance que j'étais toujours battu, à sa grande joie et à ma
plus grande mortification. Il n'était pas moins habile à
tenir en échec toutes les occasions qui auraient pu
m'élever dans l'opinion du prince; et tous ces *échec*
et *mat* finirent par me mener du découragement au dégoût.

Après la cérémonie du mariage, qui se fit au milieu de
toutes les splendeurs, de toutes les pompes de la royauté,
une fête somptueuse nous fut donnée dans le palais de
Scindiah, où, après le festin le plus délicat, nous fûmes
régalés de danses et d'excellente musique.

En sa qualité de nouveau marié, et suivant les coutumes
asiatiques, le prince ne pouvait traiter ses hôtes en personne;
mais les plus nobles dignitaires de la cour le suppléèrent

dans ce soin. Des habits d'honneur furent donnés à chacun des invités, et peu après, en signe d'adieu, on nous apporta de l'atar, de l'eau de rose et des feuilles de bétel plaquées d'or. Tout le monde alors se retira, à l'exception du jeune époux, qui prit alors possession de l'appartement préparé pour lui dans le palais et de tous les droits de son nouvel état.

Quand après deux mois de séjour dans la résidence de Scindiah nous reprîmes la route du sud, notre petite troupe était fort accrue en nombre et en importance apparente par l'adjonction d'éléphants et de chevaux superbement harnachés, de charriots chargés de joyaux et de trésors, de magnifiques pavillons pour le sérail et son personnel domestique des deux sexes, etc., etc. Une forte escorte, commandée par un vieil officier mahratte, éclairait la route et veillait sur nous, si bien qu'au bout de dix-sept jours de marche continue notre jeune rajah put déposer, sans encombre et en toute sûreté, dans la demeure de ses pères, la riche et douce proie qu'il était allé chercher au loin.

Mais l'avide cupidité des courtisans et des gens du palais, qui, en chemin, trouvèrent le moyen de me déposséder, ainsi que tous les autres invités non fonctionnaires, de tous les khélats que nous avions reçus le jour des noces, acheva de me dégoûter du service mahratte; aussi, dès que je fus de nouveau sous le toit de ma famille, je me démis de mon petit office, malgré les reproches et les promesses du ministre, qui me traita d'étourneau et m'offrit une augmentation de salaire. Il ne put me faire revenir de ma résolution, et pendant quelque temps encore je vécus libre et maître de moi-même.

C'est durant cette période oisive de ma vie que sir David

Ochterlony[1] vint dans notre ville, sous prétexte de féliciter le rajah sur son mariage, mais peut-être en réalité pour quelque affaire politique et secrète. Pendant son séjour, le vieux et célèbre général visita le tombeau de notre ancêtre et y déposa une riche offrande. Sa générosité à notre égard dépassa même celle de sir John Malcolm; mais sa visite fut loin de laisser dans notre mémoire ce sentiment de plaisir qu'y avait éveillé l'aimable conversation de sir John.

[1] Général anglais qui acquit une grande renommée dans les guerres de l'Inde. Son nom est surtout populaire parmi les Gourkas du nord-ouest, qu'il vainquit en 1815, et dont il fit les meilleurs soldats de l'empire anglo-indou.

CHAPITRE VII

Bombay. — Je dépouille un portefaix. — La mosquée de Zacharias. —Délices d'un passage en bateau. — Panwell. — Pouna.— Párbati. Sattara.— Siége d'Aurengzeb et bon mot de Niamat-Khan. — Je me marie et je m'en repens. — Monogames contre polygames. — Sacrifice d'une veuve indoue. — La religion indoue originairement pure. —Je retourne à Surat. — Etudes arabes. — Le grand prêtre des Borahs. — Billets d'entrée pour le paradis.— L'enseigne W. J. Eastwick. — Sa fièvre. — Le docteur R. émissaire de l'ange de la mort. — Tankaria-Bandar. — L'enseigne Eastwick commande la garde de lord Clare. — Baroda. — Abou.

Après avoir quitté Raghunath Râo Bâpou, je passai quatre mois à la maison. Au bout de ce temps, c'est-à-dire vers la fin de l'année 1823, fatigué de la monotonie de mon foyer, je songeai de nouveau à prendre des écoliers anglais, afin de m'ouvrir, par ce moyen, la carrière des fonctions publiques. Pour réaliser ce projet, j'avais besoin de l'aide de mes amis anglais, et, comme il n'y en avait pas dans ma province natale, je m'enquis du 6ᵉ régiment et de mes anciens élèves que j'avais laissés à Gogo. J'appris qu'ils étaient en garnison à Sattara, et je me déterminai à aller les y rejoindre. Ma carte consultée m'apprit que la route la plus courte, pour me rendre dans cette ville, passait par le Kandeich; mais les hautes montagnes et les épaisses forêts infestées d'hommes et de bêtes de proie, mais les troubles continuels qui agitaient cette contrée, me décidèrent à préfé-

rer la voie la plus longue; celle qui conduit de Baroda
à Surat et de cette ville à Bombay.

Ayant donc de nouveau dit adieu à ma maison, j'atteignis en douze jours Surat, où je m'embarquai à bord
d'un bateau indigène pour me rendre à Bombay, place
sur laquelle j'avais lu et entendu de nombreux récits.
Un vent favorable nous poussa doucement sur l'Océan, et
le quatrième jour de notre départ, nous eûmes le plaisir
de voir l'île de la Présidence, entourée d'une première
bordure d'eau de mer, puis d'une seconde de hautes
et pittoresques montagnes, excepté du côté du couchant,
où le vaste Océan se déroule bien au delà de la portée
des regards humains.

En pénétrant dans le havre, je fus frappé de la multitude de navires qu'il renfermait, dont quelques-uns
m'apparurent comme des citadelles flottantes. La première impression que me fit la vue de leurs innombrables mats et agrès, s'élevant de tous les points de la
rade, fut celle d'une immense forêt de vaisseaux s'étendant autour de la ville. Immédiatement notre petite embarcation perdit beaucoup de son importance dans mon
esprit, car ses proportions étaient à celles des vaisseaux
parmi lesquels il se glissait comme un moineau est à un
phénix. L'aspect magnifique de la citadelle avec ses
beaux et grands édifices, bien différents de tout ce que
j'avais encore vu, attira ensuite mon attention. Tous ces
objets formaient, pour moi, une scène pleine de charme.

La citadelle de Bombay, fortifiée d'après la méthode
européenne, avec de basses et épaisses murailles de
pierres, aux batteries rasantes, aux bastions saillants,
était chose toute nouvelle pour moi; ses larges et profonds
fossés, remplis d'eau, et ses fortes portes, munies de

ponts-levis, lui donnaient une apparence inexpugnable.

Dans l'intérieur sont la cathédrale chrétienne et l'arsenal de marine : le premier de ces monuments est hebdomadairement visité par les chrétiens de toutes classes qui y viennent assister au service divin du dimanche, jour qui leur tient lieu de sabbat. Dans le second, un millier au moins d'individus de toutes castes, employés aux constructions ou aux réparations de la flotte, gagnent aisément et librement leur vie. Car le gouvernement, qui les paye bien, n'admet dans ses ateliers aucun travail forcé ou gratuit.

L'histoire nous apprend que cette ville, destinée à devenir le grand emporium de l'Orient, n'était jadis qu'un humble hameau de pêcheurs, dépendant du district d'Aurungabad. Vers l'an 1499, après l'arrivée de Vasco de Gama, les Portugais furent frappés de la beauté de la localité, des avantages de son port et résolurent de s'en emparer. Elle tomba en leur pouvoir en 1530, durant le règne de Humayon, et sans beaucoup de difficultés, car le vice-roi d'Aurungabad ne considéra pas la chose comme méritant son attention. Les vaillants et ambitieux Portugais ayant élevé une formidable citadelle à côté du hameau des pêcheurs, le nom de Bombay commença à prendre quelque importance. L'état d'anarchie de la contrée, durant une longue période de guerres et de discordes, amena les populations du voisinage à s'abriter sous les maîtres étrangers dont l'esprit de justice était connu, et qui ne semblaient appartenir à aucune secte tyrannique.

La sécurité de cette place y attirant chaque jour de nouveaux habitants, elle devint une cité, en dépit de son insalubrité, due aux nombreux petits bras de mer qui l'entouraient, et qui, comblés à chaque marée par des détritus en décomposition et mis à découvert à chaque reflux, étaient des sources de putridité et d'infection.

Les Portugais restèrent maîtres de Bombay pendant cent trente-un ans. En 1661, ils en firent cession à l'Angleterre, alors sous le gouvernement de Charles II, comme une partie du douaire de la reine Catherine. A cette époque cette ville était encore si pauvre, qu'elle fut rétrocédée à l'honorable Compagnie moyennant une rente de cent roupies par an.

Comme je touchais au quai de cette capitale, un porte-faix. qui m'était tout à fait inconnu, se saisit de mon petit bagage et s'élança avec lui à travers la foule. Le pauvre homme, tout entier à ses fonctions, s'employait pour moi, sans songer à mal; mais moi, non accoutumé à de telles gens et prenant ses services pour une tentative de vol, je courus après lui pour ressaisir ma propriété; après une assez rude course, je réussis à appréhender mon homme par la partie postérieure de son langouti, seul et unique voile ou ornement de sa nudité; et j'ai le chagrin de dire que ce vêtement, étant très-vieux, se déchira et me resta tout entier dans la main. Cette scène mit en grande joie les douaniers et le public présent, à ma non moins grande confusion; mais le porte-faix, bonne nature s'il en fut jamais, prenant peu ou point souci de la chose, s'assit tranquillement par terre et remit en place en une minute son insuffisant caleçon, tout en me disant qu'il n'y avait pas de ma faute et qu'il ne pouvait s'en prendre qu'à la mauvaise qualité de l'étoffe : « Il y a à peine deux ans que je l'ai acheté, tandis « que le précédent m'a fait au moins quatre ans d'usage. »

Mon bagage ayant été examiné par les préposés de la

11.

douane, j'entrai dans la ville avec mon bon portefaix, et
j'y appris, non sans chagrin, qu'il ne s'y trouvait pas
de caravansérails pour les voyageurs de passage ; qu'on
ne pouvait y retenir aucun logement privé pour moins
d'un mois, et en payant d'avance encore, chose qui dépassait mes moyens. Dans cette extrémité, j'eus recours
aux avis de mon ami le portefaix, et, à sa suggestion, je
me rendis dans une mosquée nommée Hadji-Zacharias-
Mesjid, du nom de son fondateur, dont les serviteurs
m'accueillirent et me traitèrent avec respect et hospitalité.

Plus tard, ayant beaucoup entendu parler dans Bombay du caractère bienveillant du Hadji leur maître, je
leur manifestai le plaisir que j'aurais à le voir : ils me
répondirent que le Hadji s'était souvent assis auprès de
moi après la prière et m'avait plus d'une fois adressé la
parole. Alors je me rappelai un homme qu'à ces manières rustiques, à sa conversation grossière, à ses vêtements sordides, je n'aurais jamais pris pour ce grand
personnage et qui m'avait inspiré le dédain et le mépris
bien plus que les égards respectueux qui lui étaient
dus. Je regrettai beaucoup d'avoir été si impoli envers
un homme qui me traitait avec tant d'hospitalité, et,
bien qu'une bonne part du blâme que je m'imputais
retombât sur la rudesse de ses dehors, je jugeai que je
ne pouvais me dispenser de lui offrir mes excuses pour
le passé. Je me rendis donc à sa salle d'audience, où je
le trouvai assis sur un vieux coussin posé à terre, avec
une pile d'autres coussins non moins délabrés derrière
lui, pendant que ses serviteurs et intendants, vêtus avec
recherche, surpassaient de beaucoup leur maître en apparence. Là se trouvaient aussi deux gentlemen anglais,
capitaine et lieutenant d'un de ses navires, attendant ses

ordres, le chapeau à la main. Il était sur le point de les
leur donner quand j'arrivai; il ne m'en reçut pas moins
avec civilité et me fit asseoir auprès de lui. Je commençai par lui demander pardon du manque d'égards invo-
lontaire dont m'avait rendu coupable envers lui l'ignorance où j'étais relativement à sa personne. Il répliqua
brusquement qu'étant fait d'humble poussière son devoir était d'être humble. Je lui demandai de me délivrer
un passe-port, sans lequel nulle personne de quelque importance ne pouvait, à cette époque, sortir de Bombay.
Après m'avoir fait prêter le serment requis en pareille
matière, il ordonna à ces gens de me donner la pièce
demandée, et, sans retard, elle fut écrite sous ses yeux,
signée de lui, et remise entre mes mains. Je lui offris
alors l'expression de ma gratitude et regagnai mon logis
de la mosquée.

Après quatre jours passés à Bombay, je m'embarquai
à bord d'une petite embarcation indigène pour Panwell;
c'etait un voyage d'environ trente et un milles.

Partis à cinq heures de l'après-midi, nous arrivâmes
à six dans la matinée du jour suivant. Les personnes
qui n'en ont pas fait l'expérience peuvent considérer une
si courte traversée comme un jeu; mais, juste ciel!
quelle rude épreuve ce fut pour moi; et j'engage mes
lecteurs à ne pas la tenter sur les promesses et prospec-
tus des entrepreneurs du cabotage indigène; s'ils le
font, ils peuvent s'attendre à souffrir ce que j'ai souffert.
Chaque pouce du navire était couvert d'hommes, de
femmes, d'enfants de toutes classes et de toutes races,
entassés pêle-mêle; le lest, composé je pense de vase
corrompue et de poisson pourri, exhalait des effluves à
briser le cerveau d'un corroyeur même. En outre, la

nuit étant d'une chaleur inusitée à cette époque de l'année (le mois de mars), tout le monde tomba dans une
transpiration non moins blessante pour l'odorat. De tous
ces corps en liquéfaction un cri général s'éleva pour
obtenir de l'eau, et ce breuvage, porté aux lèvres, fut
trouvé non-seulement brûlant, mais encore empesté de
l'odeur du lest; des légions de diptères et d'insectes, en-
vahissant nos vêtements avec impunité, nous criblèrent
de piqûres et se gorgèrent de notre sang; leur nombre
était si grand, que, si l'un d'eux venait à être tué, son
emploi vacant était immédiatement rempli par une
demi-douzaine d'héritiers. Toutes les parties découvertes
du corps étaient en proie aux mosquites et aux blattes.
Ceux-là, bourdonnant et sonnant la charge autour de la
tête, lui infligeaient à tout instant une nouvelle blessure;
celles-ci, voletant d'une direction à l'autre, ne cessaient
de se heurter et de s'abattre sur la face et sur le cou.
Pour couronner le tout, l'équipage nous harassait sans
relâche pour nous arracher quelque supplément au prix
de passage qui avait été payé d'avance. Un matelot vint
faire sa ronde, présentant à chaque passager une large
coupe pour y recevoir le montant de cette contribution
forcée, pendant qu'un autre, hissé sur une futaille, au
pied du grand mât, appuyait la quête du sermon suivant :

« Mes amis, soyez charitables, afin de pouvoir atteindre le rivage en sûreté. Vous connaissez notre dangereuse situation; il n'y a qu'une mince planche entre vous
et la mort, et le moindre coup de vent peut nous anéan-
tir en un instant. Nous nous épuisons en efforts pour
sauver votre vie et votre avoir; vous ne pouvez nous refuser une petite gratification. Soyez charitables et bons

pour que Dieu vous délivre bientôt de tout péril. »

Les . simples et crédules passagers, intimidés par ces paroles, se laissaient extorquer de petites sommes, lorsque l'homme ou plutôt la brute qui portait la sébille vint me la présenter. Alors je l'apostrophai rudement en ces termes : « J'ai payé mon passage, et je ne donnerai rien de plus à des gens qui n'ont jamais lavé leur bateau et n'ont pas le moindre souci du confort d'autrui. » Ainsi repoussé, il se tourna vers son camarade de la barrique et lui dit : «Entends-tu la folie de ce jeune homme? Il se plaint que la barque n'est pas lavée et que lui-même n'y est pas commodément. Il ne voit pas que le bâtiment est constamment lavé par l'eau de la mer, et il ne sera pas content s'il n'est noyé. » Cet extravagant langage poussant à bout ma colère, je m'élançai de ma place et ordonnai à ce drôle de tenir sa langue, à moins qu'il ne voulût que je la lui fisse avaler. Ce n'était qu'un misérable couard que cette menace rendit doux comme miel, et son digne confrère, l'orateur à la barrique, lui cria d'un ton de fausset : « Laisse ce gentleman isolé; il y a ici bien d'autres personnes charitables, pleines de libéralité et de bienveillance, auxquelles nous ne tendrons pas en vain nos humbles mains. » J'ai le plaisir d'ajouter que mes justes paroles produisirent l'effet désiré; nul de ceux qui avaient entendu mon speach ne voulut donner un obole à ces chenapans, dont la fallacieuse éloquence, dépensée en pure perte, ne leur valut désormais que des reproches.

En abordant le lendemain matin à la ville de l'anwell, dans la province de Concan, je m'élançai à terre comme un oiseau captif s'échappe de sa cage.

Là je passai le reste du jour sous l'épais ombrage

d'un arbre des Banians[1], et, tout en goûtant le double
charme de l'air pur du Concan et de la légère brise de
mer, je donnai à mes habits et à toute ma personne un
bain de propreté, fort nécessaire après quatre jours passés dans la ville alors encore fort sale de Bombay, et un
voyage de nuit dans le plus infect des bateaux.

Le lendemain je me dirigeai vers Pouna, ville distante de
soixante et un milles. La route, ombragée de beaux arbres,
ouverte et taillée dans le rocher jusqu'au centre des
montagnes par les autorités britanniques, était excellente
jusqu'au Ghaût ou défilé de Kandala, a environ trente
milles de Panwell. Bien que d'une élévation médiocre,
puisqu'il n'est qu'à deux mille pieds au-dessus du niveau
de la mer, ce passage, n'ayant point encore été corrigé
par l'art, offrait à cette époque un obstacle insurmonta-
ble pour les voitures et à peine praticable pour les bêtes
de somme. Néanmoins trois journées d'une marche facile, de trente-cinq milles chacune, me conduisirent
dans l'ancienne métropole de la puissance mahratte,
dans la cité de Pouna. D'abord simple ville de la province d'Aurungabad, puis résidence des chefs de la confédération mahratte, Pouna est tombée en 1818 aux
mains de l'Angleterre, avec le dernier Peichwah. Au
premier aspect elle rappelle assez Oujein; mais les montagnes qui l'entourent établissent entre les deux cités une
différence radicale. Le château de Pouna, qui porte le
nom de palais, ne mérite pas une longue mention. Avec
une seule entrée et ses hautes murailles flanquées de
tours rondes aux quatre angles, il ressemble beaucoup
à une prison. En entrant dans la ville, par le côté du

______

[1] Le figuier multipliant ou *ficus religiosa; pipeul* en indoutani; *pi-
pala* en sanskrit.

nord, on traverse la rivière Moula, qui reçoit à quelque
distance les eaux de la Moula; au confluent de ces cours
d'eau s'élevait, au temps des Peichwahs, la demeure
des résidents britanniques.

Je passai deux jours à Pouna; on m'avait beaucoup
vanté la salubrité de son site et sa splendeur. Mais un
examen personnel me désappointa grandement; et les habitants m'informèrent que la splendeur en question s'é-
tait évanouie avec leurs anciens maîtres. « Nos bazars,
« me disaient-ils d'un ton mélancolique, où des masses
« d'or monnayé ou ouvré, de longues filières de perles
« et des profusions d'ornements précieux attiraient des
« multitudes d'acheteurs, sont maintenant déserts. »
Le chiffre de la population, qu'on dit s'être élevé à un
demi-million, est tombé à moins de deux cent mille
âmes; la chute et la transportation du Peichwah[1] ayant eu
pour résultat la dispersion de ses armées et l'émigra-
tion d'un bon nombre d'habitants.

Désirant gravir le mont Parbati, pour embrasser d'un
seul coup d'œil l'ensemble de Pouna, je pris un guide pour
me conduire au sommet de cette montagne. Ce point
commande toute la ville, sa riche banlieue, le camp anglais et les faubourgs ornés de neuf rangées de mango-
tiers plantés par le Peichwah : c'est un magifique tableau.

Le jour suivant, je partis pour Sattara, lieu final de ma
destination ; je franchis aisément en trois jours les

---

[1] Après son abdication, l'ex-chef de la confédération marathe, in-
terné au delà du Gange, vécut plus de trente ans encore dans le beau
fief de Bithour, non loin de la ville de Cawnpour; localités peu connues
de l'Europe, jusqu'à l'époque récente où les fureurs du fils adoptif de
l'ancien Peichwah les ont associées dans la mémoire des hommes au
nom sanglant de Nana-Saheb.

soixante-six milles qui la séparent de Pouna, et j'y arrivai le 30 mars 1823. Ancienne dépendance de la province de Bidjapour, Sattara est située au centre même de la chaîne des Ghauts. Le site où elle est assise, entouré de trois côtés par de hautes montagnes, a la forme d'un syphon dont la courbe méridionale et la moins étendue, munie de murailles et de tours en partie taillées dans les escarpements du rocher et en partie construites de main d'homme, s'élève à deux cent soixante-cinq yards audessus de la vallée. Si haute qu'elle soit, cette citadelle est pourtant dominée par quelques hauteurs voisines, particulièrement du côté de l'ouest.

La vue de ces remparts me remit en mémoire une anecdote concernant l'habile secrétaire d'Aurungzeb, Niâmat-Khan, qui, le matin du jour où cette forteresse fut prise d'assaut par les troupes mogoles, fut le premier instruit de cette victoire. En se rendant au pavillon impérial, il trouva Sa Majesté assise à la porte de sa tente, les yeux anxieusement fixés sur la citadelle, et comptant ses prières sur ses doigts, son pouce fixé sur la base du petit doigt. Ayant reçu les respectueux saluts de son ministre, l'empereur lui demanda : « Quelles nouvelles? — Je vous en apporte d'heureuses, seigneur! l'effet des prières de Votre Majesté est mis en évidence, car la forteresse cède à l'instant à vos armes irrésistibles, et la date de cet événement est marquée sur la main même de Votre Majesté. » En effet, la main d'Aurungzeb, ayant le pouce ramené sous la base du petit doigt, représentait la figure de l'unité répétée quatre fois : c'était la somme même de l'année de l'hégire 1111 (1700 av. J. C.).

M'étant rendu au cantonnement britannique et à la résidence, éloignés de la ville d'environ deux milles du côté de l'est, j'eus le plaisir d'y retrouver mon vieil ami de Tulsi-Shâm, Sikandar-Khan, devenu havaldar major du régiment, avec qui j'étais resté en correspondance, et dont l'amitié fut pour moi aussi franche, obligeante et hospitalière que par le passé.

La nouvelle de mon arrivée se répandit promptement dans le camp, et, comme il n'y avait là, pour le moment, nul autre professeur capable, j'eus bientôt jusqu'à six écoliers ; emploi de mon temps assez lucratif, mais très-fatigant, car toute ma journée leur était consacrée. A la nuit seulement j'avais quelques instants de loisir, et je les employais à étudier l'anglais dans l'excellent ouvrage du docteur J. B. Gilchrist. Ainsi je passai dans cette station six années, durant lesquelles, un certain nombre de jeunes officiers ayant acquis, grâce à mes soins, une connaissance entière des idiomes du pays, j'acquis, de mon côté, une certaine réputation en même temps qu'un assez bon pécule.

Ne voulant pas abuser de l'hospitalité de mon excellent hôte, dont les ressources étaient à peine suffisantes pour soutenir sa propre famille, j'avais pris un confortable logement en ville, et j'y consacrais mes nuits, en partie à mes études favorites, en partie à un repos dont la douceur ne peut être appréciée que par ceux qui, ainsi que moi, l'achètent par un âpre labeur.

Ainsi s'écoulaient tranquillement mes jours, sans autres soucis que ceux provenant de mes affaires domestiques, tels que négligences de mes serviteurs dans l'accomplissement de leurs devoirs, petites trahisons, petits larcins inévitables de la part de gens qu'aucune autorité ne contrôlait pendant mes absences quotidiennes. Ces nuages intérieurs suffisaient néanmoins pour assombrir mes pensées et troubler mon repos. Afin de remédier à ces maux, je reconnus la nécessité d'avoir quelqu'un pour surveiller mon foyer et me tenir compagnie pendant mes heures de solitude.

Ainsi poussé par la force des choses, j'épousai, le 23 septembre 1824, une jeune dame que j'avais connue à Koutch, et que la destinée avait conduite à Sattara peu de temps avant mon arrivée. L'homme est ordinairement déçu par les tentations, et, en beaucoup de cas, il n'est désabusé que lorsqu'il est complétement empêtré dans les rets de l'adversité. En évaluant trop haut les petites misères de la vie, nous nous en préparons généralement de plus grandes. Le songe de mon bonheur conjugal fut des plus courts, et je me trouvai bientôt plongé dans des anxiétés domestiques bien pires qu'auparavant. Célibataire, je n'avais à penser qu'à moi-même, et maintenant il me fallait constamment réfléchir pour une autre personne dont le destin était lié au mien. La réplétion de mon escarcelle ne tarda pas à se changer en vide complet, et, pour couronner toutes ces difficultés, je découvris, à mon grand chagrin, qu'un naturel très-quinteux et très-hypocondriaque était l'apanage de la compagne à laquelle j'avais enchaîné tout mon avenir.

Notre loi religieuse a obvié à ces inconvénients par la facilité qu'elle donne de répudier une femme, non-seulement pour causes graves, mais même par cela seul qu'elle est désagréable. Mais qui peut avoir le cœur de briser ainsi légèrement avec une fidèle épouse? Cette honteuse pratique ne prévaut guère que parmi les plus basses classes du peuple. Un homme de rang et de fortune peut épouser quatre femmes à la fois ou successivement, et s'entourer ensuite d'autant d'odalisques qu'il peut en entretenir. Parmi toutes ses compagnes, il est à peu près sûr d'en trouver au moins une qui lui donne quelque satisfaction, et les autres peuvent être maintenues dans le devoir sans être répudiées; chacune d'elles sachant très-bien ce qu'elle a à faire pour l'emporter sur ses rivales dans l'affection de leur seigneur commun, et pour mériter qu'il ne désire pas un changement. Je ne m'étendrai pas davantage sur ce grand sujet de la monogamie et de la polygamie, si souvent controversé entre les docteurs de l'islamisme et du christianisme. Il y aurait bien des choses à dire des deux côtés, mais je ne dois pas surcharger mon journal de ces discussions. Naturellement je suis pour les coutumes de mes pères, quoique j'aie été toute ma vie monogame.

Un matin, comme je donnais une leçon de persan au lieutenant Earle [1], du 24ᵉ régiment d'infanterie indigène, on vint nous apprendre qu'un *sutti* allait avoir lieu au village de Maholi, sur les bords de la rivière. Cette nouvelle me fit tressaillir aussi bien que mon jeune ami. Nous ne pouvions croire qu'un tel attentat pût être commis impunément pendant qu'un résident britannique habitait la capitale même de la province. Nous avions à peine échangé nos observations à cet égard, que nous aperçûmes la lugubre procession, précédée de la musique indigène, sortant de la ville et défilant sur le grand chemin, en face même de la résidence. Sans retard, nous courûmes à nos chevaux, et nous nous élançâmes vers le lieu de l'exécution, que nous atteignîmes après une demi-heure de galop sous un soleil d'enfer. Nous y fûmes bientôt re-

---

[1] Ce jeune homme, plein d'avenir, a péri le 15 juin 1840, dans le naufrage du vaisseau le *Lord-Castlereagh*.

joints par un de mes élèves, le docteur Kaye, qui avait appris aussi la fatale nouvelle.

Après un quart d'heure d'attente sur les bords de la rivière, à l'ombre d'un grand *pipeul*, nous vîmes venir la procession, et les brahmanes porteurs déposèrent leur fardeau au bord de l'eau, comme pour rafraîchir les pieds du cadavre au contact de cet élément. La face et les mains du mort étant exposées aux regards, nous reconnûmes que le défunt était un brahmane bien constitué d'environ quarante ans.

Examen fait du décédé, nous avançâmes vers la jeune veuve, qui était assise sous un autre pipeul, ayant sous ses yeux le cadavre et les préparatifs du bûcher sur lequel elle était prête à s'immoler. Elle était entourée de ses proches et d'autres personnes, au nombre d'une vingtaine environ. Elle s'entretenait avec tous de différents sujets sans laisser tomber la conversation. Elle était belle, pouvait avoir quinze ans, et sa contenance charmante ne révélait pas la moindre trace de crainte ou d'angoisse. Le lieutenant Earle, qui possédait à fond la langue mahratte, jugeant le moment opportun, entra en conversation avec elle et lui adressa un discours vraiment éloquent, employant toute son énergie pour la dissuader de cet horrible suicide, qu'il ne pouvait considérer que comme un meurtre volontaire commis par les brahmanes, dont les funestes conseils, contraires à la loi indoue, l'exposerait à de cruels châtiments dans l'autre monde après une mort horrible dans celui-ci.

Sa réponse fut brève : « Vous pouvez dire ce qui vous plaira, mais j'irai avec mon seigneur. Il était écrit dans le livre du destin que je serais sa femme. Je dois lui appartenir à lui seul, dans toute l'étendue du mot, et non à aucun autre. Je l'ai aimé uniquement, et ne pourrais désormais aimer personne autre avec la même fraîcheur de sincérité. Je dois donc être sa fidèle compagne partout où il va. Ne prenez donc plus souci de cette affaire, monsieur, et que la paix soit avec vous. »

Néanmoins le lieutenant Earle, poussé par le docteur Kaye et par moi, l'ayant suppliée de l'écouter encore un instant, elle se tourna vers lui, et il lui parla ainsi : « Ma chère dame, je vous prie de considérer une fois de plus l'acte que vous allez commettre; n'agissez pas contre votre raison; soyez sûre que nous sommes vos amis et non vos ennemis, que nous vous sauverons de cette horrible mort par tous les moyens, si vous nous donnez le plus léger signe de votre consentement, et que nous vous assurerons une position honorable pour le reste de votre vie. » Et il ajouta : « Que n'essayez-vous de brûler un peu votre petit doigt avant d'abandonner aux flammes votre précieux corps tout entier! »

Mais, hélas! son fanatisme était allé trop loin pour être arrêté par ces conseils ou par tout autre du même genre, et, avec un sourire de mépris, elle répliqua à M. Earle qu'elle lui savait gré de sa sollicitude, dont pourtant elle n'avait pas besoin, car sa parole était une et inaltérable. Alors, déchirant un morceau de son mouchoir et le trempant dans l'huile de la lampe allumée, qui veille sans cesse de jour comme de nuit dans ces cérémonies, elle le roula autour de son petit doigt et l'alluma avec vivacité. Linge et doigt brûlèrent pendant quelque temps comme une chandelle, en répandant une odeur de chair brûlée, pendant que la jeune beauté parlait à l'auditoire, sans trahir sa souffrance par une plainte ou par un soupir, bien que sur sa face vivement colorée et sur son front perlé de sueur, nos yeux, tristes et sans préjugés, pussent lire les souffrances qu'elle éprouvait. Ce frénétique enthousiasme est, je crois, aidé et maintenu dans son paroxysme par l'action de quelque narcotique, particulièrement du camphre, que les cruels brahmanes administrent à haute dose à leurs victimes, aussitôt que, sous la soudaine et cuisante impulsion du deuil et du veuvage, elles mani-festent l'intention de se détruire. L'effet de ces drogues se répand dans tout le système nerveux, le stupéfie, et l'organisme entier semble engourdi au moment de se livrer à la flamme qui doit le dévorer.

Le bûcher, étant préparé, reçut le cadavre qui venait d'être lavé, et un sachet contenant environ une demi-livre de camphre fut attaché au cou de la veuve. Alors elle se leva avec la vivacité dont elle avait fait preuve jus-que-là, puis, invoquant les dieux, elle courut au bûcher fatal comme un papillon court à la flamme. Elle en fit sept fois le tour; puis, y étant enfin entrée, elle plaça sur son sein la tête inanimée de son époux, et prenant une mêche allumée entre l'orteil et le second doigt de son pied gauche, elle mit le feu aux combustibles entre-mêlés aux bûches de bois. Dès qu'elle fut placée, les brahmanes commencèrent à fermer les ouvertures du bûcher avec de lourdes poutrelles, ce que voyant, le doc-teur Kaye, surexcité par cette scène, ne put garder le silence plus longtemps. Quoiqu'il connût peu ou point l'idiome des assistants, il s'écria avec toute la force de son âme indignée : « Misérables ! cela n'est pas bien ! *dar mâza mat khôlo :* la porte ne doit pas être ouverte! » proférant ainsi tout le contraire de ce qu'il voulait dire. Ce contre-sens du bon docteur, même en ce moment tragique, arracha un sourire à ceux qui l'entendirent.

Immédiatement après que la pauvre femme eut mis le feu au bûcher, les brahmanes et les autres assistants, invoquant à grands cris le nom de leur Dieu Rama, ordonnèrent aux tambours, aux flageolets, aux cymbales, qui accompagnaient la procession, de se joindre à leurs hurlements pour déchirer les airs et empêcher aux cris de détresse de la victime de se faire entendre. Enfin, dès que les flammes se furent ouvert une issue de toutes parts, ils coupèrent avec leurs hachettes les liens qui tenaient unis les quatre piliers de la toiture du bûcher, et l'énorme masse s'écroulant à la fois sur la délicate et frêle créature, l'anéantit en un instant. Bref, quinze minutes plus tard, tout cet embrasement n'était plus qu'un monceau de cendres ; la musique et les cris avaient cessé ; les exécuteurs, fatigués, s'assirent alors tranquillement sous un arbre en attendant que le refroidissement des cendres leur permit de les jeter au courant de la rivière et de s'en retourner. Et nous, alors, nous regagnâmes nos demeures, tristes et dégoûtés de ce que nous avions vu.

Les religions, pures dans leur origine, s'imprègnent à la longue de superstitions qui enfantent des abus comme ceux que je viens de décrire. Que la religion des Indous ait été à son berceau pure et sublime, c'est ce que prouvent clairement leurs Védas ou livres théologiques dont l'existence remonte à près de 1800 ans avant l'hégire, ou douze siècles avant le Christ. Ces livres n'admettent qu'un seul Être suprême, existant par lui-même, maître de l'univers, l'impassible Brahma. Ses premiers attributs forment une trinité composée de Brahma, le créateur, de Vichnou, le conservateur, et de Çiva, le destructeur. Chacun de ces attributs est représenté par une image spéciale, médium nécessaire pour fixer la pensée de la créature matérielle

sur l'être immatériel, créateur unique de tous les mondes
visibles et invisibles. Tout-puissant, il régit et gouverne
la création en vertu d'une providence universelle résultant
de lois immuables établies au principe même des choses.

C'est de cette source sublime de principes véritablement religieux que sortit le pur courant des lois civiles
des Indous; elles prohibent sévèrement tous les crimes
aujourd'hui punissables par les codes du monde civilisé.
En outre, le suicide, l'infanticide, les sacrifices sanglants, non-seulement de l'homme, mais de toute créature animée, y sont rangés parmi les crimes odieux.
Mais la superstition, les fables et le caractère égoïste de
leurs prêtres ont, dans le cours des âges, engendré un tel
degré d'immoralité et de corruption, que les Indous de ce
siècle, jugés au point de vue éclairé de leurs védantas ou
anciens théologiens, ne sont rien de plus que des Kaffirs.

Durant mon séjour à Sattara, j'eus l'honneur de voir un
des plus illustres Anglais, un homme dont j'avais entendu
mille fois et redi moi-même mille fois le nom populaire,
l'honorable Mount Stuart Elphinstone, gouverneur de Bombay. Une affaire politique l'amena à Sattara juste comme
on y célébrait le mariage d'une fille naturelle du rajah
avec un des fils du Ghorpora de Pouna. En cette occasion, et pendant une quinzaine, toute la *gentry* de la
ville étant admise au palais, j'y allai comme les autres.
J'assistai ainsi à une conférence entre le rajah et le gouverneur, dont j'admirai grandement l'aimable, instructive
et facile conversation. J'aurais pu, à l'entendre, croire
que l'homme d'État conversait avec un enfant, dont il
s'efforçait tantôt de corriger les idées et tantôt de les
reporter d'un sujet sur un autre pour voir si son auditeur était capable d'en suivre toujours le fil; mais

il fut désappointé plus d'une fois dans cette étude.

Les six années que je passai à Sattara dans l'exercice de ma légitime industrie me permirent d'amasser un pécule suffisant pour passer une autre période de six mois sans emploi. Mais, ayant alors perdu quelques bons amis, tant Anglais qu'indigènes, par suite de l'envoi du 6e régiment dans une autre station, je me sentis triste et isolé dans cette ville. En outre, le climat du Deccan et l'insipide conversation des Mahrattes me devenant intolérables, je songeai à quitter la place, dès que je le pourrais, pour une autre plus civilisée.

Pendant que j'attendais une occasion favorable pour exécuter ce dessein, je reçus des offres du lieutenant d'artillerie Webb, aimable gentleman et très-zélé chrétien, qui, après avoir étudié quelque temps avec moi, avait été envoyé à Surat pour y tenir garnison. J'acceptai ses propositions avec empressement et partis sans retard pour Surat, où j'arrivai avec ma famille en avril 1828, après une traversée, depuis Bombay, assez rapide, mais fort rude et non sans danger.

Un vaisseau appartenant au même propriétaire que le nôtre avait quitté le havre en même temps que nous, ayant à bord cent quarante bohras, invités par leur mollah ou grand prêtre à venir assister aux noces de son fils. Pendant quelques heures, ce bâtiment resta en vue du nôtre, puis il disparut; enveloppé au milieu de la nuit par les tourbillons de la tempête, il sombra à moitié chemin de Surat, et tous ses infortunés passagers, au lieu d'une fête joyeuse, ne trouvèrent qu'un horrible et aquatique tombeau. Le mollah eut cette fois une bien longue liste de disciples décédés à recommander à son frère Gabriel pour leur admission dans le paradis. Car la coutume de

cette classe schismatique de mahométans est de se faire
délivrer par leurs prêtres, pour chaque défunt, un certificat à l'adresse de l'archange gardien de la région des
bienheureux, pour qu'il accorde au nouveau venu une
place proportionnée aux mérites... des honoraires payés
en de telles occasions. Ce document est soigneusement
placé dans le cercueil du défunt.

Un de mes amis, le docteur Straker, médecin établi à
Surat depuis plusieurs années, m'a raconté l'anecdote
suivante sur le mollah. Ce saint homme, assez dangereusement malade, avait reclamé ses soins. Survint le
mois de ramazan, le carême musulman, dont le docteur
recommanda à son vénérable client de ne pas suivre les
prescriptions, sous peine de dangers véritables pour sa
constitution ébranlée. Mais l'astucieux pontife, afin de
déployer son zèle religieux, observa que l'omission d'un
devoir aussi imprescriptible, strictement ordonné par les
livres saints, lui attirerait un châtiment sévère dans l'autre monde.

« — Non, non, seigneur mollah, répliqua le docteur
avec sa rude franchise britannique, n'ayez aucune crainte à
cet égard : je vous donnerai un certificat qui, présenté par
vous à votre frère l'archange, vous assurera indubitable-
ment l'absolution de cette transgression indispensable. »

Cette remarque, à laquelle l'Anglais n'attachait aucune malice, arracha au malade un sourire mêlé de
quelque mortification ; mais les assistants eurent beaucoup de peine à déguiser la joie qu'elle leur causait, no-
tamment deux ou trois musulmans orthodoxes, qui furent
obligés de quitter l'appartement pour cacher leur trop
bruyante gaieté.

Ayant obtenu, à Surat, plus d'écoliers que je ne pouvais en satisfaire, je me trouvai dans cette ville beaucoup mieux que dans le Deccan.

Dans le même temps, je fis dans la langue anglaise des progrès qui n'étaient pas à dédaigner. Je pouvais la lire, l'écrire fort correctement et la prononcer assez bien pour que quelques-uns de mes amis européens me demandassent parfois en riant si, par hasard, un des deux auteurs de mes jours n'aurait pas été natif de l'Angleterre plutôt que de l'Inde, car mon teint et mon accent différaient beaucoup de ceux des naturels de cette dernière contrée. A ces délicates questions, je répondais invariablement par un sourire, tout en affirmant à mes amis que leurs compliments dépassaient de beaucoup mes humbles mérites.

Surat ne manquait pas d'hommes versés dans les sciences et la littérature; mais ma connaissance imparfaite de l'arabe limitait les jouissances que me promettait leur société. C'est pourquoi, sans regarder au temps, à la dépense et à la peine, je pris consciencieusement à tâche d'étudier cette langue, qui, même après l'anglais, peut être regardée comme très-difficile.

Je me remis donc à l'étude avec la persévérance qu'un véritable amant déploie auprès d'une belle dame, acceptant joyeusement toutes les difficultés inséparables de la poursuite d'un tel but. De nouveau, après avoir consacré mes journées à m'assurer mon pain quotidien, j'employais la plus grande partie de mes nuits à feuilleter et à interroger les livres. J'ai la satisfaction de pouvoir dire qu'après trois ans de ce rude travail je commençai à en récolter les fruits, et que j'obtins un beau diplôme de capacité en droit musulman du scheik Tâjouddin, le premier chef de la magistrature locale, et un certificat de capacité en médecine théorique du célèbre docteur Mîr-Isa.

Parmi mes écoliers de Surat, se rencontrait Mr W. J. Eastwick, enseigne au 12e régiment d'infanterie native de Bombay. C'était un jeune homme d'une grande espérance et d'une mémoire extraordinaire. Ce qu'il avait appris une fois était à jamais gravé en caractères indélébiles sur les tablettes de son intelligence. Dès mes premiers rapports avec lui, je trouvai que les dons naturels ou acquis de son esprit et de son âme étaient supérieurs à son âge et à sa position. Il était aimable, doux, généreux, charitable dans toute l'acception de ce mot, et sa générosité me dispensa de chercher à augmenter le nombre de mes élèves. En peu de temps, il acquit avec moi la connaissance parfaite de l'indoustani et du persan, et se rendit maître des éléments de la grammaire arabe, sans consacrer à ces études d'autres heures que celles que nous donnions à nos promenades du matin. Le charme de sa société me devint si précieux, que je demeurai à son service presque tout le temps qu'il passa dans l'Inde, à quelques absences près, que me firent faire des offres trop avantageuses pour être dédaignées ; mais l'attraction de sa bienveillance me rappelait bientôt auprès de lui.

Dans le mois de mai 1829, invité par l'enseigne John Ramsay à aller le trouver à Solapour, je me rendis en cette ville par la route de Bombay et de Pouna, voyage de quatre cent cinquante milles, que j'exécutai en quatorze jours pendant la saison la plus chaude de l'année. Ma traversée jusqu'à Bombay fut des plus agréables, et là, pour atteindre Panwell, je frétai pour moi et mes gens un bateau particulier, la triste expérience que j'avais acquise sur ce même trajet me portant à éviter, par tous les moyens, les paquebots des entrepreneurs publics.

La désolée ville de Solapour, située dans une contrée aride et déboisée, n'a rien qui la recommande à l'étranger. Elle est entourée par une forte enceinte, terminée au sud-ouest par une grande citadelle oblongue, construite en pierres, flanquée de larges tours et baignée par un profond fossé alimenté par un vaste étang situé au sud de la forteresse. Solapour renferme environ trente-deux mille habitants, Mahrattes pour la plupart.

La température du Deccan est chaude en général; mais Solapour, grâce à sa situation, où rien n'abrite des *hot-winds*[1] les corps des malheureux indigènes, est le point le plus brûlant de la presqu'île. A mon arrivée, je me rendis au cantonnement anglais, situé à peu de distance hors des murs. Là je reçus, dans la noble demeure de mon hôte, le meilleur accueil, et je passai sept mois, qui suffirent à ce laborieux et honorable jeune homme pour acquérir une connaissance pleine et entière de l'indoustani.

Je retournai alors à Surat, bien rémunéré, et j'y fus de nouveau reçu à bras ouverts par mon patron, M. Eastwick, chez lequel je repris mes fonctions.

Au commencement de septembre 1831, M. Eastwick, à mon grand chagrin, eut une violente attaque de fièvre, la première, je crois, qu'il eût essuyée depuis son arrivée dans l'Inde. En proie, pendant quatre ou cinq jours, à des accès alternatifs de fièvre froide et chaude, il devint ensuite sujet à des crises d'insensibilité complète qui duraient de quinze à vingt minutes chacune. Ses amis anglais désespéraient de sa vie. Moi, je le veillais

____

[1] Hot-winds, vents brûlants qui soufflent dans l'Inde avant la saison des pluies.

nuit et jour, et, selon mes humbles connaissances en médecine, je ne voyais aucun danger dans son état, quoique les accès fussent assez violents pour lui enlever
toutes ses forces. Sa faiblesse devint telle, qu'il ne pouvait se retourner dans son lit sans aide. Profitant d'un
repos de quelques heures entre deux accès de fièvre, je
lui fis prendre une petite dose de sorbet de limon qui
lui procura un peu de rafraîchissement. Je profitai de
l'occasion pour relever son moral abattu et lui faire sentir la nécessité de changer d'air le plus tôt possible. Mes
conseils, je suis heureux de le dire, furent opportunément suivis, et il partit pour Bombay, laissant à ma garde
ses effets et ses chevaux.

Un délai de deux ou trois jours lui eût certainement
coûté la vie, car le membre de la faculté britannique
auquel il était confié, le docteur ***, était sans nul doute
un des plus redoutable émisssaire de l'ange Azraël[1]. Ses
ordonnances, exécutées chez un pharmacien indigène
de ma connaissance intime, étaient parfois mitigées au
milieu des éclats de rire, et parfois suivies de point en
point dans toutes leurs prescriptions. Chaque fois qu'il
en voyait apporter une, l'honnête Indou avait coutume
de dire : « Je crois que le docteur est fou ; mais, si je lui
obéissais, je serais non-seulement plus fou que lui, mais
encore bourreau et exécuteur de victimes innocentes. »
Un jour que je lui portais moi-même l'ordonnance
prescrite pour mon bienfaiteur souffrant, il me prit
à part pour me lire son contenu, qui était, écrit
en anglais, et non en latin, comme d'ordinaire, et il
me fit remarquer qu'en regard d'un des ingrédients

____

[1] L'ange de la mort. dans la mythologie musulmane.

demandés, — le laudanum, — le docteur avait écrit :
« 50 gouttes, » au lieu de 5. Apportée par inadvertance
au patient et ingurgitée par lui, cette dose aurait certainement eu un effet fatal, et le docteur aurait été dis-
pensé à tout jamais du soin de lui administrer des po-
tions calmantes.

J'emportai la sinistre fiole, où je n'avais laissé mettre
pourtant que cinq gouttes de la vénéneuse dilution ;
mais, arrivé auprès de mon malade, et ayant obtenu son
consentement, je la vidai sur le sol et je lui fis prendre,
en échange, un bon sorbet.

Pauvre docteur *** ! il buvait si dru et si souvent, qu'il
était toujours entre deux liquides, qui, hélas ! n'étaient
pas de l'eau. Il passa quatre nuits à la maison, sous prétexte de soigner avec nous le malade ; mais il n'oublia
pas de se soigner lui-même en même temps. Il restait la
nuit entière devant une table, avec une bougie allumée,
une bouteille d'eau-de-vie et une boîte à cigares ouverte. Entre le soir et le matin, la bouteille se transva-
sait, jusqu'à la dernière goutte, dans des verres que j'a-
vais l'honneur de lui présenter successivement de mes
propres mains. Quant aux cigares, je suis incapable de
donner le compte de leur consommation ; mais, au point
du jour, la table était couverte de cendres.

La cinquième nuit venue, j'eus la joie de voir mon
jeune malade emporté sur les flots dans la direction de
Bombay, hors de la portée du docteur, et moi installé
dans ma propre demeure, débarrassé de l'obligation de
fournir de la liqueur prohibée à un chrétien ivrogne.

Étant resté quelque temps sans nouvelles de mon malade, je lui écrivis pour m'informer de son état ; au bout
de dix jours, n'ayant encore aucune réponse à ma lettre,

je devins très-inquiet, et je pensais sérieusement à faire moi-même le voyage de Bombay, lorsque, le 20 octobre, j'eus le plaisir de recevoir une lettre de la main de mon élève, dans laquelle, après m'avoir annoncé sa convalescence, il me priait de me rendre sans retard, avec ses bagages et ses chevaux, à Tankâria, où il se rendait lui-même pour y prendre le commandement de l'escorte de lord Clare [1], alors en route pour Adjmir. Ses ordres furent promptement exécutés, et, nous étant rencontrés à Tankâria-Bandar, nous voyageâmes ensemble à la suite de Sa Seigneurie.

Cinq courtes et légères étapes nous conduisirent à Baroda, où nous demeurâmes campés quelques jours, que lord Clare employa à rendre des visites au Guicowar et à en recevoir, de ce prince. Avant notre départ, Sa Seigneurie et toute la *gentry* de sa suite reçurent de riches présents de Sa Hautesse. J'eus pour ma part un collier d'or, un turban et un châle. Le lot de mon patron était encore plus précieux; mais, de même que moi et que tous nos compagnons, il dut remettre ce qu'il avait reçu à Sa Seigneurie, qui, je pense, en tint compte au gouvernement [2].

Averti le même soir de me tenir prêt à partir au lever du jour suivant, je renvoyai, avec beaucoup d'actions de grâces, le lit de voyage que mon ami, toujours bienveillant, avait fait apporter pour moi; puis, me roulant dans une couverture et plaçant sous ma tête, en guise d'oreil-

---

[1] Gouverneur de la présidence de Bombay, à l'époque du voyage de Jacquemont.

[2] Un des règlements de la Compagnie des Indes stipule que tout cadeau officiel fait à ses agents doit faire retour au Trésor et être versé dans les caisses publiques.

ler, mon pupitre de maroquin, je m'étendis sur la terre. Éveillé, le lendemain, au son du bugle écossais, je trouvai ma couche couverte de poussière humide, ma peau écorchée en plusieurs endroits et mes reins horriblement douloureux. Interpellant mon domestique, alors occupé à seller mon cheval : « Mahdilli, lui dis-je avec colère, « vous avez couvert de poussière mon lit et moi-même, en étrillant le cheval et secouant ses harnais à l'entrée de ma tente. — Certes, non, saheb, répliqua-t-il, je suis incapable d'une telle chose. » Quand je voulus prendre mes habits, je n'en trouvai sous ma main que les lambeaux; ma couverture était dans le même état, et tout le maroquin de mon pupitre, qui renfermait des papiers de valeur, était entièrement détruit.

« Quel est ce nouvel accident? » m'écriai-je à Mahdilli, qui, accourant immédiatement, une torche à la main, pour examiner la chose, observa froidement : « Ce n'est pas un accident, ce sont les termites, saheb; ce n'est qu'un jeu de votre mauvaise destinée. » Pauvre homme! dans toute mésaventure, je l'ai toujours trouvé disposé à s'en prendre à la destinée, et jamais à sa propre imprudence ou à la mienne.

Après une marche semée de retards et de haltes, nous atteignîmes successivement Ahmedabad, puis Déesa, grand cantonnement militaire destiné à tenir en échec les brigands des solitudes et des montagnes voisines[1]. De là nous nous dirigeâmes au nord-est vers Abou, et nous fîmes une halte de trois jours au pied du massif montagneux où se trouve cette place, lord Clare ayant

---

[1] Déesa, sur la rive du Bunnas, au débouché du désert de Marwar et des montagnes du Meiwar.

résolu d'explorer cette région élevée et les antiquités qu'elle renferme.

Dès le lendemain, de grand matin, une portion de de l'escorte choisie par Sa Seigneurie, et dont j'eus l'honneur de faire partie, commença à gravir les hauteurs. Bien que parti un des derniers, je ne laissai pas, dans mon ascension, d'atteindre et de dépaser Sa Seigneurie, arrêtée avec un de ses aides de camp à moitié chemin du sommet, et tous deux excédés de fatigue, bien que ni l'un ni l'autre n'eussent négligé d'employer leur *junpuns*[1] toutes les fois que le terrain l'avait permis. Je ne pouvais leur être d'aucune utilité; mais l'aide de camp, jaloux sans doute de mon agilité, me demanda pour Sa Seigneurie la belle et forte canne dont je me servais. Trop poli pour refuser, je satisfis immédiatement à sa demande, et Sa Seigneurie, prenant la canne de mes mains et paraissant charmée de l'aide qu'elle pouvait en tirer, me remercia grandement de ce prêt : le terme de présent eût été plus juste, car jamais je n'ai revu ma canne.

Laissant lord Clare et sa suite dans les temples de Dailvara, j'eus la fantaisie de flaner solitairement dans les environs. A l'approche du soir, je fus pris au dépourvu par la faim et le froid, et, craignant, d'un côté, de déranger mes compagnons de voyage, qui avaient à peine pour eux-êmmes des provisions suffisantes, et, de l'autre, répugnant à recourir à l'hospitalité des charitables mais fanatiques païens de la localité, je repris directement le chemin du camp. Malheureusement une lourde et torrentielle averse m'ayant surpris sur la pente de la

---

[1] Sorte de fauteuil ou de chaise à porteurs.

montagne, je m'égarai, et il était plus de neuf heures lorsque enfin j'atteignis ma tente, littéralement brisé de fatigue. Je gagnai à cette aventure un rude accès de fièvre dont, cependant, je ne tardai pas à me délivrer, grâce à quelques secours opportuns de la médecine, et surtout aux soins empressés de mon excellent patron.

Le mont Abou, qui se trouve à trente milles à l'orient de la ville de Sirohi, fief du Rào Sewsingji, est un des nombreux lieux de pèlerinage de l'Inde. Il n'a pas loin de quinze cents mètres d'élévation au-dessus du niveau de la mer, et, du village d'Annadra, qui s'étend à ses pieds, jusqu'au bassin sacré que l'on voit à son sommet, on ne compte pas moins de quatre milles et demi. Ce bassin, suivant les légendes locales, doit son origine aux dieux mêmes, qui le creusèrent avec leurs ongles, circonstance qui lui a valu le nom de Nakhi [1], sous lequel il est connu au loin.

Lorsque le soleil est dans le signe de la Vierge, un bain pris dans ce réservoir lave de toute souillure la conscience du pécheur; aussi, au mois d'août, y voit-on accourir de près ou de loin une multitude de baigneurs. Des ascètes et d'austères dévots habitent les ravins et les cavernes du voisinage, mais ils ne s'exposent que bien rarement aux regards du vulgaire.

Douze sentiers, tous de difficile accès, conduisent à ce sommet sacré; les uns serpentent à travers d'épaisses forêts infestées de bêtes fauves ; d'autres, plus dangereux encore, courent sur des crêtes tellement étroites, le long d'escarpements si vertigineux, que le pèlerin est obligé de s'y aider des mains encore plus que des pieds ; d'un

---

[1] Du sanskrit *nakha*, ongle.

côté, d'immenses parois surplombent sur sa tête, de l'autre, sa vue se perd dans les ténèbres d'insondables abîmes. Le moindre faux pas mettrait fin non-seulement à ses exercices religieux, mais encore à son pèlerinage sur la terre.

Sur un de ces escarpements les plus inaccessibles, les anciens princes de Sirohi ont construit une forteresse où, dans les jours de dangers, ils ont souvent trouvé un sûr asile pour eux-mêmes et pour leur famille.

Outre treize villages, dont quelques-uns, il est vrai, n'offrent que des ruines, on rencontre sur la montagne de nombreux temples appartenant, soit à la secte des Djains, soit aux sectateurs modernes de Civa.

Plusieurs de ces édifices religieux se font remarquer par la grandeur et l'élégance de leur architecture. Les parquets et les plafonds sont en marbre blanc, et celui qui revêt les murs est d'un poli si éclatant, qu'on s'y mire comme dans une glace. J'ai admiré surtout les temples du village de Dailvara, consacrés à deux saints Djains déifiés. Les bas-reliefs des piliers et des colonnes, les fleurs de lotus et de jasmin courant en guirlandes sur les plafonds de marbre, luttent de perfection avec la nature même. Une double rangée d'éléphants du plus beau marbre, précède et suit deux de ces temples. Le plus petit de ces animaux est de la taille d'un fort taureau, et l'on est effrayé à l'idée du travail et de la dépense qu'a dû exiger le transport de ces masses énormes dans ces lieux presque inabordables.

Toutes ces créations sont, dit-on, dues à un banquier qui, n'ayant pas d'héritiers, appliqua son immense fortune à des fondations religieuses vers l'an de grâce 1243.

CHAPITRE VIII

Oudipour. — Pâli. — Pokhardji. — Adjmir. — Retour à Surat. — J'entre au service du nawab. — Les intrigues d'une petite cour. — Mon congé.

Le sol au delà d'Abou est entièrement arénacé, à l'exception de quelques points où des éperons avancés des monts Aravallis ont remplacé le sable par la roche vive. C'est la partie la plus stérile de l'infertile province de Meiwar, qui ne renferme que trois villes de quelque importance et que nous visitâmes successivement : Oudipour, Pâli et Pokhardji.

La première est le siège de la puissance de la tribu Rajpoute des Sissodiyas, qui prime tous les autres clans de cette race par son rang et la pureté de sa noblesse. Ses princes portent le titre de Ranas, et doivent, le jour de leur inauguration, avoir leur front oint de sang humain. On fait un grand mystère de l'origine de cette matière d'onction, mais je soupçonne fort qu'un captif est sacrifié dans ces occasions solennelles.

Oudipour, bâtie sur une éminence, est une belle ville;
elle se mire à l'orient dans un grand lac, dont les eaux
baignent une île, où deux magnifiques palais offrent aux
Ranas, pendant la saison des chaleurs, de frais asiles et
tous les raffinements du luxe et des plaisirs.

Pâli est un grand entrepôt de trafic sur les frontières
du désert. J'y ai acheté différents articles d'Europe à
meilleur marché qu'à Bombay. Sa population, qui monte
à près de onze mille familles, puise presque toute dans
le commerce de transit une honnête aisance.

Pokhardji, l'antique Pouchkara des légendes mythologiques, doit son nom à un vaste et profond bassin, dont
trois côtés, revêtus de quais en pierres, sont munis
d'escaliers régulièrement espacés et descendant jusqu'à
l'eau. Des temples nombreux s'élèvent alentour. La
ville n'est pas d'une grande étendue; mais, vue du côté de
l'Orient, elle offre un aspect vraiment enchanteur. Telle
elle m'apparut le 17 janvier au soir, au moment de notre
arrivée. Quand j'allai visiter le romantique bassin, l'air
était frais et pur, et dans l'azur intense du ciel le crépuscule semblait épancher et fondre les teintes les plus douces
et les plus variées du prisme. Assis solitaire sur la pierre
d'un des escaliers du quai, je me laissai aller à de longues rêveries, me berçant délicieusement dans la beauté
du site. Sur la surface de l'eau, limpide comme un miroir,
se réfléchissaient les hauts monuments de la rive, dont
l'intérieur commençait à s'illuminer. Par degré et à mesure que les ombres s'épaississaient, des milliers de lampes apparurent autour du lac et se multiplièrent dans
son cristal liquide; c'était une de ces scènes dont le calme
pénètre l'âme du spectateur; aussi, quand je regagnai ma
tente, j'avais oublié mes fatigues et mes inquiétudes.

Dans la matinée du jour suivant, nous atteignîmes Adjmir, le chef-lieu du Rajpoutana, et dressâmes nos tentes à quelque distance de ses murs, et en face du camp du gouverneur général, qui nous avait précédés en ce lieu. Ce haut personnage et lord Clare avaient à traiter secrètement quelque grande affaire politique; tous les chefs des principautés voisines furent invités ensemble ou tour à tour, et tous vinrent payer un tribut d'hommage à l'arbitre souverain des destinées de l'Inde.

Après un séjour de six semaines, nous revînmes d'Adjmír à Baroda, par Nasirabad et Lunawára, laissant le mont Abou sur notre droite, et traversant d'épaisses forêts et de vastes solitudes.

Je ne dois pourtant pas m'éloigner d'Adjmir sans consacrer quelques mots de description à cette antique cité. Elle s'étend, à six milles sud de Poukhara, au pied d'une montagne que couronne la forteresse de Taragâr. Sa population, qui n'excède pas trente mille âmes, est généralement riche et habite de belles maisons en pierres de taille.

Le quartier de la ville le plus remarquable, soit par la régularité, soit par l'élégance de ses constructions, porte le nom de *Wilder's bazaar*, d'après le premier commissaire civil anglais qui prit possession d'Adjmir lorsque la dynastie des Scindiahs en eut fait la cession à la Grande-Bretagne.

Deux saints musulmans, très-célèbres dans l'Inde, Saiyid-Husain-Mashadi et Khajad-Muimuhd-Din, goûtent à Adjmir l'éternel repos. Le tombeau du premier est à la cime du Taragâr, et celui du second sur la pente du mont qui descend vers la ville. Le Saiyid, revêtu tout ensemble du pouvoir spirituel et du temporel, était gouverneur de la ville pour Kutbuhd-din-Ibak, empereur de Delhi, lorsque le Khajad, après de longs voyages, arriva à Adjmir et s'y fixa pour le reste de ses jours. Archer accompli, il avait longtemps parcouru en chasseur les solitudes de la Perse et du Turkestan, vivant du produit de sa chasse, et employant le reste de son temps en méditations, à l'abri du tumulte du monde. Son intimité avec le gouverneur aboutit à une alliance, bien que lui-même fût Sunni et que le Saiyid appartînt à la secte des Shiahs. Voici comment la chose se fit : pendant un voyage que le khajad fit à Delhi, un noble habitant de cette capitale, oncle du gouverneur d'Adjmir, fut-averti en songe par un de ses ancêtres qu'il ne devait donner sa fille en mariage à personne autre qu'au saint du siècle, au khajad Muinuhd-din; celui-ci, instruit de la circonstance, fit observer que, bien qu'il n'eût que peu de temps encore à passer sur la terre, il ne pouvait refuser une offre aussi sainte. Il se maria donc, quoique âgé de cent-un ans, vécut encore sept années, et eut plusieurs enfants de sa jeune femme.

La grande et belle mosquée qui touche à sa tombe a été construite par Djehanguir. Antérieurement à cet empereur, la sépulture du saint était déjà en grande vénération parmi les musulmans. Le grand Akbar lui-même y vint plus d'une fois en pèlerinage depuis Agra, franchissant religieusement à pied l'espace de deux cent trente-deux milles qui séparent les deux villes, et poussant le respect jusqu'à se dépouiller de sa chaussure aussitôt qu'il arrivait en vue d'Adjmir.

L'intérieur du mausolée est tout à la fois magnifique et solennel; le sol est pavé avec le plus beau marbre. Quant au marbre des murs, il est découpé en élégant treillis, et celui de la voûte est d'une éclatante blancheur.

Au centre du monument est le tombeau proprement dit,
que recouvre un riche tapis de brocart, et qu'entoure, à
trois pieds de distance, une balustrade d'argent massif. A
la tête du cercueil, un grand encensoir du même métal
brûle nuit et jour et répand au loin, avec de longues spirales de fumée, l'odeur aromatique du saint lieu, où
affluent annuellement des milliers de pèlerins. Bon nombre d'Indous, dont l'esprit superstitieux s'ouvre aisément
à toutes les croyances, viennent porter leurs hommages
à cette tombe, aussi bien que les vrais croyants. Les maisons royales de Scindiah et d'Holkar y envoient annuellement de riches offrandes, et même Daulat-Rao-Scindiah,
outre les présents d'usage, fit une fois réparer l'édifice
tout entier à ses frais. Si, par une chance du hasard ou
par les décrets du destin, quelques-uns des vœux confiés
à ce sanctuaire viennent à être réalisés selon les désirs du
suppliant, celui-ci naturellement ne manque pas d'attribuer la chose à l'intercession miraculeuse du saint. A cet
égard, tous les hommes se ressemblent et diffèrent peu
des moutons ; là où un des membres du troupeau a
passé, tous les autres suivent aveuglément.

Rentré à Surat dans le courant de mars 1833, j'y séjour-
nai quelque temps au milieu de ma famille et de mes amis,
me livrant tantôt à l'exercice de la médecine, dans lequel
je parvins à acquérir bon succès et bonne renommée, et
tantôt recourant à mon ancienne profession de linguiste ;
car la naissance d'un fils, qui arriva dans l'intervalle,
tout en me comblant de joie, accrut outre mesure les dépenses de ma maison. L'entretien d'une nourrice, les
frais de fêtes et les présents requis en semblables occasions excédaient tellement mes faibles ressources, que

l'emploi calculé de tout mon temps suffisait à peine à
combler le déficit.

Sur ces entrefaites, au mois de juin 1834, Sa Hautesse
le nawab de Surat m'offrit l'emploi de secrétaire auprès
de sa personne. Ayant accepté sans hésiter, je fus invité
à dîner au palais, et là Sa Hautesse déclara que je devais
être son inséparable compagnon pour l'avenir; que, pour
le présent, il lui avait plu de me gratifier de certaines
allocations dont l'état ou bordereau, revêtu de sa signature, allait m'être remis. Il mit aussi hors de doute l'a-
vancement prochain qu'il me destinait aussitôt qu'il serait
délivré de quelques embarras actuels, et qu'il serait venu
à bout de son ennemi le *Guèbre*[1]. C'est ainsi qu'il dési-
gnait l'agent natif du gouvernement britannique. Il me
fit remettre en même temps le bordereau mentionné, accompagné d'une fort belle paire de châles.

Après avoir remercié et salué profondément le nawab,
je retournai à mon logis, dont je trouvai l'humble porte
assiégée d'une armée de massiers, huissiers, gens de service et musiciens de Sa Hautesse, tous venant pour me
féliciter et recevoir quelque présent en retour de leurs
congratulations. Ma générosité, surexcitée par la joie du
moment, les renvoya satisfaits. Laissé à moi-même, je
lus alors le fameux bordereau, qui était ainsi conçu :

« État des allocations dues mensuellement au munshi
Lutfullah-Khan-Saheb par le sarkar de Sa Hautesse le nawab de Surat.

« 1° Roupies : cinquante et une, en monnaie de libre
cours ;

« 2° Frais de table ;

---

[1] Guèbres ou Parsis; tel est le nom actuel des descendants des anciens Perses, adorateurs du feu, et expulsés de leur patrie par les califes.

« 3° Provisions de toute sorte, en quantité suffisante pour sa famille ;

« 4° Un cheval, avec un groom et deux péons toujours prêts à le suivre ;

« 5° Deux assortiments complets d'habillement par an. »

Je trouvai ce salaire suffisant pour un gentilhomme indou non gâté par la fortune, et j'en fus d'autant plus satisfait, que je me fiais aux promesses d'avancement pour l'avenir. J'apportai donc le zèle le plus ponctuel dans mes devoirs journaliers auprès de Sa Hautesse, qui me parut se plaire avec moi, et ne laissait passer aucune occasion sans me faire quelques présents.

Sa Hautesse était un homme de manières distinguées, déjà vieux, bien que n'ayant que cinquante-trois ans, haut de cinq pieds deux pouces à peine, très-brun de teint, mais portant bien la tête, majestueux dans sa démarche et d'un abord aimable. Musulman zélé, il descendait d'un mollah de Bourhanpour qui, vers 1732, vint chercher fortune à Surat. Ce saint aventurier avait si bien ménagé ses affaires, qu'étant parvenu à se faufiler dans l'intimité de Sardar-Khan, gouverneur de la ville, il ne tarda pas à épouser une de ses filles, et successivement hérita de la popularité, de l'influence, puis enfin des pouvoirs de son beau-père. Ses fils et ses petits-fils possédèrent la vice-royauté de Surat jusqu'au 13 mars 1800. Alors le père du nawab, mon maître, fut obligé de céder la ville et son territoire aux Anglais ses patrons, moyennant une pension annuelle de 15,000 livres sterling[1], la conservation du titre de nawab et certains autres petits priviléges.

[1] 375,000 francs

En 1821, le prince cessionnaire étant venu à décéder,
son fils lui succéda dans cette position honoraire et fan-
tastique, et c'est à son fantôme de pouvoir qu'il était
dans ma destinée de prêter serment de fidélité.

En entrant en fonctions, je fus informé par le ministre
du nawab que l'agent indigène du gouvernement anglais
avait, deux mois auparavant, agi très-irrévérencieuse·
ment à l'égard de Sa Hautesse, en faisant arrêter publiquement par des agents de police, et bâtonner et incar-
cérer un serviteur de la cour, sous prétexte qu'on l'avait
trouvé ivre dans les rues. Le nawab, étant en ce moment
chez son ministre, découvrit le mauvais traitement subi
par son serviteur, et ordonna à la garde de comparaître
devant lui avec le prisonnier, qu'il fit relâcher de son
chef ; puis, dans la chaleur de l'irritation, il chassa la
garde à coups de pied, tout en la chargeant d'injures et
d'imprécations. L'agent indigène, ne pouvant supporter
un tel échec à son autorité policière, avait porté plainte
devant M. Lumsden, tout à la fois commissaire, juge et
magistrat de la province, et avait naturellement enve-
nimé l'affaire dans son rapport.

J'eus donc à répliquer tout d'abord à onze épîtres ou
dénonciations de l'agent indigène. Après trois jours consacrés à la lecture de mes projets de réponse, Sa Hautesse voulut bien me dire qu'elle approuvait hautement
le langage, le style et l'esprit de mon travail ; qu'aucun
de ses clercs indous n'aurait pu écrire le persan aussi
correctement, et qu'il leur était même souvent impossible de se servir de cette langue d'une manière com-
préhensible.

Le nuage de difficultés élevé entre l'autorité locale et
Sa Hautesse ayant été cependant écarté par un compro-

mis, l'agent natif chercha à rentrer en faveur, et ne
tarda pas y parvenir. Le nawab recommença à envoyer
comme d'habitude, presque chaque soir, un de ses con-
fidents aux audiences de nuit de l'agent, et plus d'une
fois il me chargea moi-même d'y aller pour y rédiger
un compte rendu de la séance.

Après cinq mois et demi de faveur continue, je crus
remarquer qu'il se passait à mon insu, entre le nawab
et l'agent indigène, quelques secrètes machinations qui
ne tardèrent pas à se dévoiler d'elles-mêmes. Une intimité de près de six mois m'avait suffi pour me convaincre que le pauvre vieux nawab n'était qu'un instrument passif entre les mains d'autrui. Incapable de juger
de la moindre chose par lui-même, il cherchait les idées
qui lui manquaient parmi les gens du commun, et s'a-
bandonnait avec eux aux liqueurs et aux drogues enivrantes. Un vil drôle de ministre, homme vulgaire,
ignorant, adonné à tous les vices, et qui avait débuté
par être domestique de l'adjudant européen de la citadelle, poussait maintenant son maître à piller et à sé-
questrer les biens du ministre son prédécesseur; aidé et
conseillé, dans cette entreprise infâme, par l'agent indigène, qui voyait dans cette affaire le moyen de se venger d'un ancien ennemi, d'éloigner du service de Sa
Hautesse certaines personnes qui n'avaient pas le bonheur de plaire à lui agent, et qu'il comptait bien remplacer par des affidés et des complices.

Ces combinaisons secrètes eurent pour premier effet
la révocation du diwan [1] Hardiram Sâhibram, homme
des plus respectables, qui vit, un beau jour, la garde

[1] Emploi correspondant à celui d'intendant général de la liste
civile.

15.

envahir ses bureaux, mettre les scellés sur sa caisse et sur ses registres, et lui signifier sa destitution, fondée sur ce qu'il entretenait des intelligences coupables avec l'ancien ministre. Le pauvre Hardiram répondit qu'il n'avait conservé aucune relation, ouverte ou cachée, avec le personnage en question, mais que l'agent indigène nourrissait contre lui une inimitié secrète à laquelle on le sacrifiait, et que depuis longtemps, du reste, il s'y attendait. « Dieu est grand, ajouta-t-il, et je suis innocent ; la vérité finit toujours par se faire jour, et le crime peut aussi trouver la récompense qui lui est due. » Ceci dit, il rendit toutes ses clefs et se retira.

Le jour suivant, je fus dépêché avec le ministre auprès d'un nommé Atmaram pour lui offrir, de la part de Sa Hautesse, l'emploi vacant de diwan.

Atmaram était fils de ce Kirparam qui avait négocié, en 1800, de la part du père du nawab, le traité de cession avec les Anglais, et qui avait mené les négociations de manière à obtenir de la reconnaissance des autorités britanniques une pension perpétuelle de trois mille six cents roupies, tant pour lui que pour ses descendants. Depuis ce traité, le nom de Kirparam était resté odieux au défunt nawab ainsi qu'à son fils, qui, l'un et l'autre, l'accusaient d'avoir trahi leur confiance dans cette grave occasion, et d'avoir sacrifié à ses propres intérêts la couronne et la fortune de ses maîtres ; en conséquence, ces princes ne l'avaient jamais employé depuis. Après la mort de Kirparam, son fils Atmaram, homme bien élevé, possédant à la fois le sanskrit et le persan, se fit le complaisant officieux de l'agent indigène, dans l'espoir d'arriver par lui à quelque position conforme à son rang et à son genre de vie. Ses dépenses s'élevaient bien au delà

de ses revenus et de sa pension de trois cents roupies
par mois, et ses dettes montaient à plus de trente mille
roupies. L'appui de l'agent indigène lui procura, ainsi
que je viens de le dire, l'emploi de diwan, emploi dont
le chétif traitement n'excédait pas cinquante roupies par
mois; mais le grand avantage qu'il trouvait dans le service du nawab était d'être placé en dehors de la juridic-
tion civile, et, par conséquent, à l'abri de toute poursuite régulière de la part de ses créanciers.

Un autre astucieux Indou, nommé Moutiram, fut adjoint à Atmaram en qualité de comptable. Ces arrangements pris, on n'eut plus d'autre pensée que d'engager
l'ex-ministre à venir se mettre lui-même au pouvoir du
nawab, et un message lui fut envoyé pour requérir sa
présence.

Cet homme, bien que vulgaire et illettré (il avait jadis
passé sans transition du rang de boulanger à celui de
ministre), avait assez de sagacité instinctive pour soupçonner les desseins de Sa Hautesse, qu'il savait sous la
double influence de son malfaisant successeur et de l'a-
gent indigène. Il se rendit donc, aussitôt le message reçu,
auprès de M. Lumsden, se réclama de sa qualité de sujet
britannique, et dit à ce fonctionnaire que, mandé chez
son ancien maître sous prétexte d'apurement de comptes,
il craignait de donner dans un piége préparé de longue
date par les ennemis qu'il avait auprès du nawab, pauvre prince qui n'était qu'une marionnette entre leurs
mains. M. Lumsden le renvoya à l'agent indigène, en lui
disant que, puisqu'il avait une lettre signée du nawab, il
devait être certain que Sa Hautesse ne pouvait vouloir
lui nuire, et que, dans toute cette affaire, il devait se
conformer aux avis de l'agent indigène. Si grands que

fussent les soupçons de l'ex-ministre, il ne pouvait se
méfier de la parole du représentant de la Grande-Bretagne; il dut se contenter de cette réponse telle quelle,
salua profondément et partit.

Le même soir il vint au prétoire de l'agent indigène
et lui demanda une audience particulière. Voyant très-
bien qu'il n'avait plus d'autre alternative que la soumission, dès qu'il se trouva seul avec ce fonctionnaire, auquel, peu de mois auparavant, il témoignait à peine les
plus légers égards, il lui toucha les pieds avec son front,
et lui dit : « J'ai servi fidèlement le nawab pendant
quinze ans et l'ai tiré de nombreuses difficultés d'argent;
j'ai dirigé ses affaires à sa satisfaction, ainsi qu'il résulte
de maints passages de sa correspondance avec les autorités britanniques. Je ne dois le peu que je possède qu'à
ma fidélité et à ma loyauté; mais je suis devenu un objet
d'envie pour un certain nombre de courtisans qui con-
spirent contre moi et aspirent à ma ruine. Je ne crains
pas l'examen de mes comptes, la plupart d'entre eux
étant revêtus de la signature du nawab; mais il s'est
passé jadis, entre vous, votre défunt frère et moi, des
choses dont je dois vous demander humblement pardon,
et dont j'ai juré de vous offrir la réparation. »

Ce disant, l'ex-ministre se prosterna de nouveau.

L'agent indigène, ayant écouté attentivement ce discours, prit son hôte par la main et le fit asseoir à ses côtés;
puis il lui offrit toutes les consolations dont une langue
diplomatique n'est jamais avare, lui affirmant qu'il n'avait
nulle idée des différends qui avaient pu s'élever entre
l'ex-ministre et feu son frère, et que, quant à lui personnellement, il était d'une nature trop oublieuse pour se
rappeler encore les griefs qu'il avait pu nourrir autrefois.

Le lendemain, le ministre en fonction et moi nous
fûmes envoyés chez l'agent natif pour nous entendre
avec lui. A notre arrivée, il renvoya toutes les personnes
présentes, et, dès que nous fûmes en petit comité, il me
dit, en mauvais anglais, que le nawab était un ingrat,
qu'il avait comblé de bons offices, dont il avait caché
mille fois les inepties ou les fautes, et tout cela en vain.
« Il applaudit, ajouta-t-il, aux actes de gens ignobles,
vils et dépravés comme cette horrible brute qui étale
son collier d'or à côté de vous. » — Il parlait du ministre, mon compagnon, qui heureusement ne savait pas
un mot d'anglais.

Je lui répondis, dans la même langue, que j'étais tout
neuf à la cour, sachant peu de chose du caractère de Sa
Hautesse, mais que j'espérais que de bons services ne
pouvaient manquer de trouver une bonne récompense
tôt ou tard.

Se tournant alors vers le ministre, il lui dit du ton le
plus poli : « Vous pouvez annoncer à Sa Hautesse, en lui
présentant mes respects, que, grâce à moi, son adversaire est venu à résipiscence, et se présentera de lui-
même au palais. Faites de lui ce que vous voudrez, mais
ayez soin cependant de ne pas être trop rudes dans le
commencement. La question est des plus simples : nous
n'avons qu'à examiner les comptes de Sa Hautesse avec
cet homme, et à exiger de celui-ci une justification sa-
tisfaisante de chaque dépense ; soyez sûrs que nous arri-
verons à le trouver coupable. »

Ceci dit, et quelques autres paroles échangées sur divers sujets, nous nous retirâmes pour aller rendre compte
à Sa Hautesse du résultat de notre mission.

Dans ce même temps, je fus frappé d'un grand mal-

heur : mon fils, mon unique enfant, me fut enlevé à
l'âge de deux ans et trois mois. Le pauvre petit, atteint
d'une fièvre cruelle, l'avait supportée avec le courage
d'un homme, s'était soumis bravement à tous les remèdes de la médecine, qui, hélas! fut impuissante à le
sauver. Cette perte irréparable laissa mon cœur en proie
à une de ces douleurs auxquelles on ne peut opposer que
la patience et la soumission aux décrets de la destinée.

Après avoir consacré à mon deuil une dizaine de jours,
je reçus l'ordre d'aller m'installer dans un pavillon des
jardins du palais, avec deux clercs et les registres de
l'ex-ministre, pour y procéder à l'interrogatoire et examen de celui-ci; mes instructions ajoutaient que je devais être très-sévère, mais non rude, et faire tout mon
possible pour prouver, d'une manière ou d'une autre, la
culpabilité de l'homme.

Je me rendis donc, avec mes adjoints, au lieu où nous
attendait l'inculpé; je l'examinai, l'interrogeai de mon
mieux pendant dix longs jours, mais il se disculpa aisément de toute accusation; la signature de Sa Hautesse
figurant en regard de chaque article, et les livres des
fournisseurs correspondant exactement avec les comptes
produits.

Mon ami le ministre venait parfois présider nos
séances. Je le pris à part un jour, et lui dis que, dans
mon opinion, l'innocence de l'accusé ressortait de ses
comptes mêmes et que, s'il voulait perdre cet objet de sa
haine, il fallait lui imputer quelque autre crime.

« Ne pouvez-vous donc pas altérer quelques-uns des
articles de dépenses? » Telle fut sa réponse.

La mienne lui apprit que ma conscience m'était plus

précieuse que le service du nawab, et que je ne commettrais jamais de telles atrocités.

« Atrocités ! atroces bêtises ! répliqua-t-il. Vous ne pouvez errer en étant fidèle à votre seigneur lige.

— Qu'on n'attende pas de moi, répétai-je, une action contraire à ma conscience. »

Quelques mots assez aigres furent encore échangés entre nous en cette occasion, et, peu après, Sa Hautesse commença à se montrer froide et maussade à mon égard ; mais j'affectai de ne pas m'en apercevoir. Mais le lendemain, étant retourné au pavillon à l'heure accoutumée, j'y trouvai à mon grand étonnement le sieur Moutiram, un de mes commis des jours précédents, installé à ma place et remplissant, avec une assurance et une rudesse incroyables, les fonctions d'accusateur public. Il s'acharnait injustement sur chaque point et se querellait avec l'accusé de la manière la plus inconvenante. Il dit qu'il n'avait à tenir aucun compte des signatures du nawab, qui toutes avaient été ou falsifiées ou surprises à Sa Hautesse pendant son sommeil ou ses moments d'ivresse. La ligne de conduite de mon adjoint étant ouvertement approuvée par le nawab et par son ministre, je compris qu'on voulait me faire jouer un jeu fort au-dessus de mes capacités.

Je déclarai donc au ministre qu'il était inutile que je suivisse davantage le procès, puisque Moutiram s'en acquittait à la satisfaction générale ; que je n'étais pas sans avoir remarqué combien Sa Hautesse et lui-même étaient changés pour moi depuis quelques jours, et que je donnerais ma démission la semaine suivante, si cela continuait. Il m'écouta tranquillement et sans dire mot ; mais il se hâta d'aller tout rapporter à Sa Hautesse, qui envoya

prendre l'avis de l'agent indigène. La semaine écoulée,
ne remarquant nul amendement dans la conduite de mon
seigneur et maître à mon égard, j'envoyai ma démission :
j'avais servi Sa Hautesse six mois et dix jours. Ayant été
faire part de la chose à M. Lumsden et l'avertir que je re-
devenais par le fait sujet britannique comme devant, ce
gentleman me dit que ma résolution avait été un peu
brusque, et qu'il n'était pas bien d'abandonner ainsi le
pauvre nawab au milieu de la bande d'escrocs et de chenapans qui travaillaient ouvertement à sa ruine. Je répliquai que je ne pouvais le sauver malgré lui, et que
l'essayer plus longtemps serait compromettre ma famille
et moi.

Pendant plusieurs jours, le nawab m'envoya message
sur message pour m'engager à retirer ma démission ;
pendant plusieurs jours encore, il ne put se décider à rappeler les péons qu'il avait attachés au service de ma maison. Enfin, voyant que ma résolution était invariable, il
m'envoya l'arriéré de mes appointements et rappela ses
péons.

Peu après, je repris mon ancien état de professeur
auprès des jeunes officiers anglais ; ce qui valait beaucoup mieux que mes fonctions auprès du nawab.

CHAPITRE IX

J'obtiens un poste sous l'agent politique du Kattiawar. — Les brahmanes de Nagar. — Je me démets de mes fonctions pour suivre
dans le Sindh le capitaine Eastwick. — Je reçois un certificat et
un châle de Cachemire. — Trois compagnons de route inattendus.
— Sara, la belle Maïmouni. — Départ de Rajkot. — Le Djam de
Nowanagar. — Dharol. — Le joyeux gouverneur de Jouvia-Bandar.
— Agréable navigation. — Monstres folâtres de l'Océan. — Je fais
acte de prêtre. — Marche sur Tatta. — Description de cette ville.
— Voyage à Hydrabad. — Les Amirs.

J'étais depuis dix-huit jours à peine rendu à mes études
et à mes écoliers, lorsque je fus appelé à Rajkot par
M. J. Erskine, agent politique du Kattiawar, et, peu après
mon arrivée, ce fonctionnaire me nomma surintendant
du district de Babriawar, avec une solde mensuelle de
cent roupies. Je ne me rendis pourtant jamais à mon
poste, ayant été retenu au chef-lieu pour m'y livrer à une
enquête contre quelques agents indigènes de l'administration, accusés de corruption. Les inculpés étaient des
brahmanes de Nagar, qui se défendirent eux-mêmes avec

une franchise et une habileté telles, que non-seulement
ils écartèrent toutes les charges qui pesaient sur eux,
mais qu'ils les firent retomber sur leurs accusateurs.

Cette affaire terminée, il s'en présenta d'autres qui me
retinrent à Rajkot jusqu'au moment où j'eus la joie d'apprendre que mon bien-aimé patron, le capitaine Eastwick,
était de retour d'Angleterre. Par un heureux hasard, son
régiment était cantonné dans le Kattiawar; il ne tarda
pas à venir le joindre, et j'eus le plaisir de lui serrer la
main et de retrouver son cœur aussi chaleureux que
jamais.

Peu de semaines après son retour, il fut mis à la disposition du gouverneur général de l'Inde, qui l'envoya dans
le Sindh pour y remplir les fonctions de résident adjoint sous le colonel, résident titulaire, sir Henri Pottinger, homme vraiment homme, sage comme Salomon et
entreprenant comme Alexandre.

Décidé à accompagner mon ancien patron, j'envoyai
ma démission à M. Erskine, qui m'adressa en retour le
certificat suivant :

« Je certifie par les présentes que le munshi Lutfullah-
Khan m'est bien connu depuis plusieurs années, et que,
depuis le commencement de 1836, je l'ai employé dans
diverses branches du service de l'honorable Compagnie,
principalement comme traducteur de documents orientaux.

« Il est maître ès langues persane, indoustanie, mahratte
et goudjeratie, et possède, en outre, une connaissance

grammaticale de la langue anglaise, que bien peu d'Orientaux ont jamais eue. Il a, comme professeur des idiomes susmentionnés, des qualités inappréciables. Son intime connaissance du caractère européen et son mépris pour les folies et les dépravations des indigènes de l'Inde en font un serviteur très-précieux pour le gouvernement britannique.

« Selon moi, son esprit de justice, de véracité, et ses talents, sont tels que jamais avant lui un individu de pur sang asiatique ne les a possédés au même degré.

« En foi de quoi, j'ai délivré les présentes au munshi Lutfullah, comme un sincère témoignage de mon estime pour la noblesse de son caractère et pour la supériorité de son mérite.

« *Signé* : JAMES ERSKINE,

« Pol. ag. Kattiawar. »

Lorsque, le 25 novembre, je pris congé de l'agent politique et de mes collègues de ses bureaux, ce ne fut pas sans un échange de larmes. Mes amis poussèrent la bienveillance jusqu'à ouvrir entre eux une souscription pour m'offrir un khélat d'honneur. M. Erskine, de son côté, me donna un beau châle de cachemire, et le bon docteur Graham, décédé depuis, voulut absolument me faire accepter une petite pharmacie de campagne. Ainsi comblé de vœux et de présents, je m'éloignai, en partie joyeux d'entrevoir de nouveau un vaste champ devant moi, et en partie affligé de me séparer de bons amis avec lesquels j'étais resté pendant près de trois ans.

En rentrant chez moi, j'y trouvai Parchotam Takkarsi, riche fermier des environs de Rajkot, qui m'attendait

depuis assez longtemps. Lui ayant demandé le sujet de
sa venue, il me dit que tous les siens et lui, au nombre
de soixante-cinq personnes, m'avaient l'obligation d'être
rentrés en possession de valeurs, montant à dix mille roupies et qu'une bande de brigands leur avaient enlevées,
après avoir blessé à mort trois habitants de la ferme;
qu'ils étaient tous très-peinés de mon éloignement prochain, et qu'ils ne pouvaient me laisser partir sans m'offrir un souvenir de leur gratitude. Ce disant, le bonhomme tira d'une sacoche deux cents roupies, qu'il me
pria d'accepter.

Je le remerciai vivement des bons sentiments qu'il me
témoignait, et qui m'étaient beaucoup plus précieux que
son argent, que je ne pouvais recevoir. Il s'éloigna à
regret; mais, s'imaginant que mon refus provenait de
l'exiguïté du présent, il reparut, au bout d'une demi-
heure, avec un collier d'or qui valait bien cinq cents
roupies, et qu'il m'offrit avec les supplications les plus
humbles. Feignant d'acquiescer à ses désirs, je pris le
collier, et, le plaçant à mon cou, je demandai au brave
homme s'il était content de me voir ainsi en possession
de son beau présent. « Content et heureux! » répliqua-
t-il. Alors, comme il me faisait un dernier salut avant
de se retirer, je fis soudainement passer le collier de
mon cou sur le sien, en l'adjurant, dans les termes les
plus forts, de l'accepter à son tour de ma main.

Le bonhomme, éclatant en larmes, me dit qu'il était
bien dur pour lui d'éprouver un tel désappointement;
je m'efforçai de le consoler, en lui donnant l'assurance
que j'accepterais quelques friandises de sa ferme, et que
son souvenir me suivrait toujours sur les routes du
Sindh.

HISTOIRE DE SARA, LA BELLE MAIMOUNIE.

Le même soir, trois autres visiteurs (je devrais dire plutôt visiteuses) sollicitèrent l'honneur de m'entretenir : c'étaient une vieille dame et ses deux filles. L'aînée de celles-ci avait passé la fleur de son printemps ; mais la plus jeune, nommée Sara, âgée de dix-huit ans à peine, était remarquablement belle. Quoique son teint fût brun et terne, ses formes et ses traits avaient cette exquise perfection que le ciseau des artistes attribue à la déesse de la beauté. Elles étaient toutes les trois dans la plus misérable condition, et sollicitaient la faveur de voyager avec mes bagages jusqu'à Jouria. Non-seulement j'acquiesçai à leur demande, mais j'ordonnai à mes serviteurs de recevoir sur mes chariots ces dames et leurs minces paquets. Après m'avoir remercié, la plus vieille me fit le récit suivant :

« Nous appartenons à une famille de cultivateurs musulmans de la tribu de Maimoun, et nous habitions dans la banlieue de Boudj. Mon mari jouissait d'un peu de fortune et de quelque considération parmi les fermiers de la province, et nous n'avions pour fruits de notre union que les deux filles que voilà. La plus jeune n'avait pas deux ans quand il plut au Tout-Puissant de m'enlever mon bon mari. Lui mort, le gouvernement confisqua nos biens, sous prétexte que le défunt redevait au fisc plusieurs années échues de son bail. Peu de mois après que mon mari eut quitté ce monde, mon beau-fils le suivit, et nous demeurâmes seules, pendant quelques années, sans ressources, sans asile, cruellement harcelées par l'indigence, et travaillant dans le champ d'autrui pour gagner notre pain quotidien.

« Pour surcroît de misères, ma fille aînée, séduite par un gentleman anglais, M***, s'enfuit et nous laissa dans une situation plus pénible que jamais. Nous n'entendîmes plus parler d'elle jusqu'à ces derniers temps, où elle nous écrivit que son séducteur était mort d'une attaque subite de choléra, et l'avait laissée sans secours et sans appui. Elle possédait néanmoins pour trois ou quatre cents roupies de bijoux, qui nous ont permis de subsister jusqu'à présent, et même, à ne vous rien cacher, il nous en reste encore assez pour tenter quelque spéculation agricole à notre retour au pays. La destinée de la jeune Sara est pire encore que celle de son aînée. Je l'avais mariée à un jeune jardinier de Drangdra ; mais elle le perdit deux ans après, et la mort de son mari la laissa à la merci d'une belle-sœur, femme sans pitié ni remords, qui abusa de sa malheureuse position, la tyrannisa, la maltraita de toute manière, et finit par la vendre secrètement, pour trente-cinq roupies, à un vieux jardinier de Limri. En apprenant son malheur, je suis venue ici, où je sais que l'esclavage n'a pas l'appui des autorités, et j'ai envoyé à ma fille le conseil et les moyens de s'enfuir. Il y a six semaines qu'elle m'a rejointe. Mais nous savons que le jardinier, son illégal acquéreur, se tient dans le voisinage avec une couple de péons, et épie l'occasion de la ressaisir et de la ramener à Limri. C'est pourquoi, ayant appris que vous vous rendez à Jouria-Bandar, nous sommes venues solliciter votre protection jusqu'en cette ville. De là nous pourrons regagner aisément notre pays natal, où nous prierons jusqu'à la fin de nos jours pour la prolongation et le bonheur des vôtres. »

J'écoutai avec compassion le récit de la vieille femme, et lui donnai l'assurance qu'elle se trouvait, ainsi que ses filles, sous une protection efficace, celle d'un sujet de la Grande-Bretagne. J'ajoutai que non-seulement je les escorterais jusqu'à Jouria, mais que, de cet endroit, où elles pourraient être exposées aux intrigues des pouvoirs indigènes, je les ferais transporter, sans frais ni débours, sur la côte de leur terre natale.

Les pauvres créatures me remercièrent avec effusion de l'intérêt que je leur témoignais, et se tinrent prêtes à partir le lendemain de bonne heure avec mes bagages.

Ma première étape au delà de Rajkot fut Pardhari, bourg distant de dix-huit milles, et le plus important des douze qui composent le djaghir [1] de Sa Hautesse le djam de Nowanagar, soldat illettré, mais généreux, dont le nom de Ranmallji, « héros du champ de bataille, » coïncide avec le caractère. Pendant mon séjour auprès de l'agent politique du Kattiawar, j'avais eu, plus d'une fois, l'honneur de discuter avec ce prince, au nom du gouvernement britannique, des questions de frontières et d'infanticide, et j'avais toujours eu à me louer de sa conduite loyale et de sa conversation sensée. Quoique Jaréja de naissance, il a élevé une fille.

Le second jour j'atteignis Dharol, fief également d'un chef jaréja, qui me reçut avec bienveillance et hospitalité. Il vint de sa personne me faire visite à mon bivac, établi hors des murs de sa bourgade, amenant avec lui, outre une suite nombreuse, son fils, aimable adolescent d'une quinzaine d'années, une charmante petite fille de six ans, et le chef d'Amran, son voisin et son hôte. Il

---

[1] Djaghir, — fief, apanage princier ou seigneurial.

resta avec moi près de trois heures, causant des chances probables d'une guerre avec la Russie, et paraissant écouter avec un intérêt spécial ce que je lui racontais de la grandeur de l'empire russe, des coutumes et des mœurs de ses habitants.

Jouria, où nous arrivâmes le lendemain, est une vaste et populeuse cité. J'y fus l'objet du plus grand déploiement d'hospitalité dont j'aie jamais été honoré en Kattiawar. Le gouverneur envoya une escorte à ma rencontre, et me fit conduire en grande pompe au logis qui m'était destiné, et où je trouvai tout le confortable de mon propre foyer. Un excellent repas, préparé à point, m'y attendait, ainsi que toute ma suite, et chacun de nous eut à se louer des prévenances de notre hôte. Bien qu'il ne portât que l'humble titre de *khawass*, qui, en kattiawari, signifie esclave, il me parut l'emporter, en bien des points, sur beaucoup de hauts et puissants princes de la contrée.

Je fis chez lui une halte de vingt-quatre heures, ayant quelques lettres à écrire à ma famille et à mes amis, et Jouria étant le dernier lieu d'où je pusse communiquer avec eux sans crainte de voir ma correspondance interceptée. Je renvoyai aussi les cavaliers du contingent du Guicowar, qui m'avaient escorté jusque-là ; puis je me rendis avec le gouverneur sur le port, éloigné de près de deux milles, pour y fréter un balaou qui pût me transporter dans le Sindh. Ce port est des plus pauvres ; des vingt-six embarcations que j'y trouvai, pas une seule ne dépassait le tonnage de cent khandus [1] ; celle que j'arrêtai en jaugeait soixante, ou quinze tonneaux.

---

[1] 25 tonnes. — Un khandu équivaut à un quart du tonneau.

Je devais dîner avec le gouverneur à six heures ; étant
allé chez lui une heure à l'avance, je trouvai le joyeux
vieillard buvant ou plutôt sirotant de l'eau-de-vie pure.
Il insista beaucoup pour que je suivisse son exemple, et
naturellement je ne pus satisfaire à sa requête. Il fut de
la plus grande gaieté pendant le repas, de sorte que nous
passâmes fort agréablement la soirée. Il me fit visiter
ensuite deux magnifiques palais appartenant à son gouvernement ; nus ou mal meublés, ces édifices ne devaient
leur beauté qu'à leur architecture.

Au moment du départ, ce bon vieillard m'offrit, de la
part du prince son maître, un khélat d'honneur, consis-
tant en une écharpe et un turban, très-riches tous deux
et valant au moins cent roupies. Je refusai d'abord ce
présent ; mais il insista, de son côté, avec énergie pour
me le faire accepter, disant que, cinq jours avant mon
arrivée, il avait reçu de son maître des instructions pré-
cises à cet égard, et que Sa Hautesse lui saurait certainement mauvais gré de mon refus.

Ainsi pressé par ce digne homme, je pris son khélat ;
mais, ayant découvert qu'il aimait avec passion le thé et
qu'il en manquait absolument, je lui donnai la moitié de
la provision que j'emportais avec moi, et lui fis accepter
en outre une selle indigène toute neuve, qu'il paraissait
admirer beaucoup, et que je destinais à mon cheval.

Le 28 novembre, je me rendis de la ville sur le port,
accompagné du bon gouverneur qui voulait me voir bien
et dûment installé avec mes bagages à bord de ma barque. Je me croisai en chemin avec un prêtre européen qui
arrivait de Boudj, se rendant à Rajkot, et m'adressa quelques questions sur la route qu'il allait suivre. On dit qu'il
est de mauvais augure pour un voyageur de rencontrer

un prêtre au début de la journée, et ce proverbe fut jus-
tifié par l'événement; car, pendant la conversation qu'a-
vait entamée l'homme d'église, la marée dont mon embarcation devait profiter pour sortir du port, fut remplacée
par le reflux, et nous fumes obligé de perdre le reste de
la journée à l'entrée du havre, à notre grand ennui et dé-
triment. Enfin, à neuf heures du soir, je dis adieu à la
presqu'île de Goudjerate, cette terre de l'ignorance, des
mangeurs d'opium et de l'infanticide, pouvant adresser à
ses seize cent mille habitants et à ses deux cent quarante quatre roitelets, les paroles mêmes du barde rusti-
que de l'Écosse :

> A vous tous, mes amis, amour et souvenance ;
> A vous, mes ennemis, oubli, pardon... Adieu.
>
> BURNS.

Le ciel et la mer étaient calmes ; la pureté de l'atmosphère, la fraîcheur de la brise et la marche agréable du
navire exercèrent sur mes sens une salutaire influence.
Mon appétit devint insatiable; mais nous n'avions guère à
bord les moyens de le satisfaire, n'ayant pu nous procurer de vivres à Jouria, où le gouverneur est le seul qui
de loin en loin fasse tuer un mouton, et toujours en secret, afin de ne pas blesser les préjugés des djains indous, qui forment la partie la plus riche de la population
soumise à son autorité.

Lorsque je m'éveillai dans la matinée du 30, nous
étions mouillés dans un port que je reconnus sur le
champ : c'était celui de Mandavi. La scène où j'avais
figuré dix-neuf ans auparavant se représenta alors à ma
pensée : je me revis de nouveau assis sur la plage et

plongé dans cette rêverie profonde dont je n'avais été
tiré que par la morsure soudaine d'un chien, et toutes
ces choses se succédaient dans ma mémoire avec la vivacité d'un souvenir de la veille. Je fus arraché à la contemplation de ce passé par l'apparition de notre tindal[1]
Jumha, se dandinant devant moi dans une attitude obséquieuse, fort contraire à sa nature et à celle de ses ancêtres, les pirates miânas dont descendait sa tribu. —
Eh bien, Jumha, lui dis-je, qu'y a-t-il de nouveau?

Le pauvre rude enfant de la mer, épuisant le peu de
mots policés que contînt son vocabulaire, me dit d'une
voix rauque, que son dessein était de rester un jour à
Mandavi, afin d'y essayer une chance de gain en chargeant une cargaison pour le Sindh; qu'en conséquence
il me conseillait d'aller à terre et d'ordonner à mes gens
d'acheter des provisions pour cinq jours, parce qu'il ne
pouvait se faire à l'idée de me voir souffrir faute de
nourriture.

Je le remerciai de son avis et le mis à profit, mais
non de ma personne; car, pendant que mes serviteurs se
rendaient au marché et que mes trois passagères ga-
gnaient le rivage pour retourner dans leur pays, une
vive douleur à la jambe me retint à bord, où j'abrégeai
le poids des heures par la lecture.

Ayant fait voile le 1er décembre à minuit, avec une
flotte chargée de troupes anglaises, nous nous trouvâmes
le 3 par le travers du Ghori-Kichar, large banc de sable,
où s'élevait, pas plus tard qu'au commencement de ce
siècle, la ville de Ghori-Bandar, qui a disparu sous les
vagues avec le sol qui la portait.

[1] Patron de navire, capitaine.

En cet endroit, un couple de monstrueux cétacés, plus gros l'un et l'autre que le plus gros éléphant, apparurent dans les eaux de notre petit bâtiment, et le prirent évidemment pour jouet de leur humeur folâtre; l'enfermant dans le cercle de leurs exercices désordonnés, se poursuivant de l'avant à l'arrière, plongeant sur un bord pour reparaître en bondissant de l'autre, non sans frôler en passant notre quille et lui imprimer des secousses assez rudes pour nous épouvanter et inquiéter jusqu'à notre tindal. — « Il n'est que trop vrai, me dit-il, que ces animaux sont parfois dangereux pour les navires; mais ne craignez rien, ils sont aussi poltrons qu'ils sont forts. J'aurai bientôt remédié au mal. » Ceci dit, il se pencha sur le bord de la barque, et, s'adressant aux deux bêtes qui nous suivaient obstinément, il les sermonna en ces termes : « Vous êtes rois de la mer, cessez de nous poursuivre, au nom de Dieu et du prophète Salomon! Nous sommes de pauvres gens; notre embarcation ne contient que dix hommes; allez donc vers les autres bâtiments qui sont remplis de gros et gras soldats de l'honorable compagnie. »

L'éloquence du vieux Jumha, loin de toucher les monstres marins, parut accroître leur gaieté ou leur fureur. Non contents de leurs premières et fastidieuses plaisanteries, ils s'avisèrent de faire jaillir de leurs immenses naseaux de longs jets d'eau qui retombaient sur nous, et ils continuèrent leur partie de cligne-musette de babord à tribord pendant cinq bons quarts d'heure. Notre tindal alors, étant à bout de patience, choisit dans son lest une bonne grosse pierre, tranchante par un bout, et invoquant le nom de Dieu, la lança le mieux qu'il put sur les cétacés, et le projectile, rencontrant la

tête du plus gros, l'entâma comme aurait fait le tran-
chant d'une hache.

Cet argument parut compris de l'animal, qui s'éloigna
avec son compagnon; nous ne les revîmes plus, et nous
rendîmes grâces à la Providence de nous en avoir délivrés. Je regrettai beaucoup en cette occasion de n'avoir
pas emporté mon fusil avec moi.

Un moment après, sur l'invitation de Jumha, je puisai
de l'eau dans la mer, à droite et à gauche du bâtiment,
d'un côté je la trouvai salée comme de coutume, tandis
que de l'autre elle était parfaitement douce et fraîche,
phénomène qui s'expliquait par notre présence sur l'ac-
core même du courant de l'Indus, qui se prolonge à une
grande distance dans la mer avant de s'y perdre.

Douze vaisseaux de guerre anglais, deux steamers et
plus de cent embarcations de transports, toutes portant
le pavillon britannique et chargées de soldats et de mu-
nitions, étaient arrêtés sur la barre du fleuve par un
calme plat. Ayant aperçu un de ces bâtiments de charge,
naufragé sur un banc de sable, je demandai à notre
tindal s'il ne redoutait pas pour le nôtre un pareil destin;
mais le vieux pirate me répondit que son collègue du
bâtiment naufragé devait être aveugle ou avait été poussé
à perdre son navire par quelque sinistre calcul; car il
n'y a pas, dans ces parages, un danger qui ne soit bien
connu de tous les marins de la côte.

Le lendemain, étant entré dans le lit de l'Indus et
voyant un petit village sur la rive gauche, je descendis
à terre pour le visiter. Le chef de l'endroit, avec lequel
j'engageai une conversation par l'intermédiaire du tindal, dont le sindhi était la langue maternelle, répondit à
nos questions d'un ton si haut et si rude, que je crus

qu'il était sourd ou vexé de notre venue, jusqu'au moment où Jumha m'apprit que c'était là le diapason des conversations ordinaires dans le pays. Le peuple de ce canton me parut misérable au plus haut point, vivant dans des huttes sans cloisons intérieures, telles que les villageois de l'Inde en voudraient à peine pour leurs troupeaux. Tous les membres d'une famille, mari, femme, fils et filles, gendres et brus, vivent sous cet unique toit, et dorment sur le même lit, qui n'est autre chose qu'une natte grossière jetée sur une poignée d'herbe sèche. Leur nourriture se réduit à un pain grossier de riz et à quelques poissons frais ou séchés. Ils sont très-friands de tabac et d'oignons; aussi leur vieux chef ne se fit-il pas faute d'en quêter auprès de moi. Je l'interrogeai sur le système d'impôts auquel ils étaient soumis, et il m'apprit qu'ils payaient presque toujours leurs taxes en nature. Ils ne cultivent guère que le riz, que leur sol produit abondamment. Le fermier garde pour lui un cinquième de la récolte, et le restant est partagé en deux parts : l'une pour le fisc, l'autre pour le propriétaire.

Le 7 décembre, j'eus enfin le plaisir de jouir de l'hospitalité de mon bon maître et ami, le capitaine Eastwick. Il campait auprès d'un méchant petit hameau du nom de Vikkar, où le colonel Pottinger, venant d'Hydrabad, ne tarda pas à venir établir son quartier général. Je retrouvai là aussi avec joie Sikandar-Kan, mon ancien ami de Tulsi-Sham, devenu soubahdar-major, c'est-à-dire titulaire du plus haut grade que puisse atteindre un soldat indigène.

Occupé dès mon arrivée aux écritures de la comptabilité du trésor et du matériel de l'armée qui arrivait de Bombay, et chargé ensuite de trouver parmi les natifs des fournisseurs qui pussent subvenir à tous les besoins de cette armée pendant une longue campagne, j'employais tous mes moments de loisir à l'étude de la grammaire sindhie, travail peu difficile : Tout homme possédant les rudiments des langues asiatiques peut apprendre le sindhi sans grande dépense de temps et de fatigues. Je ne tardai donc pas à pouvoir soutenir une conversation avec les indigènes dans leur propre idiome, et je saisissais l'occasion de le faire chaque fois qu'elle se présentait.

La paresse est le trait principal du caractère sindhi. Les mariniers du fleuve passaient des journées entières assis à la porte de ma tente, usant les heures en confabulations oiseuses et en disputes vaines. Le thème général de leurs entretiens roulait sur les affaires publiques. — L'un pronostiquait gravement la ruine du pays, dont les Anglais allait bientôt s'emparer. — « Les gens d'Hydrabad, et surtout Mir Soubdar, sont bien coupables de s'être alliés si intimement avec les Anglais; ces omnivores enragés ont pris toute l'Inde; ils s'empareront de même de notre pays avant peu. »

— Vous êtes dans l'erreur, mes amis, » répondait un autre. «Les Talpours d'Hydrabad peuvent se faire chrétiens s'ils le veulent; mais nous n'avons rien à craindre, nous, tant que Shir Mohammed de Mirpour sera de notre côté. La veuve de feu Sa Hautesse Mir-Karam Ali lui a fourni et pourra toujours lui fournir des fonds suffisants pour soutenir une guerre éternelle contre tous les Féringhys du monde. Allez, s'il plaît à Dieu, l'or et le matériel de guerre, qu'ils sont occupés à amener avec tant de peine dans notre pays, resteront en notre pouvoir; ne connaissez-vous pas ce verset de notre saint livre : *Un vrai croyant peut venir à bout de dix infidèles?* » — Un

troisième interlocuteur, porteur d'une grande barbe
grise, dit alors avec un profond soupir : « Vous extra-
vaguez mes pauvres amis; vous n'avez jamais vu les diables tricolores [1], agitant leurs blanches, brunes et noires
figures à travers un champ de bataille. Pendant que j'é-
tais au service de Sa Hautesse le Peichwah, je les ai vus,
moi qui vous parle. En voici la preuve incontestable. »
—Et, relevant sa manche, il étala une cicatrice profonde
laissée dans son bras gauche par le passage d'une balle.
Puis il ajouta : « Dans un combat à l'arme blanche un
homme peut triompher d'un adversaire et peut-être de
deux et même de trois; mais ces fils de Satan n'ont point
d'épées, ou, s'ils en ont, elles ne sont pas plus tranchan-
tes que vos bâtons de voyage. Ils vous atteignent avec
leurs maudits fusils quand vous êtes encore à un mille
d'eux et même plus, et alors que voulez-vous faire? »

Ces discussions répétées près de ma tente, à portée de
la voix, ne pouvaient manquer de m'amuser beaucoup,
et quelquefois je sortais pour y prendre part, et apprendre à l'assemblée, en méchant sindhi, que les Anglais, à moins d'y être contraints et forcés par eux, ne
s'empareraient jamais de leur misérable pays qui ne produisait que du riz et du poisson; qu'ils avaient suffisamment de bons et riches territoires à gouverner et à
administrer, et qu'enfin ils étaient les meilleurs amis
des Amirs, et que, s'ils envoyaient en ce moment une
armée à travers le Sindh, ce n'était que pour protéger
leurs possessions de l'Inde aussi bien que le territoire
des Amirs contre une agression étrangère [2].

---

[1] Les soldats européens, indous et musulmans de l'armée indo-
britannique.

[2] Dès cette époque (1838) des bruits vagues, mais menaçants, rela-

A cette assertion, mes auditeurs répliquaient invariablement par un concert d'applaudissements et de rires :
« Ce que vous dites, seigneur, est peut-être vrai ; mais
nous sommes des gens grossiers, nous n'entendons rien
à la haute politique du gouvernement. Ah ! ah ! ah ! »

Sur ces entrefaites arriva le 19 décembre, qui coïn-
cide avec le 1er du mois de shauwal ; ce jour est un joyeux
anniversaire pour tout le monde musulman, dont il clôt
le long carême. Comme il n'y avait pas de prêtre de
notre religion dans l'armée, je fus obligé, à la requête de
quelques amis, d'en remplir les fonctions, et, quoique je
n'eusse pas pratiqué depuis plusieurs armées, je lus les
prières et prononçai un sermon devant tous les cavaliers
et fantassins musulmans au service de la Compagnie.
Selon l'usage aussi, l'assemblée m'offrit un turban et
une écharpe dont le prix (quarante roupies environ)
provenait d'une souscription ouverte entre les officiers.

Le 23, l'armée reçut avec joie l'ordre de se diriger sur
Tatta ; mais le capitaine Eastwick, ayant été chargé par
le résident de surveiller le chargement et le départ de
tous les bagages, je restai avec lui deux jours de plus
dans une solitude fort peu agréable. Là où la veille nous
étions au milieu d'une armée de dix mille hommes, nous
n'avions plus autour d'une unique tente que deux péons
et deux grooms sindhis. Le dernier jour, le froid fut si
intense, que je n'en éprouvai jamais un pareil dans l'Inde.

tifs à une prochaine invasion des Russes, agitaient dans l'Inde indigènes et Européens, maîtres et sujets. Dans l'expédition de l'Afghanistan, dont va parler Lutfullah, les Anglais eurent principalement en
vue de reconnaître les routes qui descendent vers l'Inde, du nord et
du couchant, et de s'assurer de leurs débouchés. Ce dernier but ne
fut atteint que par la conquête du Sindh et du Pundjaub (1844 et 1849).

Voyant nos pauvres serviteurs grelotter et frissonner,
nous les engageâmes à venir se réfugier sous notre tente
pendant la nuit ; mais ce fut vainement : ils ne purent se
résoudre à outrepasser à ce point les bornes du respect
et à dormir dans la même enceinte que leurs maîtres.
Après les travaux du jour, les souffrances de la faim ne
furent guère plus faciles à conjurer que celles du froid.
Heureusement, j'avais pu me procurer, pour quelques
païces, une poignée de dattes et la moitié d'un grossier
pain de riz. Ce fut le menu de notre dîner ; mon patron
le déclara excellent, et les friandises que depuis j'ai sa-
vourées à l'hôtel de Mivart à Londres ne m'ont pas paru
meilleures. Une conversation cordiale et une bonne pipe
suivirent ce frugal repas ; puis, avant de nous livrer au
sommeil, nous rendîmes grâces, chacun selon la mode
de nos pères, à celui qui contemple nos fautes avec bonté
et nous secourt dans nos besoins plus que nous ne le
méritons.

Ayant enfin quitté le campement de Wikkar le 25, jour
de Noël, nous atteignîmes en quatre marches l'antique
cité de Tatta, mais par un temps constamment sombre,
tempêtueux et si froid, que, le 30 au matin, je fus obligé
d'avoir recours au sable pour me purifier, l'eau destinée
à mes ablutions étant entièrement gelée.

La ville de Tatta n'a point de murailles et la plus grande
partie de sa surface n'est que ruines. Dix mille de ses
maisons, au moins, sont désertes ; ses marchés sont
étroits et ses rues pleines d'ordures. Ses habitants, presque tous tisserands, fabriquent de longues écharpes de
soie et des couvertures supérieures à ce qu'on fait en ce
genre dans le haut Sindh. Il y a aussi quelques mou-
lins à l'huile mis en mouvement par des chameaux. Le

beau sexe de cette ville et de tout le Sindh, puis-je dire,
ne se fait remarquer ni par le charme de son esprit ni
par la délicatesse de ses manières.

Les briques et la poterie de Tatta sont renommées
pour leur beauté et leur solidité, qualités qu'elles doivent
sans doute à l'argile blanche et au sable dont elles sont
pétries. Cependant la plupart des maisons de la ville
ne sont bâties qu'en terre et en menu bois, n'ayant que
du clayonnage pour murs intérieurs. Le peu de constructions en briques et à deux étages qu'on y remarque sont
les propriétés d'un petit nombre d'habitants très-riches.
Au nombre de ces derniers étaient un Arabe de la sainte
cité de Médine, nommé Saiyid-Mohammed, et le scheik
Abdoulah, le grand prêtre de la ville. Je me liai avec l'un
et l'autre. Saiyid-Mohammed venait de passer trois années à Bagdad et en Perse, où, adopté comme docteur de
la loi par toute la communauté hétérodoxe des sectaires
shiahs, il s'était enrichi comme un juif par l'accumula-
tion de son traitement, composé de la double dîme du
revenu de tous ses adhérents. Il parlait le persan aussi
bien qu'un Arabe peut le faire ; car les indigènes de son
pays sont de mauvais linguistes. Quant au grand prêtre,
c'était un homme aussi instruit que bienveillant ; il possédait une grande et belle bibliothèque où figuraient la
plupart des classiques arabes et persans.

Tatta renfermait autrefois au moins quatre cents
mosquées ; mais il n'en reste guère aujourd'hui que des
ruines. Seule, la grande mosquée, qui ne date, il est vrai,
que de Schah-Djéhan et d'Aurungzeb (1647-1661), mérite d'attirer l'attention de l'étranger par la grandeur de
ses dimensions, le nombre et la beauté des nombreuses
inscriptions qui la décorent, le caractère solennel de son

ensemble, l'élévation et la variété de formes et de couleurs de ses cent coupoles.

A un mille environ au couchant de la ville court une petite chaîne de collines, bien moins remarquable par sa hauteur que par les innombrables tombes et les cinq cents minarets qui la couronnent. J'y ai visité quatorze sépultures de saints. Tous les siècles de l'islam ont déposé de vénérables dépouilles dans cette populeuse cité de l'éternel silence.

Le 1ᵉʳ janvier 1839, quatre ou cinq officiers de haut rang, envoyés par la cour d'Hydrabad, arrivèrent dans le camp anglais, et furent reçus en audience officielle par le général Keane et sir Henri Pottinger. Le discours des ambassadeurs roula naturellement tout d'abord sur l'amitié et l'alliance qui unissaient leur gouvernement et le nôtre; mais il laissa aussi entrevoir, de la part de Leurs Hautesses les Amirs, certains symptômes de dissentiment. L'audience fut alors ajournée jusqu'à ce qu'ils se fussent engagés sans réserve à aider de tout leur pouvoir la marche ultérieure de notre armée.

En conséquence, en outre de mes fonctions officielles, je fus, peu après, chargé de l'honneur spécial de traduire en sindhi les trente articles du nouveau traité que l'on voulait imposer aux Amirs. Je consacrai toute la nuit à cette tâche, et l'achevai en dix heures. Ayant porté mon travail de grand matin au résident, il prit la minute anglaise, écrite en entier de sa main et assez difficile à déchiffrer, et m'ordonna de lui lire la traduction. Il la trouva très-exacte et l'approuva hautement. Le capitaine Eastwick me remit une gratification de cinq cents roupies comme marque de sa satisfaction personnelle, et le résident me promit une récompense plus élevée.

Sur ces entrefaites notre camp ne cessait d'être, chaque jour, le théâtre de vaines rumeurs, de bruits d'attaques prochaines, de surprises nocturnes de la part des sujets des Amirs, et chaque nuit se passait en fausses alertes. Enfin, le capitaine Eastwick ayant reçu l'ordre de se rendre à Hydrabad, nous nous embarquâmes le 16 au matin, par un temps très-froid, à bord du petit steamer le *Serpent*, chargé de nous porter à notre destination, que la rapidité du courant ne nous permit d'atteindre que dans la matinée du 20. Le capitaine Outram[1] s'était joint à nous en chemin.

La vue des montagnes qui bordent la vallée de ce grand fleuve est magnifique sur tout ce trajet. Sur la rive gauche le paysage était en outre embelli, à cette époque, par de nombreux *schikargahs* ou parcs de chasse des Amirs. Dans leurs enceintes parfaitement closes, ces forêts contenaient toutes sortes de gros et de menu gibier. Des nuées de palmipèdes, parmi lesquels brillait le plumage rose du phénicoptère, volaient, tourbillonnaient au-dessus du fleuve ou nageaient à sa surface, et sur chaque banc de sable dormait au soleil quelque large crocodile. Comme nous passions un jour à bonne portée d'un de ces animaux, le capitaine Outram lui décocha une balle qui rebondit sur l'écaille verdâtre du monstre et n'eut d'autre effet que de l'engager à regagner son humide repaire.

A notre arrivée à Hydrabad, un jeune noble, Dost-Ali-

---

[1] Aujourd'hui général. C'est le même qui, en février 1856, fut chargé d'organiser le royaume d'Aoude, en province anglaise, qui commanda un an plus tard l'armée d'opération contre la Perse, et dont le nom vient d'acquérir une nouvelle illustration sous les murs de Luknow (1857-1858).

Khan, proche parent des Amirs, vint, de leur part, nous recevoir au débarcadère; après un échange de longs compliments, il nous conduisit à la résidence, d'où le munshi Jeth-Anand, agent indigène de la localité, fut envoyé à la cour pour connaître le jour et l'heure qu'il plairait à Leurs Hautesses de fixer pour la réception du représentant de la Grande-Bretagne et de sa suite. Il revint bientôt nous annoncer que les Amirs ne pourraient nous recevoir que le surlendemain 22, l'indispensable opération de leur épilation bi-hebdomadaire tombant juste le 21.

Quoi qu'il en fût de ce prétexte, Mir-Soubdar-Khan, l'un de ces princes, dépêcha le 22, au point du jour, un nommé Badrouddin, son agent confidentiel, au capitaine Eastwick pour lui affirmer secrètement qu'il était tout dévoué à la cause anglaise, qui n'aurait jamais de plus sincère partisan; qu'il ne pouvait être responsable des actes de ses cousins avec lesquels il ne voulait pas être confondu dans l'esprit du représentant de la Grande-Bretagne, et qu'il suppliait l'honorable capitaine de lui accorder un témoignage de sa confiance avant leur entrevue officielle.

Sur ce, je fus chargé d'aller immédiatement, avec Badrouddin, porter à Sa Hautesse l'assurance de la haute considération du capitaine.

Une marche de plus de trois milles nous amena aux portes de la citadelle d'Hydrabad, dont j'avais beaucoup entendu parler, mais dont la vue ne répondit pas à mon attente. Ce n'était rien de plus qu'un pentagone, construit en briques cuites et en mortier, mais irrégulièrement bastionné, sans contrescarpe et sans fossé; il renfermait alors les familles des Amirs avec leurs parents et leur suite. En cheminant à travers la ville, j'eus à passer devant de nombreux groupes de Biloutchis, causant entre eux et fumant de l'extrait de chanvre dont ils avaient de grandes provisions devant eux. Ils me menacèrent du regard et souvent de la voix, dans leur grossier langage.

« Que dites-vous de ceci? demandai-je à mon ami Badrouddin; est-ce là votre manière ordinaire de traiter les étrangers ?

— Ne savez-vous pas, répliqua-t-il, qu'une jarre ne peut jamais donner que ce qu'elle contient? Ce sont les sauvages soldats du pays, ils ne connaissent pas les Féringhys, et, vous prenant pour tel, ils ruminent de méchants propos. Ne faites pas semblant de les entendre; c'est ce que plus d'une fois a dû faire le résident lui-même. »

Je trouvai l'avis bon à suivre et m'y conformai. Arrivé au palais de Mir-Soubdar, je fus immédiatement conduit auprès de ce prince. Il se tenait avec son fils Fath-Ali, bel enfant d'une dizaine d'années, au sein d'une pièce immense, sans autres meubles que le divan sur lequel ils étaient assis et sans autre suite qu'un secrétaire et un esclave. Lorsque je lui eus présenté mes respects selon le mode musulman, l'Amir me tendit la main que je touchai de la mienne. et j'allais m'asseoir sur le tapis comme les autres assistants, lorsqu'il insista tout particulièrement pour me faire accepter une chaise qu'on avait apportée pour moi. Les compliments terminés, j'exposai mon message que Sa Hautesse écouta avec une attention satisfaite; puis la conversation s'engagea sur les coutumes et les manières des Européens, et je pris congé. Deux cavaliers sindhis reçurent l'ordre de m'escorter et de me protéger contre les insultes

des sauvages Biloutchis, et j'étais déjà à mi-chemin de
notre camp, quand d'autres cavaliers, lancés au galop
après moi, vinrent me demander de vouloir bien retourner un instant auprès de l'Amir, qui avait encore quelque chose à me dire. Je revins donc sur mes pas et je
dus répéter mon message à Sa Hautesse, qui n'en avait
pas complétement compris tous les mots.

Cette tâche terminée, je retournai au camp avec mon
escorte; mais, comme j'y arrivais, mon patron, suivi des
deux capitaines Outram et Leckie, en sortait pour se
rendre à l'audience des Amirs. Requis de les accompagner, il me fallut encore rebrousser chemin. Ce 22 janvier fut pour moi une rude journée de fatigues et de privations. Je n'avais pris en sortant le matin qu'un très-
petit morceau de pain et une tasse de thé, et il me fallut
attendre jusqu'à une heure assez avancée de la soirée
avant de pouvoir faire taire le cri de mes besoins.

A notre arrivée au Durbar, il y avait autour des Amirs
un cercle si serré, si épais, de Biloutchis armés, que je
crus que nous ne le traverserions jamais; un passage
étroit toutefois s'ouvrit pour les gentilshommes européens, mais se referma derrière eux, me laissant en
dehors et dans l'impossibilité de les rejoindre. Heureusement M. Eastwick, parvenu devant les Amirs, tourna la
tête de mon côté, vit mon embarras et dit à haute voix :
« Approchez, Lutfullah, et prenez soin de ces papiers. »
Ces mots étaient à peine prononcés, que les gens de service, passant à travers la foule, m'enlevèrent sur leurs
bras, et, me faisant passer par-dessus les têtes de toute
la cohue, me déposèrent, en moins d'une minute, aux
côtés de mon maître, où je m'assis et m'occupai à rédiger le procès-verbal de la conférence.

Les trois Amirs Nur-Mohammed, Nasir-Khan et Mir-Mohammed, ainsi que Mir-Shahdad, un de leurs jeunes parents, siégeaient sur un trône d'apparat, si on peut donner ce nom à une estrade carrée en planches, recouverte d'un simple tapis de Perse. Les envoyés anglais s'assirent en face sur des chaises préparées pour eux ; mais ils avaient dû, selon l'usage, ôter leurs bottes avant d'entrer dans le durbar. Le reste de l'assemblée était accroupi sur le sol, que garnissait un assez bon tapis. Mais on était bien loin ici de l'ordre observé dans les cours indoues. Les soldats biloutchis et sindhis se plaçaient où ils voulaient et où ils pouvaient, disputant entre eux à haute voix et jetant sur nous des regards menaçants, comme si nous avions été les meurtriers de leurs pères.

Nur-Mohammed, homme de moyen âge et de taille moyenne, et porteur d'une belle physionomie militaire, me parut doué de capacités naturelles et acquises. Une ligne profonde, descendant perpendiculairement entre ses sourcils, indiquait le travail de ses passions et de ses pensées. Il portait seul la parole dans les conférences importantes, ses collègues ne donnant jamais leur avis avant d'avoir pris le sien. J'admirai hautement sa contenance guerrière et sa conversation pleine de franchise, d'esprit et d'énergie.

Nasir aurait pu passer pour bel homme, à sa corpulence près ; l'affabilité, la douceur et la générosité semblaient les traits dominants de son caractère.

Mir-Mohammed était bien fait de sa personne, avait une bonne tenue de soldat ; ses traits eussent été beaux s'ils n'avaient été défigurés par un bec de lièvre. On eût dit que la main de la nature, en modelant sa figure, avait accidentellement appuyé son ciseau entre ses lèvres et avait oublié de réparer sa maladresse. Il se tenait assis à la gauche de Nur-Mohammed, sur le bord du trône, la main gauche appuyée sur son bouclier et la droite sur son épée.

Tels étaient les présidents de ce Durbar demi-civilisé.

Après l'échange des compliments d'usage, le capitaine Eastwick se hâta d'administrer à ses hôtes l'amère pilule diplomatique dont il était chargé. Il prit de mes mains le projet de traité que j'avais traduit, et le lut à Leurs Hautesses avec un accent persan des plus parfaits. Les Amirs l'écoutèrent tranquillement, bien que des marques de mécontentement fussent parfaitement visibles sur les traits de Nur-Mohammed, qui, changeant de couleur, passa tour à tour du rouge le plus vif à une pâleur sépulcrale. Cette lecture fut suivie d'un grand tumulte parmi les Biloutchis. Le moindre signe de la part des Amirs aurait suffi, en ce moment, pour mettre fin à notre ambassade et pour nous livrer tous aux fureurs homicides de leurs barbares sujets, dont un grand nombre brandissaient leurs sabres nus sur nos têtes, à la manière des bourreaux qui vont remplir leur horrible office.

Mir-Nur-Mohammed, après s'être écrié en biloutchi et en se tournant vers ses collègues : « Maudit soit celui qui se fie aux promesses des Féringhys ! » reprit froidement la parole en persan pour s'adresser aux envoyés britanniques :

« Vos traités, leur dit-il, sont, je le vois, toujours modifiables au gré de votre bon plaisir ou de vos intérêts ; c'est là votre manière d'agir envers vos amis et vos bienfaiteurs. Vous nous avez demandé un libre passage pour votre armée à travers notre territoire ; nous vous l'avons accordé sans hésiter, comptant sur votre amitié. et sur l'honorabilité de votre parole. Si nous avions pu prévoir qu'une fois votre armée entrée sur nos domaines vous en profiteriez pour attenter à notre indépendance en exigeant de nous, par un autre traité, un tribut annuel de trois cent mille roupies et un payement immédiat de deux millions cent mille autres roupies pour couvrir les dépenses de cette même armée, certes, nous aurions adopté, pour notre sûreté et pour celle de notre patrie, les mesures requises par de telles prétentions. Vous nous connaissez assez pour savoir que vous avez affaire à des Biloutchis, et non à des marchands que l'on peut effrayer facilement. Nous ne sommes pas seuls à gouverner cette contrée conquise par nos ancêtres, mais les intérêts de toutes nos tribus sont liés aux nôtres. »

Le capitaine Eastwick écouta avec calme les griefs de l'Amir et y répondit brièvement, appuyant de quelques aphorismes persans ou arabes des phrases comme celles-ci : « Le gouvernement britannique ne cherche à nuire en aucune manière à celui de Vos Hautesses ; mais nécessité n'a pas de loi. — Dans les circonstances difficiles, des amis doivent pouvoir compter sur l'aide de leurs amis. — La campagne commencée contre les Afghans n'a pas seulement pour but la sécurité de l'Inde ; mais la tranquillité future des territoires biloutchis dépend de ses résultats. »

Nur-Mohammed sourit, et, après avoir échangé avec ses cousins quelques mots que nous ne pouvions comprendre, il dit en soupirant au capitaine Eastwick : « Je désire peser et connaître toute la portée de ce mot d'a-*mis* dont vous venez de vous servir. Je ne puis donc faire sur-le-champ une réponse décisive à vos demandes.

Nous ne pouvons rien décider sans consulter au préalable
ceux dont nous ne pouvons sacrifier les intérêts aux
nôtres, et qui ne sont pas entièrement dans notre dépendance. »

Nous sortîmes du palais au coucher du soleil. Il n'y
avait eu, au moment du départ, aucune distribution
d'atar et d'eau de rose, comme c'est l'usage dans l'Inde.
Nous ne rentrâmes chez nous qu'à la nuit tombante, ex-
ténués de la fatigue de la journée.

Le lendemain se passa tout entier dans une attente
vaine de la réponse des Amirs. Les affaires semblaient
prendre une mauvaise tournure. L'agent indigène nous
fit conseiller secrètement de nous tenir en éveil, et son
avis n'était peut-être pas dénué de fondement, car une
troupe d'environ deux cents soldats biloutchis vint s'installer, comme en embuscade, dans un pli de terrain, à
moins de cinq cents pas de nous. Quelques uns d'entre
eux vinrent même, à plusieurs reprises, rôder en espions
autour de notre petit campement ; mais, nous trouvant
toujours sur nos gardes, ils se retirèrent.

Le 24, les délais fixés aux Amirs pour donner leur réponse étant expirés, nous reprîmes le chemin du quartier
général. Aidé, cette fois, par le vent et le courant, notre
petit steamer franchit en trois heures les dix-huit milles
qui nous séparaient du petit village de Jarrack, où, dès
le matin, l'armée entière était arrivée.

CHAPITRE X

Fausses alarmes. — Trois officiers morts brûlés. — Les Amirs acceptent le traité. — Marche de l'armée sur Shikarpour. — Le défilé de Séhwan. — Larkhana. — Abondance et bas prix des vivres.— Shikarpour. — Brigands biloutchis. — Fath-Mohammed Ghori. — — Sakhar. — Khairpour. — Mir Roustam. — Maraudeurs.— Le scorpion, — Remède qu'on en tire.

Pendant les huit jours de halte que nous fîmes en ce lieu, les faux bruits d'attaques prochaines et de surprises de nuit ne cessèrent de circuler dans le camp, alimentés, il est vrai, par quelques faits réels. Un jour, c'étaient des chameaux que des voleurs biloutchis venaient enlever à portée de nos grand'gardes, ou bien quelque pauvre vivandier resté en arrière, qui était pillé et bâtonné par eux. Le lendemain, c'était un Cipahi, égaré depuis quelque temps, et qui, échappé des prisons de Shir-Mohammed, khan de Mirpour, accourait nous annoncer que ce chef venait de se joindre aux Amirs d'Hydrabad pour marcher avec eux contre nous. Enfin, le 30, on rapporta dans le camp les restes défigurés de trois officiers de l'armée de la reine; ces trois imprudents, s'étant éloi-

15.

gnés sans permission pour se livrer à une partie de chasse, avaient péri misérablement dans une forêt qu'on avait incendiée tout autour d'eux.

Heureusement, le 1ᵉʳ février, Mir-Ismael-Khan, ambassadeur des Amirs, vint nous annoncer que ces princes se soumettaient aux clauses du traité proposé. Dès qu'ils l'eurent revêtu de leur signature, l'armée quitta Jarrack et vint, en deux marches, asseoir son camp sur la rive droite de l'Indus, en face d'Hydrabad. Le 3, nous vîmes rentrer en toute hâte dans cette capitale l'armée biloutchie, qui avait remonté la rive gauche du fleuve pendant que nous longions la rive droite. Elle se composait d'environ dix mille hommes et de trente bouches à feu. Plus de la moitié de cette force formait le contingent de Mirpour, que Shir-Mohammed avait amené aux Amirs pour les aider contre les infidèles. Mais alors, reconnaissant la supériorité de nombre et de discipline de l'armée anglaise, il regagnait son propre territoire, non sans avoir envoyé au résident une lettre humble et obséquieuse, en réponse à une rude et sévère épître que, peu de jours auparavant, j'avais minutée et adressée moi-même.

L'Indus commence à grossir à cette époque de l'année; ses eaux toujours boueuses sont très-saines si on a le soin de les filtrer. La méthode employée pour leur épuration est des plus simples. Prenez une amande et frottez-la, jusqu'à la dernière parcelle, contre la paroi intérieure d'une jarre. Laissez ensuite reposer pendant une heure l'eau dont vous remplirez celle-ci; vous la trouverez alors parfaitement claire. Il suffit ensuite, pour un usage même immodéré, de la dépoter. Mais, si on boit cette eau non filtrée, alors surtout que l'on a mangé du

délicieux poisson appelé *pulla*, on s'expose à une attaque de dyssenterie, qui souvent devient mortelle.

Quelques jours après la signature du traité, le résident ayant reçu des Amirs un certain nombre de caisses, pleines de friandises destinées aux tables de la *gèn-
try* du camp, eut la bonté de m'en envoyer deux qui
contenaient bien quatre-vingts livres d'excellentes confitures. Les Anglais, naturellement carnivores, apprécient
peu le goût de nos confitures, et ce n'est, je le suppose,
qu'à cette circonstance que je dois d'en avoir été gra-
tifié d'une si grande quantité. Quel que fût le motif du
présent, il ne fut pas moins bien fêté par mes amis,
par mes gens et par moi-même, et nous n'épargnâmes
pas nos remercîments au personage éminent auquel
nous le devions.

Le 9 mars, le capitaine Eastwick ayant reçu l'ordre
d'accompagner l'armée jusqu'à Shikarpour, nous fîmes
tous les préparatifs nécessaires à l'exécution de ce devoir, et le lendemain, au lever du jour, nous partîmes avec
l'avant-garde qui devait remonter, aussi haut que possible, la rive droite de l'Indus.

A part quelques accidents inséparables d'une expédition semblable, tels — qu'un dragon englouti par le
fleuve, en voulant faire boire son cheval trop loin de la
rive, — un chameau entraîné de l'abreuvoir par un gigantesque crocodile, — nos premières journées de marche ne différèrent les unes des autres, ni par les événements, ni par l'espace franchi. A notre droite, le fleuve
roulait toujours la vaste nappe de ses eaux fangeuses et
profondes; à notre gauche couraient toujours du sud
au nord les montagnes du Biloutchistan, où paissent de
nombreux troupeaux de gros et petit bétail, dont les

sauvages propriétaires viennent souvent prélever des
contributions noires sur les villages de la plaine.

A mesure que nous avancions, le temps devenait
plus humide, la pluie et le tonnerre se succédaient avec
un acharnement inaccoutumé dans l'Inde, à cette époque
de l'année. Ce fut ainsi qu'après une longue nuit d'orage
nous parvînmes, dans la matinée du 20, à la passe de
Shéwan.

On donne ce nom à un rétrécissement de la rive droite
de l'Indus, où, ce fleuve, pendant environ deux cents pas,
ne laisse qu'un étroit sentier entre son lit et les montagnes. Le parcours même de ce sentier n'est pas sans
danger, car il serpente entre de gigantesques rochers
à pic et un profond abîme, au fond duquel grondent
et mugissent les tourbillons du fleuve. Nos ingénieurs
néanmoins, l'ayant élargi d'une dizaine de pieds partout où il leur semblait trop étroit, le rendirent praticable pour l'armée, et tout notre monde y passa sans
accident, à l'exception d'une pauvre femme qui dans
la presse eut une jambe cassée.

Le lendemain nous reçûmes dans notre camp la visite
de sir Henri Fane qui devait s'y rencontrer avec le
Nawab Mohammed Khan, envoyé par les autorités du
Sindh pour s'entendre avec lui sur divers points. Nulle
des personnes présentes à cette entrevue, à l'exception
des deux plénipotentiaires, ne fut gratifiée d'un siége.
J'avais assisté à Adjmir à plusieurs durbars du gouverneur général et je n'avais jamais vu témoigner si peu
de considération pour des gentilhommes bruns, jaunes
ou blancs. Ceci me confirma, ce que déjà j'avais entendu
dire, que les officiers anglais du Bengale ont une trop
bonne opinion d'eux-mêmes. Comme le capitaine East-

wick servait d'interprète aux deux plénipotentiaires, je me tenais derrière lui pour expliquer au besoin au Nawab sa phraséologie persane. Le son de ma voix parut horripiler singulièrement sir Henri, qui m'interpella aussitôt d'un très-rude « Et qui êtes vous donc, monsieur? » — Il ne fallut rien moins, pour le calmer, qu'une explication du capitaine Eastwick. Sir Henri était beau, bien fait, intelligent ; mais, bien qu'il eût déjà atteint l'âge mûr, il semblait n'avoir jamais pris de leçon de politesse. Après que toutes les affaires politiques eurent été traitées, le Nawab biloutchi désirait visiblement continuer la conversation, mais sir Henri se leva brusquement et le congédia.

Le froid, qui avait assailli l'armée à son départ, continuait à sévir cruellement sur des hommes habitués au chaud climat de Bombay et du Bengale. Presque chaque nuit l'eau gelait dans les vaisseaux qui la contenaient. Ce fut pis encore quand nous atteignîmes Larkhana, grande ville entourée d'un mur en terre et que gouvernait un vieux bonhomme illettré nommé Pir-Abdourrahim. L'armée fut obligée de s'y arrêter huit jours pour se livrer aux préparatifs indispensables des longues et dangereuses marches qui, à travers les passes de Bolan[1] devaient la conduire dans un climat trop rigoureux pour les indigènes de l'Inde. La plupart des conducteurs de chameaux, surtout ceux qui venaient du Koutch, refusèrent de se laisser entraîner dans ces rudes contrées ; mais les arguments que les bâtons des prévôts imprimèrent sur le derme de ces pauvres diables les convainquirent qu'ils n'avaient d'autre alternative que la sou-

[1] Défilé qui conduit du bassin de l'Indus dans l'Afghanistan, à travers les monts Soleymans.

mission ou la désertion. Presque tous adoptèrent ce dernier parti et reprirent la route de leur pays en abandonnant leurs chameaux aux tendres soins des soldats de la ligne.

Le 12, une division de l'armée prit la route du Candahar, sous le commandement de sir John Keane, pendant que la seconde division était obligée d'attendre, pour se mettre en marche, qu'on lui eût procuré des moyens de transport. La mission qui attachait le capitaine Eastwick à la suite de l'armée étant alors terminée, il eut le choix entre l'emploi d'agent politique dans le Sindh supérieur et celui d'adjoint de M. W. Macnaghten, envoyé en qualité de ministre dans le Candahar. Tout en me consultant sur ce qu'il devait faire, il penchait fortement pour le dernier poste qui, suivant lui, devait le mettre à même de voir des contrées nouvelles et d'acquérir tout à la fois l'expérience des champs de bataille et d'immanquables distinctions.

Je lui objectai que je connaissais, bien mieux qu'aucun Anglais, le caractère des Afghans, et que jamais la soif de l'or, des honneurs ou des aventures ne me ferait engager dans une expédition dont le succès me paraissait excessivement douteux ; que, s'il voulait croire mon humble avis, il n'irait pas, à moins d'ordres précis, dans l'Afghanistan, où je ne doutais nullement qu'il ne tombât tout d'abord victime de sa propre énergie et de son zèle ardent. Il sourit dédaigneusement de mes conseils et me dit : « Mon ami, la vie est un jeu de hasard ; que faire de son existence, si on ne la joue au bénéfice d'autrui ou de soi-même ? » J'avais une excellente réplique sur le bout de la langue ; mais je m'abstins de l'énoncer par amour de la paix, et je détournai la conversation sur un autre terrain. Heureusement pour mon patron et pour moi-même, sa présence et ses services furent si bien requis dans le haut Sindh, qu'il n'eut plus le temps de penser à suivre l'armée dans l'Afghanistan [1].

Vers le milieu du mois, j'accompagnai le capitaine à Shikarpour. Cette ville, la plus considérable du Shind, renferme environ quinze mille maisons, presque toutes à terrasse et quelques-unes à deux étages. Elle est entourée d'un mur en terre et possède une petite citadelle ; de nombreuses plantations de mangos et de palmiers décorent ses environs, dont le sol fécond, consacré à la culture du pavot et du lin, me parut dans l'état le plus florissant. La population se divise par moitié en Indous et en Musulmans. Tous s'adonnent au commerce, car Shikarpour doit à sa position d'être un grand marché d'échange. Les objets de première nécessité y sont à si bas prix, que pour deux païces je m'y procurais ce qui m'eût coûté deux schellings à Londres.

Nous établîmes, pour quelques jours, nos quartiers auprès de cette ville et nous nous préparâmes à y jouir

---

[1] Les événements se chargèrent, on le sait, de justifier la prudence de notre auteur. Une conquête aisée, qui livra aux Anglais, en une seule campagne, tous les grands centres de l'Afghanistan, fut en moins d'un an suivie d'un soulèvement général de tous les clans afghans. Quéttah, Ghuzni, Candahar et Caboul furent successivement repris sur les Anglais forcés de battre en retraite au milieu des intempéries meurtrières d'un hiver inconnu aux hommes de l'Inde. Dix mille Indo-Anglais périrent égorgés dans les seuls défilés de Tezeen, et, de tous ceux qui avaient franchi les Soleymans, dans le printemps de 1839, bien peu revirent les bords de l'Indus. Ces désastres furent à la vérité vengés en 1841 par une expédition mieux conduite que la première ; mais le seul résultat immédiat de cette guerre de l'Afghanistan fut pour la Compagnie des Indes une perte sèche de 20,000 soldats, et de 400 millions de francs.

d'un repos et d'une tranquillité dont un mois de labeurs
à la suite de l'armée nous faisait sentir tout le prix. Vaines
espérances, que ne tardèrent pas à dissiper le passage
continuel des troupes et les nouvelles venant de l'armée !
On recueillait des fruits amers de la mauvaise direction
donnée à toutes les branches de l'administration militaire. Sir Alexandre Burnes[1], le précédent agent politique
du haut Sindh, avait dépensé des sommes énormes pour
remédier au mal, mais sans le moindre résultat. Aussi ne
se passait-il pas de jour et d'heure que nous n'apprissions
la perte d'une multitude de valets et de bêtes de charge,
morts de soif dans le désert, de quelques soldats tués ou
blessés, ou de chameaux enlevés par les voleurs biloutchis.
Dans une course que nous poussâmes jusqu'à Sakkar,
ville située à trente milles plus haut, sur l'Indus, nous
eûmes à traverser une longue et épaisse forêt, mais nous
ne courions aucun risque de nous égarer ; car des centaines de chameaux morts jalonnaient les côtés et le milieu de la route. Il était impossible d'être mieux guidés
que nous ne l'étions par ces misérables épaves de notre
armée.

La nécessité de mettre un terme aux déprédations des
voleurs biloutchis qui infestaient la contrée entre Sakkar
et Shikarpour me mit en rapport avec Fath-Mohammed-
Khan, ministre de Khairpour. C'était un vieillard de
quatre-vingts ans ; mais sa vivacité et son énergie dépassaient celles de bien des jeunes gens. Ses idées saines, sa
grande expérience des affaires locales et sa manière de les
gérer lui avaient mérité tout à la fois l'estime de son

<hr>

[1] Célèbre voyageur auquel l'Europe doit les premières données
exactes qui lui soient parvenues, sur le Caboul, le Kaffristan, Bokhara et
Samarcande. Il périt en 1840, dans l'insurrection de l'Afghanistan.

maître et de ses administrés. Il me reçut avec la plus grande politesse, et, dès que nous eûmes échangé les compliments d'usage, j'abordai franchement la question du brigandage des Biloutchis. Il me répondit que les habitants du pays souffraient de ces déprédations encore plus que les étrangers, et que plus d'une fois il avait dû ceindre l'épée et se mettre en campagne *avec son armée* pour châtier les bandits. Tout en lui affirmant que l'intention du capitaine Eastwick était de contenir ces tribus sauvages, et non de les exterminer, je voyais défiler dans ma pensée l'armée dont le brave homme faisait étalage, et qui se composait de quarante-cinq fantassins et d'environ cent cinquante cavaliers dont les maigres coursiers luttaient entre eux de chétive apparence. Mon sourire ne put échapper au sagace vieillard, qui reprit sur le champ : « Ne méprisez pas mes soldats et leurs chevaux. Ils ne sont pas brillants, mais ils conviennent à la guerre, telle qu'elle se fait ici; pouvant endurer, sans trop pâtir, la faim et la soif pendant trois jours, ils sont bien plus aptes que vos beaux soldats et que vos chevaux fins à poursuivre les voleurs à travers les montagnes et les ravins de ce pays. »

Ne voulant ni blesser ni contrarier un vieillard dont le petit-fils me semblait plus âgé que moi-même, je l'assurai que j'avais pleine et entière confiance dans le courage et l'activité de ses soldats, et je m'efforçai d'excuser mon malencontreux accès de gaieté par les déplorables habitudes que j'avais contractées dans une trop longue fréquentation des Anglais.

Nous nous séparâmes donc comme d'anciens amis et non sans nous promettre réciproquement de nous revoir bientôt. Effectivement, le vieux routier vint le surlende-

main chez le capitaine Eastwick dont il gagna l'estime à
la première vue.

Peu de jours après, nous allâmes à Khairpour lui rendre sa visite et en faire une à l'Amir son maître. Cette
ville gît à une cinquantaine de milles à l'est de Shikarpour,
sur la rive gauche de l'Indus. A trois milles en avant de
la ville, nous fûmes reçus par un détachement de cavaliers qui nous conduisirent cérémonieusement dans
un petit enclos où s'élevait un pavillon, destiné par
l'Amir à servir de demeure à tous les hôtes européens
que le hasard lui amènerait. Nous avions à peine eu
le temps de déjeuner, que deux officiers de haut rang
vinrent, de la part de Sa Hautesse, s'informer de la
santé du capitaine.

Celui-ci les reçut avec son urbanité ordinaire, mais
les avertit que, ne pouvant disposer de plus d'un jour, il
serait charmé d'être admis aussitôt que possible en présence de l'Amir. Ils portèrent ce message à leur maître
et, dans l'après-midi, le fils de mon vieil ami le ministre
vint en grand appareil nous chercher pour nous conduire
au palais. A notre arrivée, l'Amir Roustan-Khan se leva
de son trône et vint embrasser, avec une courtoisie tout
orientale, l'agent politique de la Grande-Bretagne, puis
il le fit asseoir à ses côtés sur un tapis disposé à
cet effet. L'auditoire était aussi nombreux qu'à Hydrabad, mais moins tumultueux ; l'aristocratie locale y
dominait. Sauf une trentaine d'officiers biloutchis, il
ne se composait que des parents et des grands officiers
de l'Amir.

Le but de la conférence était de faire comprendre à Sa
Hautesse la nécessité où elle était de maintenir et de
châtier différentes tribus de Biloutchis. Mir Roustan pro-

mit de faire ce qu'il pourrait à cet égard, et se déclara
l'humble, mais très-sincère ami des Anglais. L'Amir, qui
paraissait toucher à sa soixantième année, n'avait pas
moins de huit fils, devait avoir été fort bel homme, et sa
conversation indiquait un esprit noble et plein de piété.
Sa ville de Khairpour était une grande et belle ville, dont
son palais, entouré d'un rempart en terre battue, occupait exactement le centre, et ses revenus, bon an, mal
an, s'élevaient à cinq lacs de roupies (1,250,000 fr.)

Fort avant dans la soirée, nous eûmes une seconde audience du vieil Amir, qui déploya dans la conversation
autant d'enjouement que d'aménité ; au moment du départ du capitaine Eastwick, il lui dit : — « Je vous ai
parlé comme à un ami. Vous m'inspirez plus d'estime
qu'aucun Anglais ne l'a jamais fait ; car j'ai trouvé un
vrai plaisir à m'entretenir avec vous. Je vous crois bon
chrétien, et votre cœur sans doute est pur comme un
miroir ; aussi je vous aime à l'égal de mes fils. » Le capitaine répondit comme il le devait aux paroles du bon
vieillard, que nous ne quittâmes pas sans un long échange
de compliments et de vœux, d'une sincérité plus qu'ordinaire.

Le lendemain nous rentrâmes à Sakhar, et de cette
ville trois courtes étapes nous ramenèrent à Shikarpour,
où nous trouvâmes l'état des affaires pire que jamais. Les
brigands biloutchis poussaient l'impudence au point de
venir presque chaque jour, jusque sous les murs de la
ville, blesser, mutiler et tuer les pauvres pasteurs de
chameaux et quelquefois même les soldats chargés de
garder les pâturages.

Nos soldats indigènes, faute de connaître le pays, ne
rendaient aucun service dès qu'ils n'étaient plus en ligne,

et les cipahis du Bengale, grands, beaux et bien ficelés, n'avaient pas toujours un cœur correspondant à leur extérieur.

Voici un exemple des prouesses dont plusieurs de leurs détachements se rendirent coupables. Dans l'après-midi du 6 avril, trente-neuf chameaux appartenant à l'administration de l'armée, et paissant sous la garde de cinq cipahis commandés par un naïk, furent saisis et emmenés par dix voleurs biloutchis. Deux des chameliers ayant reçu des coups de sabre, leurs camarades, épouvantés à la vue du sang, s'enfuirent du côté de l'agence, et les hommes de garde les imitèrent. Leur sous-officier, s'étant présenté devant l'agent politique, se mit au port d'armes et dit gravement : « Les trente-neuf chameaux, saheb! viennent d'être enlevés à l'instant par des voleurs, saheb! deux chameliers ont été blessés, et tout va bien, saheb! » Ce rapport singulier éveilla à tel point ma gaieté, que je quittai mon pupitre pour rire à mon aise, et j'entendis alors le dialogue suivant entre le capitaine Eastwick et le naïk :

Le Capitaine. — Quel était le nombre des voleurs?

Le Naïk. — Ils étaient dix; mais l'épais nuage de poussière que nous avons vu derrière eux indique qu'un bien plus grand nombre les suivait.

Le Capitaine. — Pourquoi n'avez-vous pas tiré sur ces brigands?

Le Naïk. — Parce que nous étions occupés à préparer notre repas sous un arbre, et, voyant les chameliers s'enfuir, nous sommes accourus vers vous.

Le Capitaine. — Vous êtes de vaillants soldats!

Le Naïk. — Je remercie Votre Honneur pour cette bonne parole; j'ai fait mon devoir.

Le Capitaine. — Bonne parole et merci !... mille tonnerres ! j'ai bien envie de vous envoyer rendre compte de votre lâche conduite devant un conseil de guerre.

Le Naïk. — Si c'est là la récompense que la main de Votre Honneur réserve à nos fidèles services, nous ne nous en prendrons qu'à notre mauvaise étoile.

Le Capitaine. — Laissez-moi. Pas un mot de plus. Cessez de souiller mes regards. Face en arrière ; à vos rangs ; pas accéléré ; marche ! »

C'est la première et dernière fois que, dans un intervalle de douze ans, je vis le capitaine Eastwick sortir de son calme habituel. Il lança immédiatement à la poursuite des bandits un peloton de cavalerie irrégulière du Bengale. Mais on ne put retrouver leurs traces ; on eût dit qu'ils avaient disparu sous la terre avec les chameaux et leur butin.

Pour surcroît de misères, la chaleur, qui avait succédé sans transition aux froids de l'hiver, était tellement accrue par l'arrivée des *hot-winds*, que, seule et sans autre auxiliaire, elle suffisait pour avoir raison de nous en peu de temps. Dans ma petite hutte, le thermomètre s'élevait à 110 degrés dans le milieu de la journée, et ne descendait pas au-dessous de 90 degrés pendant les six heures qui suivaient minuit, et que rafraîchissaient les brises du nord. Mais, ces six heures expirées, nous pouvions nous croire placés devant l'une des bouches de la gehenne éternelle. S'exposer alors au soleil, c'était courir à une mort certaine. Bien souvent, à cette époque, j'ai vu des officiers, d'une forte constitution et d'une charpente solide, nous quitter pour un voyage d'un jour, et le lendemain nous apprenions leur décès subit.

Les natifs et les voleurs biloutchis supportaient parfaitement ce soleil meurtrier ; ils trottaient du matin au soir, exposés à ses rayons et sans manger ni boire, ce qui dépasse de beaucoup les facultés de mes compatriotes de l'Inde ; quant aux Européens, ils sont entièrement en dehors de la question. Je n'ai pu trouver l'explication de cette température excessive ; Shikarpour, étant de 4 degrés plus au nord que Surat, devrait jouir d'un climat plus frais que le Goudjerat [1].

Les souffrances que la chaleur me faisait endurer me mirent sur la voie d'un moyen propre à m'en garantir. Je fis construire en avant de ma hutte un petit appentis en jawassa, sorte de graminée épineuse bien connue dans l'Indoustan pour ses propriétés réfrigérantes, et je chargeai un porteur d'eau de l'arroser du matin au soir. Je dus à cet appareil un véritable soulagement.

Dans la matinée du 11 avril, j'ordonnai à mon valet de chambre d'exposer mon lit au soleil pendant une heure ou deux, pour sécher l'humidité dont ma transpiration incessante pouvait l'avoir imprégné. Il n'eut pas plutôt enlevé les draps, que j'aperçus un énorme scorpion rampant avec impunité sur le matelas et brandissant de çà de là sa queue de neuf vertèbres armée d'un mortel aiguillon. Je n'avais jamais vu encore d'échantillon aussi monstrueux de son espèce. Son corps noir était tout couvert de poils hérissés, et sa queue, d'un vert foncé, était tachetée de rouge sur l'aiguillon. Mon valet et moi

---

[1] L'excessive chaleur de la partie moyenne du bassin de l'Indus s'explique par le bas niveau du sol, ouvert à l'est et à l'ouest aux brûlantes effluves des déserts de sable du Sindh et du Béloutchistan, et abrité des vents frais du nord par la chaîne des Soleymans.

nous restions frappés d'horreur à cette vue, quand un Afghan de mes amis, respectable habitant de la ville, venant m'honorer d'une visite, aperçut la bête et s'écria :

— « Lutfullah, vous êtes un homme heureux, et vous l'avez échappé belle ce matin. Cette maudite vermine, que nous appelons ici un *jerrara*, peut d'un coup de son aiguillon mettre fin à l'existence de n'importe quelle créature. Adressez donc vos actions de grâces au Seigneur, dont la miséricorde vient de vous donner une seconde fois la vie, en vous préservant des atteintes de cet infernal compagnon de lit.

— Je ne crains rien de ce scorpion, répondis-je, car il ne peut me blesser s'il n'est pas écrit dans le livre de ma destinée que je serai piqué par lui. »

Tout en parlant, je fis entrer l'animal dans un petit pot de terre dont je scellai le couvercle avec de l'argile, et plaçai le tout sur un bon feu. Au bout d'une heure il ne resta de la bête venimeuse qu'un petit monceau de cendre, laquelle administrée par dose d'un demigrain, pour un adulte, est un remède souverain pour les plus violentes coliques.

A la suite de plusieurs courses vaines à la poursuite des bandits, le capitaine Eastwick, convaincu qu'il ne pouvait agir efficacement contre eux qu'au moyen d'un corps auxiliaire levé parmi leurs propres compatriotes, avait adressé au gouvernement un mémoire à l'effet d'être autorisé à mettre à exécution cette indispensable mesure. Les circonstances ne lui permettant pas d'attendre la réponse de ses chefs, il prit sous sa propre responsabilité d'enrôler, dès la mi-avril, un certain nombre de Biloutchis appartenant aux tribus Khosas et Kahiris, tribus hostiles, de tous temps, à une dizaine d'autres clans notoirement connus pour leurs habitudes déprédatrices.

Le premier chef qui s'offrit à nous fut le khosa Kadirbakch, beau jeune homme d'environ vingt-cinq ans. Il nous amena cinquante cavaliers, et on l'investit du commandement, non-seulement de ses Khosas, mais encore de toutes les recrues qu'il pourrait nous procurer. Chargé d'enregistrer les noms et les signalements de ces hommes sauvages et de leurs sauvages coursiers, j'eus, on peut le croire, une tâche peu facile. Beaucoup d'entre eux me riaient au nez de tout leur cœur, quand ils me voyaient leur demander leurs noms tout en me livrant à un examen minutieux de leurs traits et des marques distinctives de leurs personnes; d'autres me prenaient pour un magicien et s'imaginaient mettre ma science à l'épreuve en me demandant de leur répéter leurs noms une heure après les avoir inscrits sur mon livre; et, la chose se faisant sans la moindre difficulté, ils se retiraient les yeux hagards et la bouche ouverte. Ils n'avaient pas davantage idée de leurs âges respectifs. Des soldats à longues barbes grises s'efforçaient de me persuader qu'ils ne comptaient que vingt-cinq ou trente printemps. Ayant demandé à l'un d'eux s'il se rappelait l'expédition dans laquelle le vieux Fath-Ali-Khan avait expulsé les Kalhoras du Sindh, il répondit tranquillement: «Oui! cela est arrivé il y a quelques années déjà; j'étais alors un jeune garçon, et je commençais à suivre, armé de l'arc et du carquois, les troupeaux de mon père au pâturage.»

Je ne pus retenir un grand éclat de rire à cette déclaration, car, l'événement auquel je faisais allusion étant arrivé en 1779, le narrateur aurait dû avoir bien au delà de soixante ans, et évidemment il n'en avait pas quarante. Ma gaieté n'éveilla pas la sienne, et, me saisissant la main, il me dit : « Mon bon ami, vous paraissez être un vrai croyant; mais, ayant vécu trop longtemps avec les infidèles Féringhys, vous avez perdu votre conscience : c'est pourquoi vous ne pouvez plus ajouter foi à la parole d'un musulman. » Je lui demandai pardon et le priai de ne pas s'inquiéter d'une gaieté dont j'avais malheureusement contracté la mauvaise habitude, mais qui me permettrait toujours de croire sur parole mes frères en religion.

A quelques jours de là je fus chargé d'aller à Khanpour, faire une visite à Kamal-Khan, chef des Kahiris; je devais, en lui rappelant les nombreux et sanglants griefs que son clan nourrissait contre les outlaws, et en lui laissant entrevoir un emploi honorable dans nos rangs, le déterminer à se rendre auprès de l'agent politique. Je franchis les trente milles qui me séparaient de Khanpour avec une escorte d'une demi-douzaine de Biloutchis, et nous atteignîmes la ville à la nuit close, sans avoir eu l'honneur de rencontrer la moindre bande de voleurs.

Mes six gardes du corps étaient de joyeux compagnons, qui, dès qu'ils eurent dépassé les limites de notre cantonnement et se trouvèrent en pleine forêt, parurent avoir atteint l'apogée du bonheur, riant, causant et chantant tout le long du chemin. Je leur demandai ce qu'ils feraient si nous étions attaqués par les voleurs. « C'est nous qui les attaquerons, » répondirent-ils; et, croyant que j'avais besoin d'être rassuré, l'un d'eux ajouta : « Ne crains rien, mon ami, nul brigand ne touchera à ta personne tant que nos six têtes seront sur nos épaules. »

Le vieux Kamal-Khan me reçut avec la franchise et
l'hospitalité patriarcale des tribus du désert. Un excellent mouton rôti et des gâteaux pétris avec du beurre
fondu formèrent le menu d'un abondant repas auquel
prirent part de nombreux Biloutchis, parents ou alliés
du chef. Nous fîmes ensuite nos prières en commun,
et, dans cette occasion, je remplis le rôle de lecteur, à la
requête et à la grande satisfaction de la sauvage congré-
gation. Avant de gagner ma couche de nattes, j'eus une
longue explication avec Kamal-Khan au sujet de ma
mission. Il acquiesça à toutes mes demandes et m'affirma
que son clan serait, ainsi que lui, heureux de prendre
parti pour les Anglais, si ceux-ci s'obligeaient à ne pas
porter atteinte à leur religion ; car il lui était revenu de
plusieurs côtés que les Anglais, une fois en possession
de la contrée, forceraient les habitants à embrasser le
christianisme. Naturellement je lui dis de ne rien craindre à cet égard, et de mépriser les contes et les fables fa-
briqués par l'artifice de nos ennemis. Je lui demandai s'il
avait jamais entendu parler de quelque mesure coërcitive
prise par les Anglais contre la liberté de n'importe quel
culte, dans cette Inde qu'ils gouvernaient en maîtres depuis près d'un siècle. Comme preuve de leur tolérance,
les régiments, qu'il voyait chaque jour passer sous ses
yeux, n'étaient-ils pas composés d'hommes de toutes les
castes et de toutes les sectes, chacun suivant librement
son culte sans la moindre intervention du gouvernement?
Enfin, je lui demandai quelle opinion il avait de moi-
même, qui vivais avec les Anglais depuis plus de vingt-deux
ans. Je n'avais pas fini, que le vieux patriarche posa ses
deux index sur ses yeux en témoignage de sa foi entière en
mes paroles.

Le lendemain il vint avec moi à Shikarpour. Présenté à l'agent politique, il fut immédiatement enrôlé avec son clan au service de l'honorable compagnie, après avoir prêté serment de fidélité au gouvernement britannique.

Ces alliances ne tardèrent pas à soulever des difficultés qu'aucune des parties contractantes n'avait prévues. Nos soldats réguliers ne pouvaient distinguer nos nouveaux auxiliaires des Biloutchis outlaws, et il arrivait souvent que, lorsqu'un groupe de nos recrues s'approchait du camp, des soldats indigènes en sortaient en nombre double ou triple, fondaient sur eux, les saisissaient triomphalement et les traînaient en notre présence, toujours fort malmenés et quelquefois même blessés.

Cette manière d'agir envers les *lions du désert* n'étant pas faite pour les apprivoiser, nous leur proposâmes d'adopter nos baudriers en signe de reconnaissance, et, après quelques objections, nous les décidâmes à se soumettre à cette livrée de servitude.

Le 7 mai, un de leurs détachements, conduits par le khosa Misri-Khan, eut une affaire assez chaude avec des brigands de la troupe du fameux Rahman. Misri-Khan fut blessé à la jambe et à l'épaule; mais il ramena quatre brigands comme trophées. L'agent politique ayant consulté le diwan Jetmall, gouverneur de Shikarpour, sur la peine encourue par ces prisonniers, le diwan opina pour qu'ils fussent livrés au supplice le plus déshonorant et le plus douloureux qu'on pourrait inventer. L'agent politique, tout en approuvant la sentence de mort, fit grâce de la torture à ces pauvres diables. Il les condamna à être pendus séparément et à un jour d'intervalle l'un de l'autre. Chargé de leur interpréter cette terrible sentence, je le fis avec un cœur tremblant, surtout en m'adressant à celui dont l'exécution était la plus prochaine. Tous m'écoutèrent fièrement, sans baisser les yeux et sans dire un seul mot. L'homme qui devait mourir le lendemain se contenta de dire nonchalamment : « La volonté de Dieu soit faite ! »

Quant à mon ami Misri-Khan, il ne laissa échapper ni plainte ni soupir pendant que notre docteur recousait et pansait ses plaies ; l'opération terminée, il remercia chaudement son Esculape, puis regagna sa tente sans aide et sans s'inquiéter des flots de sang qu'il avait perdus et qui inondaient ses vêtements. Comme je lui témoignais la vive part que je prenais à son infortune, « Une infortune ! reprit-il avec vivacité, non ! non ! c'est un honneur que peu d'hommes sont capables d'obtenir, et dont les marques sont gravées d'une manière indélébile sur ma personne ! » Il ne me restait plus qu'à le féliciter ; c'est ce que je fis, en lui souhaitant une prompte guérison.

Dans ce même moment, la chaleur était plus intolérable que jamais. Des œufs que j'avais fait exposer au soleil furent non-seulement cuits, mais grillés en moins de quarante minutes. C'est par cette température de 150 degrés que le capitaine Eastwick eut la malencontreuse idée de prêter à un officier indigène, chargé de marcher avec un détachement biloutchi contre les outlaws, un magnifique cheval arabe que je montais d'habitude. L'officier, qui laissait son propre cheval fort tranquille à l'écurie, partit avec le mien, galopa après les voleurs, les trouva, les combattit (il le prétendit du moins), et rapporta la tête sanglante de l'un d'eux en témoignage

de ses prouesses ; mais mon pauvre cheval bai !... il
ramena bien son brutal cavalier ; mais il ne fut pas plutôt rentré dans son écurie et dessellé, qu'il se coucha et
mourut.

CHAPITRE XI

L'erreur de Khangarh. — Le nouveau gouverneur de Shikarpour. — Le nouvel agent politique. — Abdurrahman le Borgne et son épouse civilisée. — La réclusion des femmes est-elle désirable ou non.— Retour à Hydrabad. — J'obtiens un congé pour revoir Surat. — Voyage et séjour à Jaférabad.

Le 11 mai, une collision eut encore lieu entre des cipahis de Bombay et des Khosas retranchés dans Khangarh. Ce malentendu, qui coûta à ces derniers trente hommes hors de combat, et à nos cipahis quatre des leurs, sans compter un soubahdar et un officier anglais légèrement blessés, eut pour cause première l'ignorance absolue où chacun des deux partis était de l'idiome de l'autre. L'enquête ouverte à ce sujet par l'agent politique prouva que les nôtres avaient pris pour des menaces et des clameurs de défi les signes et les cris d'amitié que leur faisait de loin la garnison de Khangarh. Il s'empressa de relâcher les prisonniers qu'on lui avait amenés et de confier les blessés aux soins d'un chirurgien européen.

Sur ces entrefaites, ayant appris qu'une grande fête annuelle allait être célébrée sur un des bras du fleuve en l'honneur de la crue de ses eaux, je me rendis sur le

théâtre de la solennité. C'était à un mille environ de la
ville. Cette promenade me procura l'occasion de contempler sans voile les traits d'un certain nombre de beautés de pur sang indou, et je dois déclarer que je ne
trouvai pas en elles moins de grâces et de charmes que
dans les plus belles nymphes de l'Angleterre, que je
pus admirer quelques années plus tard.

Toute la multitude assemblée sur ce point semblait
livrée à une joie entraînante. Dans un de ces heureux groupes, je vis même un vieillard livrer aux
écarts d'une danse rapide sa longue et flottante barbe
blanche, tout en chantant des fragments des poëmes
antiques, pendant qu'une belle jeune fille battait la mesure sur un tambourin et l'accompagnait même de sa
voix délicate.

En revenant chez moi, je m'arrêtai quelques instants
chez Jel-Singh, un des plus riches banquiers de la ville.
Entre autres bijoux déposés chez lui en nantissement
d'emprunts, il me montra une magnifique paire de pen-
dants d'oreilles en émeraude. Chacune des deux pierres,
parfaitement pure et sans défaut, était plus grosse qu'un
œuf de pigeon. On estimait leur valeur à 20,000 roupies,
et elles étaient engagées pour 18,000.

Depuis deux ou trois jours, Shikarpour se trouvait
sans gouverneur : Jetmall, le dernier titulaire de ce poste,
ayant appris qu'il était sur le point d'être remplacé, s'é-
tait tout d'abord enfui et caché. Puis, sur l'avis venu
d'Hydrabad que le bruit était faux et qu'il serait maintenu dans son emploi, il reparut ; mais à peine était-il de
retour, que la fâcheuse nouvelle de l'approche de son
successeur le mit de nouveau en fuite, et cette fois pour
tout de bon.

Takki-Shah, le nouveau titulaire, arriva le 26, et, dès qu'il eut fait son entrée solennelle et pris possession de sa charge, il vint rendre une visite à l'agent politique, auquel il apportait les compliments des Amirs ses maîtres, et du vieux ministre Ismaël-Shah, son père. Tout en causant, il exprima un regret profond de ce que les plans imaginés par les fins politiques d'Hydrabad pour prendre au piége son prédécesseur eussent été vains; car, s'ils avaient réussi, il aurait tiré, du vieil et riche oison, d'innombrables œufs d'or, dont auraient profité le trésor de ses maîtres et... le sien. C'est par suite de ces manigances que je sus que le revenu de Shikarpour et de ses dépendances ne s'élevait pas à moins de trois lacs de roupies[1], qui devaient se répartir en sept parts égales, dont quatre pour les Amirs d'Hydrabad et trois pour ceux de Khairpour. Or les princes d'Hydrabad, après avoir longtemps affermé leurs parts à l'ex-gouverneur Jetmall pour la modique somme de 14,000 roupies par an, avaient fini par s'apercevoir qu'ils étaient dupes de ce marché. De là la révocation de Jetmal, les craintes fondées de celui-ci, auquel on eût fait rendre gorge si on avait pu, et sa fuite définitive.

Peu après le nouveau gouverneur, arriva aussi à Shikarpour un nouvel agent politique, M. Ross Bell, un des plus beaux hommes de la Grande-Bretagne; mais je ne tardai pas à reconnaître que ce magnifique extérieur voilait une foule de misères, telles que : l'orgueil, l'ostentation, la vanité. Il considérait tous les hommes comme au-dessous de lui et traitait les serviteurs du gouvernement comme ses esclaves.

---

[1] 500,000 roupies — 750,000 francs.

Sa manière de gérer les affaires différait de tout ce que j'avais jamais vu. Il n'avait aucune confiance dans ses subordonnés, et ceux-ci, dans l'accomplissement de leurs devoirs, n'apportaient aucune pensée d'affection pour lui. Nonchalamment couché sur son sofa, ce noble personnage dictait sa correspondance à son humble munshi, qui timidement debout, son écriteau pendu à sa ceinture et n'osant s'asseoir ni sur une chaise ni sur le sol, enregistrait mot pour mot les paroles de son maître, qu'elles eussent du sens ou qu'elles n'en eussent pas. Que pouvait-on attendre d'une telle dégradation? Quant à moi, je n'aurais pas voulu m'y soumettre pour la solde entière de l'agent politique lui-même; mais mon ami Trébania-Saha, ainsi que ses collègues, supportait sa servitude avec un front serein.

Un matin, M. Eastwick m'envoya chercher pour remplir quelques lacunes laissées dans son rapport final sur sa gestion du haut Sindh. Il était dans la même pièce que M. Ross Bell, occupé de son côté à dicter une lettre à son munshi. Ma besogne terminée, j'allais me retirer, quand j'entendis l'orgueilleux fonctionnaire formuler une opinion fort erronnée que son automate de secrétaire s'empressa de transcrire exactement et qu'il relut telle quelle à haute voix. Pensant que le maintien de cette erreur pourrait nuire aux intérêts britanniques, je ne pus m'empêcher de prendre la parole pour la relever et en indiquer la correction. Sur ce, le terrible homme jeta sur moi des regards aussi farouches que s'il eût voulu me dévorer : ce qu'il aurait fait peut-être si la chose avait été en son pouvoir. Mais, sans m'inquiéter de son courroux, je lui tournai le dos et regagnai mon pupitre. Dans la soirée, le capitaine Eastwick me dit que M. Ross

Bell était furieux de mon intervention dans ses affaires;
je répondis que c'était là un malheur dont ma conscience me consolait parfaitement.

Enfin, après cinq ou six semaines employées à mettre
son successeur au courant des affaires, M. Eastwick,
rappelé à Hydrabad par de nouvelles instructions, m'ordonna, le 29 juillet, de tout préparer pour notre heureux
retour dans cette ville.

Parmi les quelques amis auxquels je fis des visites
d'adieux en m'éloignant de Shikarpour, je dois citer
Abdourrahman le Borgne, de la famille des Durranis. Ce
vieux gentilhomme avait, suivant les idées anglaises,
atteint un haut degré de civilisation en permettant à sa
femme de paraître sans voile devant ses amis. J'avais eu
plus d'une fois la bonne fortune de rendre visite à cette
dame et de jouir de sa conversation avant mon départ ;
j'eus le plaisir de recevoir d'elle et de son civilisé mari
une invitation à dîner. En beauté et en grâce, la dame,
il faut l'avouer, était sans rivale parmi le beau sexe de
Shikarpour, et, en esprit, talent et capacité, elle dépassait
de beaucoup son bonhomme d'époux qu'elle paraissait
mener par le nez.

L'éloignement des femmes de la société des hommes,
que nous autres, vrais croyants, considérons comme un
devoir, est regardé comme une faute par les Anglais. Ils
laissent leurs femmes vivre sans contrôle et jouir de la
société des hommes, soit en public, soit en particulier.
Pauvres et faibles créatures ! combien d'entre elles tombent victimes des intrigues brutales des hommes ! Combien de familles de haut lignage n'ont-elles pas perdu leur
lustre par suite de cette déraisonnable liberté? On as-
sure qu'à Londres seulement quatre-vingt mille femmes

sont enregistrées sur le livre noir. Vous ne pouvez faire un pas le soir dans cette première des cités du monde, et surtout dans celui de ses quartiers qui porte le nom de Regent Street, sans rencontrer des femmes, brillantes de jeunesse et de beauté, et que l'abandon de leurs parents et de leurs amis a jetées dans la pratique et peut-être dans l'obligation des plus honteux écarts! A qui la responsabilité de ces choses? Elle ne peut retomber, selon moi, que sur la liberté établie parmi les civilisés.

Je ne prétends pas que toutes les femmes musulmanes soient vertueuses : la vertu et la dépravation sont deux sœurs, l'une blanche et l'autre noire, dont toutes les nations tour à tour ont subi ou subissent les influences alternantes; mais, quoi qu'il en soit, je suis fondé à dire que les limites et les restrictions imposées à la vie privée par les lois et les usages de l'islam préviennent les sollicitations du vice et les défaillances de la vertu.

Le temps que les femmes mahométanes donnent à leurs travaux d'aiguilles, à leurs cinq prières quotidiennes, à la surveillance de leur cuisine et des autres affaires du ménage, ne leur laisse pas le loisir de penser aux amants. Leur mariage est arrêté par leurs parents, qui sont certes leurs meilleurs amis, et dont l'expérience dans les affaires du monde est plus grande que la leur. On procure presque toujours à une jeune fille l'occasion de voir celui qu'elle doit épouser et de l'examiner à son insu, et nul contrat de mariage n'est considéré comme valide, à moins que le consentement préalable des deux parties n'ait été recueilli et attesté par un fonctionnaire du gouvernement chargé de consacrer légalement le mariage. Ainsi sont prévenues les querelles sanglantes, les haines

profondes qui empoisonnent la vie des rivaux aspirant à
obtenir la même épouse ; ainsi la couche conjugale est
non-seulement pure de toute tache, mais même du moindre soupçon. La réclusion garantit, en outre, les femmes
de ces illusions et de ces vains désirs qui irritent l'esprit
par leurs séductions passagères, pour les laisser ensuite
en proie à l'aiguillon incessant des remords. Enfin, ne s'é-
tant jamais enivrées de l'encens universel et de ces triom-
phes de vanité que la beauté recueille dans les cercles de
l'Europe, nos femmes sont à l'abri de la pénible sensation
que doit éprouver celle qui voit son empire décliner
avec ses charmes.

Le 12 août 1839, laissant Shikarpour pour Hydrabad,
nous nous embarquâmes sur deux petits bateaux nommés
baris[1] dans le pays ; mais ce ne fut guère qu'à six ou sept
milles de la ville que nous pûmes commencer notre navigation, suivis que nous fûmes jusque-là d'une multitude de gens, grands et petits, qui tenaient à nous témoigner leurs respects et nous accompagner aussi loin que
possible. Le fleuve, coulant dans cette saison à pleins
bords, nous offrit une succession de magnifiques points
de vue ; mais trois classes d'ennemis, différents de nature,
mais égaux en ténacité, nous poursuivirent avec acharnement : c'étaient les rayons du soleil, les rats du bateau
et les mousquites de la rivière. Les premiers nous acca-
blaient tout le long de la journée, les seconds ne nous
laissaient pas un moment de repos, et les troisièmes
suçaient notre sang toute la nuit.

A Sakhar, où nous arrivâmes le 15, nous eûmes le

---

[1] C'est le nom même que portaient les embarcations du Nil, dans la
langue des anciens Égyptiens.

plaisir de rencontrer le jeune frère de M. Eastwick, officier fort au courant des langues asiatiques, et qui allait remplir à Shikarpour l'emploi d'adjoint auprès de l'agent politique. Je regardai sa présence comme heureuse pour le haut-Sindh, où, depuis l'arrivée du nouvel agent politique, l'état des affaires était en pleine décadence : M. Ross Bell ne s'occupait guère que de se quereller, surtout avec le brigadier général, et une semblable manière d'agir ne pouvait que nuire au service.

Nous voyagions pendant la saison des pluies et nous la trouvâmes installée dans notre nouvelle résidence. Le 15 septembre, après une journée brûlante, nous jouissions de la fraîcheur, du calme du soir et de la beauté du crépuscule, épanchant et fondant dans l'azur du ciel les teintes les plus brillantes et les plus variées : c'était une scène charmante. Tout à coup un nuage noir, poussé avec rapidité par le vent du sud-ouest, la fit disparaître sous d'épaisses ténèbres, et une lourde pluie, illuminée d'éclairs, se précipita sur la terre au milieu des sifflements de l'orage et des mugissements du tonnerre. J'avais été témoin de trois ouragans dans le Sindh, mais celui-ci les dépassait tous. Les tentes d'un grand nombre d'officiers furent enlevées ou mises en pièces; la mienne, grâce aux forts pitons de fer qui la fixaient sur le sol, demeura debout, bien que l'eau, débordant des fossés qui l'entouraient, s'élevât de deux pieds dans l'intérieur et mit à flot mon lit et mon mobilier. La fureur des éléments mit deux heures à s'épuiser; après quoi, le calme se rétablit dans l'atmosphère et nous pûmes réinstaller, tant bien que mal, nos literies et nos personnes. Ces alternatives de calme et de tempêtes se succédèrent jusqu'à la fin du mois.

A cette époque, je fus témoin d'une autre et plus horrible scène : un cipahi du 26ᵉ régiment d'infanterie indigène se tua après avoir massacré ses enfants. C'était un Mahrathe d'environ trente ans. Il venait de perdre, quelques jours auparavant, une femme bien-aimée, morte en couche et laissant à ses soins trois enfants en bas âge, dont le dernier ouvrait à peine les yeux, et dont l'aîné n'avait pas cinq ans. Accablé de son malheur, ne sachant comment concilier ses devoirs de père avec ceux de soldat anglais, sa raison s'obscurcit, et il ne trouva pas de remède plus efficace à ses maux que de mettre un terme à son existence et à celle des innocentes petites créatures qui lui devaient le jour. Sa résolution arrêtée, il coupa la gorge aux deux plus âgés de ses enfants et se fit ensuite sauter le crâne. Je ne pus retenir mes larmes devant leurs cadavres, et le souvenir de leur misérable destin troubla longtemps mes nuits.

Le mois suivant, je fus atteint d'une fièvre de mauvaise nature, qui, croissant de jour en jour pendant une semaine, me jeta dans un tel état de prostration, que je ne pouvais me retourner dans mon lit sans le secours d'autrui. L'inquiétude et les soins que déploya pour moi le capitaine Eastwick dépassèrent ceux d'un père pour son fils. Puisse le Tout-Puissant le récompenser de sa générosité ! Il n'y avait point de médecin dans la localité, et la mixture de séné et d'absinthe était le seul remède dont je pusse disposer ; néanmoins le mal commença à diminuer le neuvième jour, et les bienfaisants effets du rafraîchissant sorbet de sucre ne tardèrent pas à me faire entrer en convalescence. Mes forces cependant ne revinrent que lentement, et de longtemps encore je ne pus sortir ou même me tenir debout. Ma faiblesse me dispensa du jeûne et des autres prescriptions du mois de Ramadan, qui commençait alors. Dans une des premières et courtes promenades que je pus me permettre peu après, je fus accosté par un jeune homme, chargé d'un havre-sac sur ses épaules et d'un gros gourdin à la main. Il me salua, dans la forme usitée entre les vrais croyants, et me demanda s'il n'y avait pas à la résidence quelque haut fonctionnaire, et s'il pouvait le voir. Le prenant pour quelque vagabond mendiant, je répondis à peine à sa requête et lui tournai le dos. Il n'en vint pas moins à la porte de la résidence; mais la garde, voyant sa misérable apparence, ne voulut pas le laisser entrer. Il s'assit alors sous un arbre, et, tirant de son sac un morceau de pain, il se mit à le manger tranquillement. Au retour de ma promenade, et prêt à me mettre à table pour déjeuner, je me rappelai l'homme et son extérieur déplorable, et je chargeai un de mes domestiques de lui porter un pain frais et une portion de carri ; mais on ne le trouva nulle part. Dans l'après-midi, étant allé porter quelques papiers à la signature du capitaine Eastwick, quel ne fut pas mon étonnement de retrouver le même aventurier, habillé à l'anglaise, assis à table et causant en très-bon anglais avec le capitaine! Celui-ci me présenta à son hôte; c'était un monsieur Curzon, homme d'un haut mérite et de la meilleure éducation. Il parlait l'indoustani, le persan et l'arabe, de manière à faire croire que chacun de ces idiomes était sa langue naturelle. Il était venu de Calcutta dans le costume sous lequel je l'avais rencontré le matin, et le 21 novembre, reprenant son déguisement, il nous quitta pour se diriger vers la Turquie. J'eus le plaisir de le revoir à Londres en 1844.

Le 27 du même mois, au milieu de la nuit, nous reçûmes la nouvelle officielle de la bataille de Khelat, de la mort de Mihrab Khan et de l'occupation de sa capitale par l'armée anglaise.

Instruits de ces événements le lendemain matin, les Amirs firent tirer du château une salve de vingt et un coups de canon, et le soir toute la ville d'Hydrabad fut illuminée. En dépit de ces manifestations publiques, des informations secrètes ne nous permettaient pas de douter que les Amirs ne vissent avec la plus grande peine la chute de Khelat et la mort de son prince, avec lequel ils avaient entretenu non-seulement les liens de l'amitié, mais ceux de la parenté, le fils de l'un d'eux ayant épousé la propre sœur de Mihrab. Mais tel est le cours des affaires de ce monde, qu'un neveu est obligé parfois d'ordonner des réjouissances publiques pour la mort de son oncle.

Au commencement de décembre, M. Eastwick ayant été pris à son tour et très-rudement de la fièvre, moi-même ayant eu une rechute et tous nos serviteurs étant encore plus malades que nous, le changement d'air nous parut indispensable, et, après avoir confié la résidence aux soins d'un lieutenant anglais, nous partîmes pour Karatchi, où nous arrivâmes le 11 du même mois. Là, ma santé n'éprouvant aucune amélioration, je fus contraint de demander un congé de trois mois, que le capitaine m'acorda de grand cœur; il chargea en outre Abdoul-Karim, un de ses plus fidèles péons, de m'accompagner et de prendre soin de moi jusque dans ma famille, et, au moment de notre séparation, il me remit le certificat suivant :

« Karatchi, 19 décembre 1839.

« Mon Munshi, Lutfullah Khan, me quitte pour aller

passer trois mois dans sa famille. Dans ce monde d'accidents, bien des circonstances peuvent empêcher son retour. C'est pourquoi je ne veux pas le laisser partir sans lui exprimer ma gratitude profonde pour ses bons services et le haut prix que j'attache à sa société comme ami, à ses leçons comme professeur.

« J'ai eu les occasions les plus favorables d'observer son caractère pendant un intervalle de onze années, et je puis consciencieusement affirmer que, parmi les natifs de l'Inde, j'ai rarement rencontré son égal, jamais son supérieur, en générosité de sentiments, pensées et conduite de gentilhomme, comme en désirs ardents d'accroître ses connaissances et en persévérance infatigable, déployée à la poursuite de ce but. Les différences radicales qui séparent les deux éducations asiatique et européenne une fois admises et balancées, il peut soutenir la comparaison avec le meilleur de mes propres compatriotes. Je dois ajouter que je n'oublierai jamais les obligations que j'ai contractées envers lui, et que, tant que son caractère demeurera ce qu'il est, je serai heureux de le compter au nombre de mes amis les plus chers. Puissent la santé, les succès et la prospérité l'accompagner partout où il ira ! tel et le vœu bien sincère de son affectionné ami

« W. J. Eastwick,

« Assistant résidant dans le Sindh. »

Embarqué à bord d'un bateau sindhi, je me fis déposer, après cinq jours d'une calme et douce navigation, à Belwal Patan, petit port de la côte bien connue du Kattiawar, puis je m'acheminai à petites journées vers Jaffirabad.

CHAPITRE XII

L'esclave gouverneur de Jaffirabad. — Retour à Surat. — Mort de la
fille aînée du Nawab. — M. Pelly me procure de l'emploi dans ses
bureaux. — Il me cède à M. Langford. — Le Nawab de Cambaye et
ses salines.— Encore une fois Munshi. — Le Nawab de Surat meurt
du choléra. — Séquestre mis sur ses propriétés. — Son gendre Mir
Jafir Aly se prépare à aller en Angleterre. — Il emmène M. Scott et
moi comme secrétaires.

Je commençai l'année 1840 à Jaffirabad, dans la demeure hospitalière de l'Indo-Abyssin, gouverneur de
cette place, Sidi-Mohammed, homme intelligent, de
bonnes mœurs, et très-versé dans l'art de gouverner les
hommes confiés à ses soins. Ainsi le hasard voulut que,
dans le cours d'une seule année, je rencontrasse trois
gouverneurs d'origine servile : Anand Khawass à Jouria
Bandar, Fatth Khan à Ounah, et Sidi Mohammed à Jaffirabad; trois hommes qui n'étaient inférieurs à aucun de
leurs collègues de haute naissance. Les esclaves, une
fois maîtres de leur libre arbitre, se conduisent généralement mieux que les hommes libres, car les devoirs

de leur premier état leur ont appris comment ils doivent se conduire envers leurs subordonnés. Mais il n'en est pas ainsi des ennuques. L'odieux traitement qui les a faits ce qu'ils sont exerce une influence délétère sur leurs facultés mentales; il les rend pour toujours vicieux, vindicatifs, sans pitié, et ne laisse dans leur âme aucune place pour la sympathie et la sociabilité.

Je pris congé le 2 janvier de mon excellent hôte Sidi Mohammed, et, prenant place à bord d'un *battélah* qui portait à Surat un chargement de sable, j'atteignis sans encombre cette ville, qui étalait alors aux regards les funestes effets d'un incendie récent. Près de la moitié de la cité était réduite en cendres; des monceaux de ruines éboulées et de grands pans de murs dénudés et noircis étaient les seuls vestiges d'un grand nombre d'édifices majestueux et de riches habitations. Le 10, je me rendis au palais et présentai mes respects au Nawab et à ses gendres. Le vieux prince me reçut avec son affabilité accoutumée; il m'interrogea soigneusement sur les affaires des Amirs du Sindh et sur les succès des Anglais dans l'Afghanistan. Sa Hautesse me parut jouir d'une bonne santé, mais son moral ne me sembla pas plus solide qu'auparavant. Elle commençait depuis quelque temps à ajouter à sa ration quotidienne d'opium de fortes doses de liqueurs alcooliques, et se laissait mener ou plutôt malmener en toutes choses par son ministre Mohammed Ali Bey.

« Oui, seigneur, parfaitement vrai ! »—ou bien encore : « C'est indubitable, seigneur ! »—telles étaient en général les uniques réponses des courtisans aux remarques, observations et désirs, justes ou non justes, de Sa Hautesse.

En quittant ce fantôme de souverain, j'allai voir ses

gendres, qui se montrèrent charmés de me voir et ne
me cachèrent pas le chagrin que leur causait le train de
vie de leur beau-père.

Le 30 mars, je fus convoqué aux funérailles de la fille
aînée du Nawab, épouse de Mir Akbar-Ali. Elle était
morte de consomption à l'âge de trente et un ans. Elle
avait eu quatre enfants, mais aucun ne lui survivait. Des
deux filles du Nawab, elle était la meilleure; son amour
pour son mari et pour son père n'avait point de bornes.
Sa mort prématurée avait eu pour cause (du moins suivant le bruit public) les mauvais traitements qu'elle
avait essuyés de la part de celle de ses marâtres qui
était le plus en faveur auprès du vieux Nawab, et qui
avait pris la jeune femme pour but constant de sa mali-
gnité. Mir Akbar-Ali, mandé depuis dix jours à Baroda
par le Guicowar [1], n'avait pu recevoir le dernier adieu de
sa compagne bien-aimée.

Cette noble dame avait adopté la fille encore enfant
d'un pauvre paysan; elle l'aimait comme son propre enfant et lui avait donné le nom de sa bisaïeule Wilayati-
Khanum [2]. Les cris déchirants arrachés à cette jeune, in-
nocente et vraiment belle petite fille, par la perte de sa
protectrice, m'émurent au plus haut point; je restai auprès d'elle, mêlant mes larmes aux siennes et cherchant
à la consoler, comme si j'eusse été du nombre de ses
parents ou de ses vieux amis, jusqu'au moment où je

[1] Ce mot *Guicowar* désigne tout à la fois, la *contrée* qui s'étend
autour du golfe de Cambaye, tant sur le continent que dans la presqu'île de Goudjerat, et le *chef* de la confédération de la trentaine de
petits princes qui se partageaient ce territoire au temps de l'empire
Mogol.

[2] Khanum, équivalent de madame, est le féminin de khan, équivalent persan de monsieur ou seigneur.

dus quitter le palais pour me joindre au cortége funèbre.
Je me doutais peu que cette toute jeune fille était destinée à devenir ma femme sept ans plus tard et à être la
mère de mes enfants.

Sur ces entrefaites, une lettre du capitaine Eastwick
m'ayant appris qu'il allait revenir à Bombay pour soigner
sa santé, je n'avais plus à retourner dans le Sindh, et je
repris ma vieille profession de Munshi. Au bout de quelques mois, le désir d'être employé de nouveau par le
gouvernement me poussa à aller trouver M. Pelly, un des
principaux fonctionnaires de la province. Il arriva que,
comme j'allais entrer dans sa pièce de réception, un
M. Mayor, son valet de chambre, y pénétrait de l'autre
côté, en sortant du cabinet de son maître. Il ne m'eut
pas plutôt aperçu, qu'il s'écria : « Au nom de Dieu,
n'avancez pas! »

Cette réception d'un ami ne laissa pas que de m'étonner, et je ne savais qu'en penser, lorsque, jetant les yeux
sur l'intervalle qui nous séparait, je vis entre nous un
long et mince serpent noir, une hideuse cobra, qui se
tenait sur le tapis, à l'affût de quelque rat sans doute.
M. Mayor, étant le plus près de l'animal, était aussi le
plus menacé ; mais le hardi chrétien, qui portait à ses
pieds des souliers à lourdes semelles, en détacha un et
en asséna sur la tête du reptile un coup assez fort pour
étourdir l'animal, dont ma canne et celle de M. Pelly,
qui accourut au bruit, eurent bientôt entièrement
raison.

Mon bon et noble hôte m'ayant alors invité à entrer
dans son cabinet, je l'y suivis et je m'assis. Mais l'instinct
physique alarmé avait rendu mon visage pâle, ma langue muette, et précipitait plus que de droit les batte-

ments de mon cœur ; un verre d'eau offert et pris opportunément me délivra de cette déplaisante impression
nerveuse. Je dis alors à M. Pelly que le désir du changement et l'ambition causaient la plupart des malheurs des
hommes ; car le mécontentement de ma position présente, et l'ambition, qui me poussaient à venir solliciter
de sa bienveillance un emploi au service du gouvernement, venaient de m'exposer à manquer non-seulement
le but cherché, mais à perdre la vie par-dessus le marché.
Le vieux gentleman, souriant de mon observation, répliqua : « Qu'un accident aussi simple ne vous décou-
rage pas, Lutfullah ; notre vie est dans les mains du
Tout-Puissant, et nulle créature ne peut nous nuire sans
sa permission. » Il ajouta qu'il pouvait me donner sur-le-
champ dans ses bureaux un petit emploi de commis et
de traducteur aux appointements de trente roupies par
mois, et qu'il doublerait cette somme de sa propre
bourse, si je voulais consacrer une heure chaque matin
à donner des leçons d'indoustani à sa fille et à son fils.
J'acceptai ces offres bienveillantes avec autant d'empressement que de gratitude.

Ainsi s'écoula pour moi l'année 1840. Le 19 décembre,
je me rendis à Bombay pour y faire mes adieux à mon
ancien patron, le capitaine Eastwick, forcé de rentrer en
Angleterre pour tâcher d'y recouvrer la santé. Nous
fûmes l'un et l'autre bien heureux de nous revoir après
un intervalle d'une année, et nous passions en interminables causeries toutes les heures libres que lui laissait
la fièvre. Comme il devait partir pour sa terre natale par
la première occasion, je restai auprès de lui jusque-là,
écrivant pour lui quelques lettres officielles, et surveil-
lant ses arrangements domestiques. Le 1er janvier 1841,

un steamer étant prêt à partir, le capitaine, toujours
plein de bontés, me remit, outre une lettre de recommandation pour M. Pelly, une certaine somme d'argent et différents objets pour moi. Je lui dis d'abord que
j'étais venu pour le voir et non pour recevoir des présents ; mais, voyant que mes refus le peinaient, j'y mis
un terme et n'objectai plus rien. A midi, je louai une
bonne et douce voiture pour le conduire au port, et,
après l'y avoir installé aussi bien que je pus, je m'assis à
ses côtés et l'enveloppai soigneusement, car tout son corps,
en ce moment même, frissonnait sous un accès de fièvre
froide. En cet état, je l'accompagnai à bord du steamer
la *Victoria*. Je le conduisis dans le salon de la première
classe, où je le fis coucher sur un petit matelas ; mais
je l'avais à peine recouvert de son manteau, qu'on me
signifia de quitter le bâtiment, et qu'il me fallut dire
adieu à mon pauvre malade. Je le quittai, le cœur tremblant et les yeux pleins de larmes, en pensant au long
voyage qu'il avait à faire, aux difficultés qu'il pouvait
rencontrer et à l'état déplorable de sa santé.

Pauvres créatures, aux sens bornés et à l'intelligence
imparfaite, nous nous laissons facilement maîtriser par
la douleur ou par la joie, et nous oublions le pouvoir il-
limité de l'Être tout-puissant auquel il n'est pas plus difficile de guérir la maladie désespérée de Job que d'en-
gloutir dans la mer Rouge Pharaon et son armée !

Rentré à Surat peu de jours après, j'y repris mes travaux
accoutumés, et je remis la lettre du capitaine Eastwick
à M. Pelly, qui eut la bonté de m'en donner un extrait
revêtu de sa signature ; il me promit en outre un prompt
avancement.

Au commencement de février, M. Pelly se prépara à

faire sa tournée annuelle dans la zillah [1] du Concan, et, comme il me désigna pour faire partie du personnel bureaucratique qui devait l'accompagner, je le rejoignis sur la barre de la Tapty, où nous attendait un confortable bâtiment qui, deux jours après, nous déposa à Karandja, lieu de notre destination.

C'est un hameau de quelques huttes, peuplé d'habitants demi-nus; il gît au fond du havre de Bombay, sur la côte du continent, en face et à trois milles à peu près de la citadelle de la présidence. Trois constructions seules y méritaient, en 1841, le nom de maisons : l'une était la distillerie du gouvernement, l'autre la demeure du Parsi qui la dirigeait, et la troisième était un caravansérail élevé pour la commodité des voyageurs aux frais et par les soins de Mohammed Ali Rogey, respectable citadin de Bombay, bien connu par ses vertus philanthropiques.

Grâce à la brise de mer qu'elle reçoit de trois côtés, Karandja jouit, ainsi que ses environs, d'un air pur et sain, et les deux mois de paisible séjour que j'y ai faits ne m'ont laissé que de bons souvenirs.

Le 30 mars, M. Pelly avertit ses employés qu'il se rendait dans les Nilgheiries [2], et m'ordonna, ainsi qu'à mes collègues, d'aller rejoindre à Bandra M. Langford, son substitut.

Aucun de nous ne se sépara sans chagrin de M. Pelly, homme généreux, d'un esprit élevé et qui savait appré-

---

[1] Zillah, — circonscription administrative, judiciaire et financière. L'Inde anglaise est divisée en près de 160 zillahs. La présidence de Bombay en compte 17.

[2] Montagnes du sud du Deccan, du sanscrit *Nila-Guiri*, montagnes bleues.

cier les services et les qualités de tous ses surbordonnés. En partant, il me remit un certificat très-flatteur, une note chaleureuse pour son successeur et une fort jolie gratification.

Le jour suivant, dans la matinée, je passai à Bombay, où, après déjeuner, je louai un chariot pour mes bagages et mes domestiques, un autre pour moi, et pris le chemin de Bandra, que j'atteignis à onze heures du soir. Pendant ma courte halte à Bombay, un fripon de domestique me quitta sous prétexte d'aller acheter quelques provisions au bazar, et ne reparut pas. Après l'avoir attendu pendant plus d'une heure, l'avoir cherché partout sans le trouver nulle part, je fus obligé de porter sa désertion à mes comptes de profits et pertes, et de me charger moi-même de la location et du chargement des chariots.

A Bandra, je descendis dans une petite hôtellerie tenue par une femme Parsie, dont la fille méritait à tous égards le titre de jeune et jolie femme, douée qu'elle était d'une physionomie charmante et de l'air le plus séduisant. A peine avait-on échangé quelques mots avec elle, que l'on était comme fasciné par le son de sa voix et la douceur de ses regards ; c'était, enfin, sous tous les rapports, ce que les Anglais appellent une dame civilisée, et je me regardai comme très-heureux d'être servi à table par ses belles mains.

Le lendemain, j'accompagnai le maître clerc à la demeure de M. Langford, pour présenter mes respects à ce fonctionnaire et recevoir ses instructions. Nous étant adressés, en entrant, à un domestique pour nous faire annoncer, celui-ci nous répondit : « Attendez qu'on vous appelle. »

Nous attendîmes deux longues heures le bon plaisir
de M. Langford. Lorsque enfin il nous eut admis en sa
présence et qu'il eut daigné recevoir nos salutations, il
voulut bien demander au maître clerc s'il y avait quelque
affaire urgente qui requît son attention. Une réponse né-
gative lui ayant été faite, il nous congédia brusquement
et nous ordonna de nous trouver à Surat au bout de dix
jours.

N'ayant pas eu l'honneur d'échanger un seul mot avec
ce nouvel arbitre de ma destinée, je lui présentai la note
de recommandation que M. Pelly m'avait laissée pour
lui ; il la prit dédaigneusement, lui accorda à peine un
regard, et la déchira en me disant qu'il n'avait rien à
ajouter aux instructions qu'il venait de donner au maître
clerc, et que, d'ailleurs, le capitaine Jacob lui avait tout
récemment parlé de moi. Cette brève réponse et le ton
arrogant qui l'accompagnait étaient loin de me convenir,
et je me sentais bien disposé à faire, en cette occasion,
le sacrifice de ma patience. Mais le maître clerc, qui se
tenait à mes côtés et lisait sur mon front ce qui se passait en moi, me pinça le bras pour arrêter ma langue.
Je suivis ce conseil muet et me retirai sans mot dire. Une
fois sorti, je dis à mon ami Beyzandji, le maître clerc,
que cette visite m'avait dégoûté du service de l'honorable compagnie, dans lequel on est obligé à chaque instant de subir les caprices de quelque nouveau maître, et
j'ajoutai : « N'avez-vous pas entendu M. Langford déclarer qu'il me connaissait d'après les rapports du capitaine Jacob, et je sais que celui-ci est mon ennemi : il
ne peut donc avoir une bonne opinion de moi, et je n'ai,
par conséquent, aucun avancement à espérer dans cette
zillah. — Pourquoi vous alarmer ainsi? reprit Beyzandji,

M. Langford ne sera pas toujours à la tête de l'administration ; il n'y est qu'en l'absence de M. Pelly. »

Cette assurance me fit patienter ; nous revînmes à Surat, où je passai tout l'été dans d'obscurs labeurs. A la
fin de novembre, je fus chargé, par M. Langford, d'aller
à Cambaye, pour décider le Nawab de cette ville à abandonner à l'administration anglaise des salines importantes et fort mal gérées par ses agents. Je fus assez heureux pour mener à bonne fin cette négociation, qui me
valut la haute approbation de M. Langford. Il me l'exprima en termes polis et fort inusités dans sa bouche,
et me promit de me donner de l'avancement à la première occasion. Cette occasion ne tardà pas à se présenter, et M. Langford me promut à un emploi vacant...,
mais dans une station si malsaine, que je répondis à ma
nomination par l'envoi de ma démission.

Libéré encore une fois de toute fonction servile, et maître de mon temps, j'employai de nouveau celui-ci à donner des leçons de langues asiatiques, ce qui m'était beaucoup plus profitable que les emplois publics ; mais
l'incertitude de l'avenir me faisant toujours désirer une
position fixe et permanente, j'écrivis à ce sujet à Mir Sarfaraz Ali, père de l'un des gendres du Nawab de Surat. Le
13 avril 1842, son fils me répondit en m'attachant à sa
maison comme professeur d'anglais, aux appointements
de cinquante roupies par mois, outre les frais de table et
de transport.

Sa Hautesse le Nawab parut me voir avec plaisir auprès
du seul de ses gendres qui habitât Surat, l'autre n'étant
pas revenu de Baroda depuis la mort de sa femme. Il me
remit un jour un bel exemplaire de l'histoire naturelle
de Goldsmith, cadeau de quelque voyageur anglais, et

me chargea de lui traduire cet ouvrage en persan, dans mes heures de loisir, en me promettant un bon prix de ce labeur, dont je me chargeai avec plaisir. J'écrivis environ deux cents pages de cette traduction, dont chaque feuille à peine terminée était portée à Sa Hautesse, qui la lisait avec avidité et la conservait soigneusement.

Dans la matinée du 7 août, je fus mandé en toute hâte au palais, où le Nawab, au retour d'une visite faite à bord du steamer le *Karnac*, venait d'être atteint du choléra. Au moment où je pénétrais dans les appartements de Sa Hautesse, j'en vis sortir le docteur J. Tawse, suivi de l'agent indigène, le Parsi. Le pauvre Nawab, les traits décomposés, les yeux caves et vitreux, la voix éteinte, défiait tous les remèdes ; son état aurait été désespéré, lors même que les soins de son philosophique ministre et de la sage jeunesse qui l'entourait n'eussent pas assuré son prompt départ de ce monde. Je ne pus que déplorer profondément sa destinée, en pensant que ses dignités, ses richesses, sa haute position, étaient maintenant également impuissantes à le sauver. Tirant à part mon jeune patron, je lui communiquai mon opinion à voix basse ; mais, loin de saisir mon intention et de prendre les mesures nécessitées par la circonstance, il se mit à crier et à pleurer comme un enfant. Voyant que l'instant n'était pas favorable aux avis utiles, je m'efforçai de calmer le jeune homme par des lieux communs sur la douleur et sur le devoir imposé à tout homme de ne pas se laisser dominer par elle.

En ce moment, on vint nous annoncer que la femme favorite du Nawab venait avec ses filles pour le voir, et nous dûmes leur céder la place. La visite de ces enfants de la faiblesse et de l'ignorance enleva au malade le peu de force qui lui restait. A quatre heures du soir, la mort le délivra de ses souffrances et de ses peines. Il était dans sa soixantième année, et avait joui vingt et un ans de sa nawabie nominale.

La scène de douleur, de trouble et de confusion, qui suivit son décès ne peut s'exprimer. Je parvins pourtant à décider mon jeune patron à écrire à son père à Baroda, pour le prier instamment de venir lui prêter dans cet instant critique l'aide de ses conseils et de son expérience; ensuite, sur mes instances, il mit les scellés sur la pièce renfermant le trésor et les livres de la comptabilité. Mais, le lendemain matin, ayant rouvert le trésor pour y prendre l'argent indispensable aux funérailles, nous fûmes bien étonnés de trouver le coffre-fort absolument vide, bien que deux jours auparavant seulement le collecteur anglais y eût versé la somme de huit mille trois cent trente-trois roupies, cinq anas et quatre païces, formant le montant d'un mois de la pension du Nawab.

Le décès de celui-ci causait à son ministre une telle douleur, que jamais il ne put nous dire comment cet argent s'était écoulé et évanoui en si peu de temps; quant aux agents du ministre, ils étaient tous muets, sans doute par la même cause. La trésorerie ayant été refermée à clef et scellée de nouveau, Mir Jafir Ali prit chez son propre banquier cinq cents roupies pour subvenir aux dépenses funèbres. Il est toutefois remarquable qu'un homme jouissant d'un revenu annuel de près de deux lacs de roupies, n'ait pas laissé en caisse, au moment de sa mort, de quoi subvenir aux frais de son passage dans l'autre monde.

Le Nawab à peine enterré, les descendants de son bisaïeul, coalisés avec une femme qu'il avait répudiée, se préparèrent à prendre leur revanche sur les héritiers légitimes du défunt.

Des pétitions, dans lesquelles les parties adverses s'injuriaient et se déchiraient l'une l'autre, furent envoyées au gouvernement. Il parut utile à Mir Sarfaraz Ali de se rendre à Bombay, seul avec moi, pour y présenter en personne à l'autorité anglaise les réclamations de son fils, de sa bru et de leurs enfants. En conséquence, le 3 octobre je quittai Surat encore une fois, et je passai deux mois à Bombay, dans la société aimable et pleine d'intérêt de ce vieux gentleman. J'adressai pour lui au gouvernement deux pétitions dont il fut si content, qu'outre un beau présent de cinq cents roupies, il me remit une note des plus flatteuses, écrite de sa propre main, et que je conserve précieusement comme souvenir de sa satisfaction.

Reçu trois fois par l'honorable gouverneur, il rapporta, de chacune de ces audiences, la promesse que justice serait faite, en temps opportun, aux droits de ses enfants. Sur cette assurance, nous revînmes, le 1er décembre, à Surat, où, peu après notre retour, l'agent du gouvernement mit le séquestre sur les propriétés de la défunte excellence, et laissa les deux parties adverses attendant avec anxiété la décision finale du gouvernement suprême et fondant leur avenir sur de vaines espérances.

Quatorze mois déjà s'étaient écoulés depuis le décès du Nawab, quand l'autorité locale nous signifia cette décision ; elle était terrible : le titre de Nawab était éteint, la pension supprimée, et les seuls membres de la famille du défunt dont l'indigence serait prouvée recevraient quelques allocations, à titre de secours... Les oreilles de mon jeune patron et de ses parents restèrent littéralement foudroyées par cette signification arbitraire. Mir Jafir, ayant pris l'avis de ses aînés, résolut d'aller d'abord à Bombay présenter ses doléances au gouverneur, et, dans le cas où ce dernier les repousserait, de les porter en Angleterre.

En conséquence, il se proposa de se rendre à la présidence par la voie de terre et me pria de l'accompagner. Un jour favorable ayant été fixé par nos astrologues, nous nous mîmes en route, et franchîmes à petites journées l'espace qui sépare Surat de Bombay, chevauchant et chassant tout le long du chemin.

Après cinq semaines passées à Bombay, trois visites faites au gouverneur, et maints mémoires déposés dans ses bureaux, Mir Jafir Ali, n'ayant obtenu aucune réponse définitive, arrêta son départ pour l'Angleterre.

Il engagea à son service un Anglais, M. Scott, et me l'adjoignit comme secrétaire et interprète. Nous revînmes à Surat le 4 février pour y prendre les dispositions indispensables au long voyage que nous allions faire, et enfin, le 12 mars, abandonnant nos foyers et nos amis pour l'autre extrémité du monde, nous montâmes à bord du steamer le *Karnac*, frété pour nous conduire à Ceylan.

CHAPITRE XIII

Voyage à Ceylan. — Le quartier chrétien et les animaux immondes.—
Les gentilshommes cingalais. — Aden. — Équipages d'ânes. — La
sainte Kâba en mouvement. — Sépulture d'Ève. — Les belles
Européennes. — La langue arabe est celle des houris. — Alexandrie.
Omar a–t-il brûlé la grande bibliothèque? — Gibraltar. — Arrivée
au *Mother-bank*.

Le 14, au lever de l'aube, nos voiles se tendirent, notre machine chauffa, et nous nous lançâmes sur l'Océan
en invoquant le saint nom de l'Être tout-puissant qui,
d'un atome de sa sagesse infinie, féconde nos sciences
et nos lumières pendant des siècles de siècles. Le même
jour nous étions en vue de Vingorla. Le 15, nous aperçûmes Goa, le chef-lieu des établissements portugais.
Le 16, nous laissâmes Mangalore derrière nous, et le 17
nous dépassâmes successivement Calicut et Cochin. Le
18, à trois heures, nous rencontrâmes une mer si dure,
que non-seulement mes compagnons en furent cruellement éprouvés, mais que l'équipage même parut en
souffrir. Le capitaine Duverger, un Français qui commandait notre bâtiment, se promenait sans relâche en
long et en large sur le pont, un cigare à la bouche et la
tête pleine de la fumée de la liqueur prohibée. A chaque

tour il passait près de moi, et, me voyant assis et accroché des deux mains à quelque manœuvre, il ne manquait pas de me dire : « Soyez sans crainte, mon ami, et dites à Sa Hautesse et à vos compagnons d'être tranquilles et de ne pas s'effrayer d'un méchant coup de vent. »

Nous doublâmes vers le soir le cap Comorin. Ce roc avancé de la vieille Inde se présente aux marins sous un aspect aussi majestueux que pittoresque. La mer néanmoins continua à nous harasser le jour suivant, et, pendant la nuit et le jour qui suivirent, elle ne se montra pas plus clémente; si bien que moi-même je commençai à la trouver insupportable et à être très-fatigué du tangage et du roulis. Le capitaine Duverger, cherchant à me consoler, m'apprit que nous nous trouvions par le travers du golfe de Manaar et du pont d'Adam, sur lesquels les tempêtes exercent toujours leur rage, mais que nous ne tarderions pas à entrer dans de meilleurs parages.

Sa prophétie ne tarda pas à se vérifier, et, dans la matinée du 20, étant encore à quarante milles des terres de Ceylan, nous fûmes favorisés d'une vue magnifique de *pointe de Galle* [1].

Les paysages de cette île superbe revêtirent, au fur et à mesure que nous en approchâmes, un aspect de plus en plus enchanteur. Au moment où nous laissâmes tomber l'ancre dans le havre, nous étions entourés d'une multitude de noirs canotiers cingalais, ainsi appelés d'après l'ancien nom de leur île, Çingaldip [2].

L'idiome de ces insulaires me parut un jargon fort grossier, ne comportant aucune inflexion ou distinction

---

[1] Cap et port à l'extrémité sud de l'île de Ceylan.

[2] Çingaldip, ou île des Lions.

de syllabes ou de période, et assez semblable à l'effet qu'on obtient en agitant un bassin de cuivre rempli de cailloux. En dépit, ou plutôt à cause même de cela, ils parlent assez facilement l'anglais.

Nous ne pûmes prendre terre avant la nuit. Dans le trouble et la confusion du débarquement, nous nous décidâmes à prendre logis, pour le court séjour que nous devions faire en ce lieu, dans un hôtel anglais qui nous avait été recommandé, et nous nous y installâmes confortablement. Mais qu'on juge de notre étonnement et de notre dégoût quand, le lendemain matin, nous découvrîmes un troupeau d'animaux immondes, rôdant, grognant, ronflant et se vautrant autour de notre demeure! À cet abominable aspect, nous n'eûmes plus qu'un désir, celui de quitter l'hôtellerie chrétienne aussitôt que possible. Étant allés aux informations, nous apprîmes qu'il y avait quelques maisons musulmanes dans la ville. Une d'elles nous fut obligeamment cédée, et nous nous y transportâmes sur-le-champ. Inutile d'ajouter que nous n'eûmes qu'à nous louer de l'hospitalité de notre hôte Maka-Murkur, dont les manières étaient celles d'un parfait gentleman. Les chrétiens de ce temps, en se réformant eux-mêmes, ont aussi réformé leur religion. Ils mangent, boivent et agissent comme il leur plaît, sous les lois de leurs parlements, sans le moindre égard pour celles du Vieux et du Nouveau Testament. (Lévitique, chap. xi, vers. 7; saint Matthieu, chap. v, vers. 17et 19.)

Les animaux de cette île ne diffèrent pas de ceux de l'Inde, à quelques exceptions près, parmi lesquelles je compterai l'éléphant. Ce puissant quadrupède m'a semblé plus beau à Ceylan que ceux que produisent les forêts de l'Inde. En outre, les variétés brune et blanche, très-rares sur le continent, sont assez communes dans cette île.

Nous ne tardâmes pas à être honorés de la visite de quelques seigneurs indigènes : beaux hommes au teint de bronze et revêtus, suivant l'ancienne mode de leur patrie, de longues robes et d'un turban circulaire et régulièrement plissé. Ils nous furent présentés comme des ministres et des officiers de l'ancien pouvoir indigène, pouvoir qui aujourd'hui a entièrement disparu de l'île, où quelques ruines en rappellent seules le souvenir aux voyageurs. On pouvait inférer de leur conversation qu'ils étaient intelligents et instruits. La religion dominante du pays est le bouddhisme, dont les prêtres doivent être consumés par le feu après leur mort. Quant aux cadavres des laïques, ils sont simplement enterrés.

Les principales maladies de l'île sont la lèpre et l'éléphantiasis.

Dans la matinée du 22, ayant été gracieusement invité par Ahmed Labby, seigneur musulman de l'île, à aller déjeuner à sa maison de campagne, située à trois milles de la ville dans une plantation de canneliers, je louai une voiture et parcourus pendant près d'une heure une contrée couverte de la plus somptueuse végétation, et dont l'éclatante verdure était animée, entretenue, rafraîchie par une incroyable quantité de sources vives et de petits ruisseaux. Nulle promenade ne m'avait encore offert le charme de cette course matinale. Je trouvai dans la villa de mon hôte un accueil digne de ce beau lieu. L'ignorance où nous étions, Ahmed et moi, de nos dialectes réciproques, nous obligea de converser en anglais, langue dont il se servait fort bien. Après un instant de repos il me conduisit dans ses magnifiques plantations, où, en outre des canneliers, il cultivait les variétés les plus précieuses des arbres à épices : le cardamome, le giroflier et **le muscadier** ; j'y remarquai aussi avec un grand plaisir le *rima*, ou arbre à pain, importé des îles de l'extrême Orient[1]. Après cette agréable et instructive promenade, nous vînmes nous asseoir devant une table couverte de mets variés et recherchés, et, là, ayant été rejoints par un troisième convive, parent d'Amed, et, comme lui, jeune, spirituel et gai, nous procédâmes au déjeuner. Tout allait bien jusque-là ; mais, mon hôte s'étant chargé de faire le thé lui-même, je le vis, à mon grand étonnement, remplacer le sucre et le lait, auxiliaires habituels de ce breuvage, par une bonne quantité de sel, de poivre et de beurre clarifié. Ainsi préparée, la coupe de thé qu'il m'offrit avait l'apparence et le goût d'une noire médecine, plutôt que de toute autre chose. Cependant, ne voulant pas déplaire à mes amis, j'avalai quelques gorgées de cette drogue avec mes aliments et j'affectai de la trouver bonne. Malheureusement, la manière modérée dont j'en avais usé fut attribuée à un défaut d'assaisonnements ; une énorme quantité supplémentaire de condiments fut versée dans ma tasse comme une faveur spéciale, et, bon gré, mal gré, je fus invité, de la façon la plus pressante, à la savourer. J'essayai, **et**, en dépit des nausées et d'une sensation de charbons ardents sur la langue et dans l'estomac, mon hypocrisie triomphante vida la coupe. Après le déjeuner on nous servit du très-bon café et de délicieux *houkas*, dont la comparaison avec le thé doubla pour moi les charmes, et la séance se termina par une conversation politique sur l'Inde et son gouvernement.

[1] De Tahiti.

De retour au logis, le récit de mon aventure éveilla
une gaieté folle parmi mes compagnons ; mais je n'en
tins compte ; j'avais fait une expérience curieuse, que je
ne payai que d'une légère purgation.

Le 25 au matin, entendant un grand bruit vers le port,
nous courûmes sur le rempart pour en connaître le
motif. A notre grande satisfaction nous reconnûmes
qu'il était causé par l'apparition du grand steamer le
Bentinck, qui, battant la mer des larges volants de ses
quatre roues et lançant de longues spirales de fumée
vers le ciel, entrait avec fracas dans le port. A la première vue ce monstrueux dominateur des mers donnait
l'idée d'un Satan gigantesque surgissant de l'abîme pour
dévorer tout ce qu'il rencontrerait sur sa route.

Dès le lendemain, disant adieu à la ravissante île de
Ceylan, nous allâmes à bord de cet immense navire,
où nous fûmes reçus par l'officier commandant, le capitaine Kellock, un fort bel homme, dont la taille était
proportionnée à celle de son vaisseau. Il nous installa
dans nos cellules, ou, pour parler son langage de marin,
dans nos cabines, qui heureusement se trouvaient au
second étage, le plus commode des quatre que contenait le bâtiment. Malgré les vastes dimensions du *Bentinck*, nous ne laissâmes pas d'abord que de nous y trouver à l'étroit, car il ne comptait pas moins de trois cents
passagers en sus de son équipage. Tout, du reste, y était
convenable ; les soins et les égards du bon capitaine et
de ses officiers ne laissaient rien à désirer, et je déclare
que sur les steamers de la compagnie la plupart des passagers n'ont pas à regretter le confort de leurs chers foyers.

Les Anglais, si on en juge par ceux qui étaient à bord
du *Bentinck*, doivent prendre rang parmi les plus grands

mangeurs et les plus grands buveurs du monde. La plupart de ces passagers mangeaient quatre, cinq et même six fois par jour. Je dois avouer que, sans être aussi vaste, notre appétit n'était pas mauvais, et que nous trouvions à l'exercer parmi les provisions du bord, aussi bien et aussi raisonnablement que nous pouvions le désirer.

Le 2 avril nous aperçûmes l'île de Socotora, que, dès la veille, à plus de deux cents milles de distance, nous avaient annoncée de nombreux vols d'oiseaux. Il est aisé de conclure de ce fait que ces oiseaux, quittant l'île chaque matin pour y retourner chaque soir, doivent se maintenir dans les airs pendant toute une journée et franchir dans le même temps un espace de plus de quatre cents milles. Louange à l'Être tout-puissant qui a formé ces créatures, en apparence si faibles! Dans la texture de leur moindre plume quel trésor d'habileté est caché, que d'art se révèle, pour l'œil qui sait voir, pour l'esprit qui sait comprendre!

Je découvris dans ces parages une autre merveille de la mer, le poisson volant. Une bande de ces animaux s'étant élevée hors de l'eau par le travers de notre bâtiment, trois d'entre eux tombèrent sur le pont, et je parvins à en saisir un. Ce poisson est une jolie petite créature qui doit à la nature deux paires de longues nageoires, dont une lui sert dans l'eau, et l'autre dans l'air. En outre, passé à la poêle, il forme une délicieuse friture.

Dans la matinée du 4, nous jetâmes l'ancre dans le havre d'Aden, après une douce et calme navigation de deux mille deux cent quinze milles anglais. Avis ayant été donné aux passagers qu'ils pouvaient aller prendre l'air du pays, nous profitâmes de la permission et nous nous fîmes déposer avec joie sur le sein de notre mère

la terre après huit jours de séparation. La ville d'Aden
est à six milles du rivage, et, comme on ne connaît pas
en Arabie quoi que ce soit qui ressemble à une voiture,
nous n'eûmes d'autre alternative pour nous y transporter
que de nous hisser sur des ânes qu'on nous amena
dans ce but. Les usages d'une contrée sont parfois
d'énormes étrangetés dans une autre. Ainsi, dans l'Inde,
aller à âne est un châtiment public, réservé seulement
pour les coupables convaincus de crimes hideux. En Arabie, au contraire, et peut-être dans d'autres contrées encore, se promener sur le dos d'un âne n'a rien de honteux.

Quoi qu'il en soit, le chef de notre troupe, Mir Jafir
Ali-Khan, qui pesait quelque chose de plus que dix-sept
stones [1], ne put se faire à l'idée d'une telle monture, se
déclara trop lourd pour elle, et, soulevant sur ses deux
mains l'âne qu'on lui offrait, demanda à son propriétaire
s'il pouvait jamais croire possible qu'il montât la chétive
bête qu'il portait ainsi. Sur ces entrefaites, un muletier,
apparut courant et criant après nous comme après un troupeau d'oies sauvages, et offrit sa grosse mule à notre gros
cavalier, qui accepta immédiatement et paya largement l'A-
rabe. Alors seulement nous nous acheminâmes vers la ville.

Ville ! vous pouvez lui appliquer ce mot tant que vous
ne l'avez pas vue ; mais, après, vous serez plus tenté,
j'en suis sûr, de lui donner le nom de repaire de djins et
de démons malfaisants. Ce n'est pas une ville, pas même
un village ; rien de plus qu'un groupe informe de misérables huttes, tapies au fond d'une cavité rocheuse de
trois milles environ de diamètre, que des parois abruptes

---

[1] Le stone étant un poids égal à 6 kilogrammes 340 grammes,
17 stones font conséquemment *quelque chose* comme 215 livres et
60 grammes.

et nues entourent comme d'un cercle de fortifications naturelles.

Comme poste militaire, ce ne serait pas une mauvaise
place si on y construisait une bonne porte et quelques
bastions ; mais, sous tous les autres rapports, le nom
d'Aden, qui entraîne avec lui l'idée de paradis, ne peut
lui avoir été donné que par antiphrase, de la même manière que nous appliquons à nos esclaves africains la qua-
lification de Kaffour ou de Camphre.

On y chercherait en vain la moindre trace de végétation ;
on n'y trouve d'eau fraîche que dans un petit puits, gardé
par des soldats et dont le contenu se vend à un haut prix.
Je suppose qu'il est inutile de s'enquérir des productions
animales d'un lieu dénué d'eau et de végétation. Quant
aux habitants, ce sont des créatures de la plus misérable
apparence, nu-tête, nu-pieds et n'ayant sur le corps que
d'insuffisants haillons.

Le lendemain, 5 avril, à six heures et demie du soir,
nous levâmes l'ancre, et notre steamer reprit son élan.
Dans la matinée du 6, nous pénétrâmes par le détroit de
Babel-Mandeb dans la mer des Algues, que les Anglais
appellent mer Rouge. A dix heures, laissant sur notre
gauche plusieurs petites îles, nous étions à la hauteur de
Moka, et, dans l'après-midi, l'examen de la boussole me
prouva que la Kâba, ce point central vers lequel conver-
gent les prières de tous les vrais croyants, commençait
à incliner à l'orient. Je mentionnai le fait à mes compagnons musulmans ; mais, au lieu de me croire, ils éclatèrent de rire à mes dépens et me dirent que, pour avoir
ļu trop de livres anglais, j'avais certainement affaibli mes
croyances religieuses. « Comment peut-on admettre, disait l'un, que la sainte Kâba, ce sanctuaire du Très-Haut,

et qui est le centre de l'Univers, puisse changer de position? » Un autre observa joyeusement que j'avais pris sans doute un verre de vin avec mes amis anglais, ce qui expliquait le trouble de mes idées. Enfin un troisième, c'était le médecin de notre patron, interpellant celui-ci, lui dit gravement : « Votre Altesse a-t-elle jamais entendu proférer une semblable absurdité? Un homme de sens a-t-il jamais affirmé que la Kâba changeât de position ? »

J'écoutai patiemment et sans mot dire ces judicieuses remarques, sachant que quelque preuve matérielle ne tarderait pas à se produire à l'appui de ma thèse. En effet, le pilote arabe que nous avions pris à Aden, ayant à faire ses prières de l'après-midi, se prosterna du côté de l'Orient. — « Comment se fait-il, dis-je alors à mes amis, que cet homme se tourne justement dans la direction que je vous ai indiquée? — C'est sans doute un juif, répondirent-ils ; du reste, nous n'avons qu'à l'interroger, par l'intermédiaire d'un autre interprète et nous saurons à quoi nous en tenir sur cet important sujet. »

Ils firent comme ils disaient, et leur fol entêtement trouva sa récompense. Tout d'abord l'interprète qu'ils choisirent, un jeune Français, salua leurs questions de longs éclats de rire, puis le rude Arabe leur répondit d'un ton bourru qu'ils verraient bientôt à Suez et au Caire tous les vrais croyants prier en se tournent droit à l'Orient. « Si vous autres Indous, ajouta-t-il en grommelant, croyez au même Dieu et au même prophète que nous, suivez notre exemple; sinon préparez-vous aux flammes de l'enfer. »

Vers le soir, nous eûmes la vue des montagnes de Jeddah, port célèbre où tous les pèlerins musulmans de l'Inde prennent terre pour se rendre ensuite à la sainte cité de la Mecque. Quant à l'origine de ce mot Jeddah, qui signifie *grand'mère*, j'ai lu quelque part que, lorsque nos premiers parents, après leur transgression des ordres de Dieu, furent expulsés du paradis, Adam était tombé à Ceylan et Ève sur ce point de la côte d'Arabie. Ils errèrent plusieurs années dans la solitude, et ce ne fut qu'après de longues fatigues, qu'ils eurent enfin la joie de se rencontrer sur le sol sacré où fut depuis Jérusalem. La vieille dame, assure-t-on, dans la dernière partie de sa vie, voulut être transportée au lieu même où son pied avait pour la première fois foulé la terre. Elle y revint donc, y mourut et y fut enterrée; circonstances qui ont valu, de temps immémorial, à ce lieu le nom de Jeddah. On m'a assuré, en outre, qu'une tombe énorme, s'élevant non loin de la ville, a été consacrée de tout temps par le nom de *notre mère Ève*.

La fin de notre voyage fut contrariée par les vents du nord, qui, dit-on, soufflent assez généralement dans cette partie du golfe Arabique; ils nous accompagnèrent jusque devant Suez, où nous arrivâmes le 12 au soir, ayant franchi treize cents milles anglais depuis Aden.

Le steamer ayant mouillé en dehors des récifs qui forment le port de Suez, nous louâmes un *sambruk* arabe pour nous transporter à terre. A l'exception de M. Scott, le secrétaire, de sa femme et de leur enfant, cette longue et mince embarcation ne contenait que des passagers indous, qui furent loin de s'y trouver à l'aise; outre que nous avions à lutter contre le reflux et l'obscurité de la nuit, l'air devint si vif et si froid, que nous nous mîmes tous à grelotter à qui mieux mieux. Mir Jafir Ali souffrait plus qu'aucun de nous, ayant eu l'imprudence de laisser son manteau à bord du steamer. Je lui offris le mien,

qu'il refusa poliment en me disant qu'il était trop petit
pour lui et qu'en m'exposant au froid pour le soulager
je n'atteindrais pas mon but. En même temps il me montra à l'autre extrémité du bateau deux couvertures sans
propriétaire, dans l'une desquelles madame Scott venait
de s'envelopper et dont l'autre pouvait lui servir de la
même manière. J'allai donc pour la lui chercher; mais
M. Scott, me prévenant, me dit, d'un ton aussi rude que
s'il ne m'avait jamais connu, qu'il avait sur cette couverture
le droit de premier occupant et qu'il ne la céderait pas, en
ce moment, même à son propre père. Je lui dis que je
ne la demandais pas pour moi, mais que notre patron en
avait le plus grand besoin. « M'offrirait-on tout l'or du
monde, répliqua-t-il, je ne me tuerai pas pour l'amour
d'autrui; dites cela au patron. » Mais je n'eus pas besoin
de rapporter ces désobligeantes paroles, Mir Jafir Ali
ayant entendu et compris notre altercation. L'égoïsme,
dit-on, est le trait le plus saillant du caractère de John
Bull. Ceci ne contredit pas l'assertion.

Débarqués à sept heures et demie du soir sur la jetée
de Suez, nous fûmes conduits à une auberge, où, grâce à
Dieu, nous trouvâmes un logement confortable, un bon
dîner et des lits propres. En descendant du bateau, j'a-
vais aperçu et acheté sur le quai des oranges du Caire
qui me parurent surpasser en douceur et en parfum tous
les fruits de cette espèce que j'avais goûtés dans ma vie.
Mes compagnons, partageant mon avis, non-seulement
dévorèrent les oranges que je leur avais apportées, mais
se hâtèrent d'en faire provision pour la traversée du désert.

Dans l'après-midi du lendemain, 15, nous quittâmes
Suez, nos bagages et nos serviteurs voyageant à dos de
chameaux, et nous commodément installés dans de lé-

gers véhicules appelés *vans* qui ne contiennent chacun
que quatre personnes, indépendamment du cocher arabe.

Cette disposition nous permit d'être réunis dans la
même voiture, sans aucun mélange hétérogène d'Anglais.
Profitant de la fraîcheur de la nuit pour franchir la partie
la plus aride de la route, nous fîmes une halte à mi-chemin pour reposer quelques heures et déjeuner, et, dans
la soirée du 14, nous arrivâmes aux portes de la cité
d'*Almir*, plus connu sous le nom de grand Caire.
C'est une vue magique que celle de cette capitale de
l'Égypte, étalant, juste sur la lisière du désert et sous un
soleil splendide, la masse confuse de ses habitations privées, que dominent les hautes et blanches coupoles et les
minarets dorés de ses édifices publics et de ses palais.

Les maisons de cette ville, bâties pêle-mêle et sans
alignement, selon l'ancienne mode arabe, n'ont point de
cour extérieure et forment parfois des rues si étroites,
que deux personnes ont peine à y passer de front. Les
habitants, hommes et femmes, possèdent l'apparence de
la vigueur et de la beauté. Les yeux des femmes surtout
sont remarquablement beaux et pleins de charmes.

Aller à âne n'est pas considéré comme honteux en ce
pays; vous pouvez même voir souvent des dames de haut
rang, fatiguées d'aller à pied dans la ville, faire signe à
quelque ânier, dont un grand nombre se tient à la disposition du public, et les belles créatures, une fois mises
en selle, galoper vers leur destination.

A notre arrivée, nous descendîmes chez un chrétien
indigène, médecin de son état, et nous nous refîmes,
dans une bonne nuit de repos, des fatigues de notre
voyage. Le 15 au matin, Mir Jafir Ali eut le plaisir de recevoir, entre autres visites, celle de M. J. Tibaldie, direc-

teur général de la *transit company*, homme de rang, de
fortune et de talent, d'origine française, à ce que je crois,
mais parlant parfaitement l'anglais, le français et l'italien. Ce gentleman proposa à mon patron de le conduire
dans l'après-midi à une audience du pacha, Méhémet-Ali,
alors à sa maison de plaisance de Choubra ; et, Mir Jafir
Ali ayant naturellement accepté cette offre avec empressement, je ne pus profiter de la matinée pour aller visiter
les pyramides, ainsi que j'en avais formé le dessein, car
je n'aurais pu être de retour à temps pour aller à Choubra, où ma présence comme interprète était indispensable.

En conséquence, M. Tibaldie étant venu nous prendre
en voiture, à l'heure fixée par lûi, nous partîmes pour
Choubra. Après un trajet d'environ deux milles, tant dans
la ville que hors des murs, nous fûmes reçus dans cette
royale villa, véritable paradis terrestre, magnifiquement
planté d'arbres de rapport ou d'ornement chargés de
fleurs et de fruits et formant, au-dessus d'un pavé en
mosaïque blanche et noire, de longues avenues d'ombre
et de verdure. En entrant dans le palais, nous reconnûmes que ses murs massifs étaient d'albâtre et renfer-
maient dans une cour intérieure un vaste et limpide bassin. Les plafonds étaient couverts d'élégants bas-reliefs,
et les piliers, taillés dans un seul et solide morceau de la
même matière, égalaient en lustre et en poli le plus brillant miroir.

Un officier, en magnifique uniforme, nous introduisit
dans une vaste salle de l'aile occidentale du palais ; là se
tenait l'illustre vieillard, Mohamed-Ali, simplement coiffé
d'un fez rouge et vêtu d'une jaquette tout unie de drap bleu.
Chacun de nous, en lui étant présenté, toucha de sa main

droite la main du pacha et la porta à ses lèvres, suivant
l'usage turc ; ensuite nous nous assîmes en ligne sur un
divan à la droite du vieux prince. Deux cachemires d'un
grand prix ayant été offerts par Mir Jafir Ali et acceptés
par le pacha, trois têtes et trois langues se mirent à l'œuvre pour faire communiquer entre elles les pensées de
ces deux Altesses. J'exprimai en anglais à M. Tibaldie,
celles de mon jeune patron ; M. Tibaldie les passait en
français au principal drogman, qui les rendait en turc
à Méhémet-Ali. Après un échange assez court de compliments, Mir Jafir Ali, s'adressant au pacha dans le mode
flatteur en usage parmi les diplomates et les princes européens, lui dit que depuis son enfance il avait entendu
parler du sage et régulier gouvernement constitué en
Égypte et personnellement dirigé par Sa Hautesse, et
qu'il était heureux de voir de ses propres yeux ce que la
renommée lui avait appris. « Oui, répliqua le vieux Mé-
hémet, « on a fait quelque chose, mais il reste encore
bien plus à faire. » Ensuite il fit sur le système adminis-
tratif suivi par les Anglais dans leur empire de l'Inde
quelques questions auxquelles nous satisfîmes en peu
de mots, mais aussi clairement que possible. Le café
ayant ensuite été apporté et présenté à chacun de nous,
nous nous levâmes à la ronde, et, baisant nos propres
mains en nous inclinant devant le pacha, suivant l'usage
turc, nous vidâmes nos tasses à sa santé, ni plus ni moins
que des Anglais portant un toast à leurs amis ; puis, ayant
pris congé, nous revînmes au logis, charmés de cette
entrevue avec un homme extraordinaire, qui, simple soldat d'abord et soldat illettré, s'est élevé au sommet du
pouvoir, de la même manière que l'Anglais Cromwell, le
Français Buonaparte et nos compatriotes Haïder et Runjeet.

Méhémet-Ali était de taille moyenne, d'une constitution mince et vigoureuse tout ensemble; son teint était très-beau et sa tête parfaitement modelée. Son front haut et large portait une multitude de rides horizontales qui se creusaient ou s'effaçaient suivant le travail de sa pensée. Il avait une figure ovale, encadrée d'une courte barbe blanche, des traits expressifs, un nez aquilin, et, sous les arcs épais de ses sourcils, des yeux noirs aux regards vifs, profonds et pénétrants; sa contenance, générale_ment grave, révélait l'énergie mentale dont il était doué; mais son air d'autorité était tempéré par une amabilité naturelle et des manières pleines de fascination. Il devait avoir alors au moins quatre-vingts ans, et, depuis près de quarante, était maître absolu de l'Égypte.

Le 16, nous nous embarquâmes sur un des petits bateaux à vapeur qui font le service du Caire à Alexandrie, et nous descendîmes le Nil aussi doucement qu'agréa-blement. Sur tout ce trajet, ses deux rives étalent des paysages d'une grande beauté. Nous vîmes sur le fleuve des crocodiles dormant à la surface de l'eau, ou y poursuivant leur proie sans faire attention et au bruit et au passage de notre steamer. Ces monstres semblent doués par la nature d'une force énorme; ils nageaient contre le courant avec autant de facilité et de vitesse qu'ils le descendaient.

Dans la journée du 17, nous atteignîmes le célèbre port d'Alexandrie, l'ancienne métropole de l'Égypte et le premier emporium de l'Orient. Débarqués devant la maison de plaisance de mistress Larking, sœur de M. Tibaldie, nous fûmes reçus sur le rivage par un grand et beau gentleman de manières aussi distinguées que sa personne : c'était M. Larking lui-même, dont nous fûmes enchantés de faire la connaissance. Ce chrétien, dont la politesse exquise et l'hospitalité honorent le nom anglais, nous accueillit comme des frères et nous conduisit à sa charmante habitation, qui commande tout à la fois la vue du fleuve et de la cité. Sur la porte de cette hospitalière demeure nous eûmes le plaisir d'être présentés à mistress Larking, dame d'une beauté achevée et d'un esprit non moins remarquable, dont les charmes et les vertus réclameraient le pinceau d'un grand artiste ou la lyre d'un vrai poëte bien plutôt que la plume d'un pauvre scribe comme moi. Cette belle dame parle couramment plusieurs langues; elle employait le français avec son mari, et se servait avec nous, ainsi qu'avec ses serviteurs, du plus pur arabe. C'était la première fois que je voyais des phrases éloquentes de ce langage lettré tomber comme des perles d'une belle bouche féminine. Son accent était parfait, et ses expressions rendaient ses idées délicates de la façon la plus charmante. J'avoue qu'en causant avec elle je crus plus d'une fois me trouver avec une de ces nymphes du paradis, aux yeux de gazelles, dont l'idiome, notre religion l'atteste, ne peut être que le pur arabe. En résumé, M. Larking me parut l'homme le plus heureux de l'Égypte, favorisé qu'il était de sept bénédictions du ciel : une bonne santé, une bonne femme, un bon et bel enfant, un bon caractère, une belle fortune, une bonne renommée et une heureuse étoile. Puissent tous ces bonheurs le suivre fidèlement jusqu'au bout de sa carrière !

Après avoir partagé le dîner de cet excellent couple, notre hôte nous fit conduire en voiture dans une autre maison de plaisance appartenant à M. Thurburn, un de ses beaux-frères, et dans laquelle il avait retenu notre logement pour le temps qui devait s'écouler avant le départ du premier steamer destiné pour l'Angleterre.

Le lendemain, étant allé visiter M. Thurburn dans sa maison de ville, nous fûmes reçus par ce gentleman avec une bienveillance sans apprêt et une sincère courtoisie, qui semblaient innées en lui, et qui nous valurent, sans doute, les soins et les attentions dont ses serviteurs nous comblèrent dans sa maison des champs.

Attendus, le même soir, à dîner chez un autre beau-frère de M. Larting, M. Straunary Taussizza, consul de Grèce, nous trouvâmes notre noble hôte, sa femme et sa jeune sœur, deux incomparables houris, plus belles même que madame Larting, installés dans une demeure somptueuse, meublée et décorée comme un palais qui attend la visite d'un souverain. La royale courtoisie et l'exquise politesse qui présidèrent à l'accueil de nos hôtes ne se sont jamais peut-être rencontrées parmi les chrétiens de l'Inde, et remplirent nos cœurs de la plus vive gratitude.

Soit par ignorance, soit par suite de préjugés, la plupart des écrivains chrétiens, à l'exception pourtant de Gibbon et de quelques autres auteurs éminents, ont accusé notre calife Omar de l'impardonnable crime d'avoir brûlé la célèbre bibliothèque qui ornait Alexandrie, et d'avoir fait chauffer les cinq cents bains de cette grande ville avec les trésors intellectuels de l'antiquité. Je ferai remarquer que les historiens devraient avant tout se dépouiller de toute partialité et posséder une connaissance entière de la nature et du caractère réel du sujet qu'ils veulent traiter. Ils devraient savoir d'abord que, contrairement aux habitudes des chrétiens de ce siècle, qui n'ont aucun respect, même pour leur Bible dès qu'elle est vieille,

et livrent ses feuilles usées aux mêmes usages que le plus
vil papier, — les dogmes de l'islam apprennent aux vrais
croyants à regarder comme sacrés les papiers de toute
sorte, et leur défendent de les fouler aux pieds ou de les
déposer dans une place immonde, par la raison seule qu'ils
peuvent contenir le nom du Dieu tout-puissant. Secon-
dement, il est absurde d'attribuer à Omar l'acte de folie
dont on l'accuse, quand on sait que ce même homme,
entrant en conquérant dans Jérusalem, ordonna de réparer à ses frais l'université de cette ville, et se priva
d'en visiter le grand temple, de peur qu'il ne fût pas assez respecté par les soldats qui suivraient son exemple.
Enfin le général Amrou, amant connu de la science et
des lettres, et qu'animait un vrai talent poétique, eût-il
jamais consenti à être l'instrument du délire supposé du
calife ?

Le 24 à deux heures après midi, nous disions adieu
au port d'Alexandrie, ainsi qu'à nos nobles, bons, et
hospitaliers amis chrétiens, et le *Great-Liverpool*, gron-
dant et fumant, entraînait rapidement ses cent soixante-
sept passagers sur les flots calmes et bleus de la Méditerranée. Sous le rapport de la grandeur, de l'élégance
et du confort, ce steamer était encore supérieur au *Bentinck*. Le fait est que plus on se rapproche de l'Angleterre, plus on trouve les Anglais civilisés et polis. Le surlendemain de notre départ, nous vîmes sur notre droite
et dans un horizon lointain comme une masse compacte
de brillants nuages, c'était, à soixante milles de distance,
les montagnes couvertes de neige de l'île de Candie, et
le 28, nous jetâmes l'ancre dans le port de Malte, ayant
franchi en quatre jours les huit cent trente milles qui
séparent cette île d'Alexandrie.

La nécessité d'approvisionner le steamer de charbon nous arrêta un jour; mais dès le 29 les gigantesques engins de notre machines jouèrent de nouveau, et leur force, doublée par celle des vents qui tendaient nos voiles, nous poussa avec une incroyable rapidité le long des belles côtes de la Sicile, au-dessus desquelles le mont Etna, élevant son cône gigantesque, couronné de flamme et de fumée, formait un magnifique point de vue, tant de jour que de nuit.

Quatre jours nous suffirent aussi pour atteindre Gibraltar, éloigné de Malte de huit cent vingt-cinq milles. Un léger accident arrivé à notre chaudière nous y fit séjourner vingt-quatre heures, dont les passagers profitèrent pour descendre à terre et visiter cette formidable place de guerre, aujourd'hui possession britannique, mais qui appartint jadis aux vrais croyants. J'avoue que sa vue me frappa d'étonnement, de terreur et d'admiration. C'est la plus inexpugnable forteresse que les mains de l'art et de la nature réunies ait jamais tirée d'un bloc de rocher. C'est une montagne tout entière taillée, escarpée, évidée, rendue inaccessible. Avec ses flancs, excavés en forme de galeries, de corps de garde, de casemates, avec ses longues rangées superpo-sées d'embrasures étroites ne laissant passer que la bouche béante des gros canons braqués sur toutes les aires du compas, on dirait un gigantesque vaisseau de granit enraciné dans l'Océan, commandant, à la fois, à l'entrée de l'Atlantique et de la Méditerranée, tenant l'Espagne en respect et projetant une ombre menaçante sur les rivages opposés de l'Afrique, où le mont Abyla, son compagnon depuis les jours de la création, élève dans une même majestueuse attitude sa masse

impuissante et solitaire. Connue des anciens sous le nom
de Calpé, la montagne de Gibraltar, Djibel-el-Tarik, doit
son appellation moderne au général arabe Tarik-bin-
Zyad, qui débarqua sur son littoral en 712 avec l'avant-
garde de la grande invasion musulmane. Depuis cette
époque jusqu'à l'an 1492, c'est-à-dire pendant près de
huit siècles, elle demeura au pouvoir des Arabes ou des
Berbérés, qui la perdirent avec le reste de l'Espagne. Les
rois de cette contrée la possédèrent jusqu'en 1704. La
fortune alors la transféra à l'Angleterre, la nation la plus
heureuse du monde, qui l'a depuis gardée légitimement.
La population de la ville, mélange d'Anglais, de Juifs et
de Portugais, s'élève à peu près à sept mille âmes, non
compris deux mille hommes de garnison habituelle.

Le 5 mai au matin, notre chaudière étant remise en
état, l'ancre fut levée, et nous reprîmes la mer. Le calme
de l'Océan, la gaieté de nos compagnons, les attentions
du capitaine et de ses dignes officiers, leurs prévenances
enfin pour tous nos désirs, firent passer très-rapidement
les derniers jours de notre voyage. Dans la nuit du 10
au 11 mai notre ancre fut mouillée sur un point de la
Manche, appelé le *Mother-Bank*, où nous devions sta-
tionner en quarantaine jusqu'à ce que tous les passagers
eussent été déclarés en bonne santé et parfaitement purs
de tout symptôme de la plaie d'Égypte. Ceci s'était passé
pendant mon sommeil, et je dormais encore profondément, quand un de mes amis, M. Rennell, attaché au
service du Bengale, entra dans ma cabine et me réveilla
en me disant que de jeunes naturelles du pays se montraient autour du vaisseau. Pour un natif de l'Inde cette
matinée du 11 mai (le mois le plus chaud de notre pays)
était très-froide et me rendait l'abandon du lit très-pé-

nible, mais la curiosité fut plus forte chez moi que la sensation du froid, et, m'enveloppant dans mon manteau, je me rendis à l'appel de mon ami. Arrivé sur le pont, je trouvai dans la position de notre steamer quelque ressemblance à celle des âmes en purgatoire. A tribord se déroulaient les vertes campagnes de la terre ferme, à bâbord s'élevaient les magnifiques collines de l'île de Wight, dont les blanches falaises se miraient dans les flots, tandis qu'autour de notre vaisseau, allaient, venaient, se croisaient d'innombrables petites embarcations chargées de curieux, parmi lesquels m'apparraissaient enfin de fraiches et belles filles d'Albion, d'une éblouissante beauté.

Après un voyage aussi long que le nôtre, subir une quarantaine et voir roder autour de soi une foule de trésors et de merveilles, avec lesquels il n'est pas permis de communiquer le moins du monde, c'est là certes, une état désagréable pour toute créature humaine. Nous passâmes à bord, dans cette situation de Tantale, trois longs, lourds et ennuyeux jours; au matin du quatrième, nous vîmes et sentîmes, à notre grande joie, notre demeure flottante s'avancer vers la terre, et après une heure de navigation nous pénétrâmes dans les docks de Southampton, tous sains et saufs, grâce à Dieu !

CHAPITRE XIV

Débarquement à Southampton. — Londres. — Les bons amis. —
Aspects et curiosités de Londres. — L'Opéra. — Westminster. la
cloche à plongeur, Tom-Pouce, etc. — Caractère des Anglais. —
Retour dans l'Inde.

Le 14, à sept heures du matin, nous prîmes terre devant la douane, où nos bagages passèrent sans ces difficultés et pertes de temps, qui sont, dans l'Inde, inhé-
rents à la chose, et nous allâmes nous installer avec eux
dans l'hôtel de l'Union, d'où l'on domine à la fois et la
mer et la ville. En s'y rendant, notre groupe d'Indous
semblait former, pour les naturels de l'endroit, une
curiosité égale au moins au sept merveilles du monde.
Heureusement pour moi, j'avais acheté au Caire un vêtement turc complet, dont je me trouvai parfaitement en
cette occassion mémorable. Peu après le déjeuner, tous
mes compagnons, à l'exception de Mir-Jafir, impatients
de visiter ce qu'ils nommaient le *bazar*, se rendirent
en simples habits indous à la place du marché, où leur
présence attira sur eux non-seulement les yeux, mais la

foule compacte des curieux. Fort ennuyés de cette circonstance, ils revinrent sans oser acheter la moindre chose et avec une cohue attachée à leurs pas. Sur le point de franchir la porte de l'hôtel, ils se retournèrent pour donner un coup d'œil à leur facheuse escorte et furent salué d'un terrible *hourra*, retentissant dans toutes les directions !

— « Impertinents diables blancs ! » s'écria aigrement, en se tournant vers moi, notre docteur Badrouddin, « ils ne respectent ni caste ni âge ; j'ai bien envie de leur jeter des pierres.

— N'en faites rien, seigneur Hakim, dis-je au vieux docteur, vous attireriez malheur sur vous et sur l'hôtel ; ces gens n'ont peur de rien. Ils sont, il est vrai, trop curieux ; mais, après tout, ils ne vous ont point fait de mal. Tenez-vous donc en paix et laissez-les. »

Le lendemain nous partimes pour Londres par le chemin de fer, goutant pour la première fois ce mode de voyager sans fatigue, et jouissant des beaux et éphémères aspects de la contrée que nous traversions. C'était une succession de verdoyantes prairie, ombragées de groupes d'arbres, arrosées de nombreux cours d'eau, semées de riches villages, de grandes villes et d'églises, apparaissant et disparaissant tour à tour ; et cette scène semblable à un songe ne prit fin qu'au moment où la machine puissante qui nous entrainait s'arrêta au milieu d'une cour immense pavée de blanches dalles. On ouvrit alors les portes de notre vaggon ; nous étions arrivés.

Quelques moments après, deux belles voitures, attelées de chevaux de haute taille et d'une force proportionnée, nous furent amenées et nous emportèrent dans la cité si renommée de Londres. Pendant trois quarts d'heure au moins nous dépassâmes des rues après des rues, des places après des places, artères et veines de l'immense ville, toutes bien pavées, propres et régulières, toutes remplies d'habitants affairés des deux sexes, dont, chose remarquable, presque toutes les femmes sont agréables, et tous les hommes bien faits et actifs.

Les palais des grands et des lords se distinguent des autres habitations par leurs larges portiques et leurs proportions architecturales. Ayant aperçu devant un de ces hôtels deux hommes bien mis, avec des cheveux tout blancs de poudre, j'en conclus que, la mort ayant récemment frappé quelqu'un dans cette maison, ils s'étaient couvert la tête de cendre en signe de deuil. Je fis part de ma remarque et de ma supposition à M. Scott, en ce moment assis à mes côtés. Mais ce jeune homme, ne se gênant pas pour rire à ma barbe, m'apprit que l'usage de poudrer de blanc la chevelure de certains serviteurs étaient un vieil usage qui se conservait encore dans quelques grandes familles.

Ainsi entouré des curiosités, des merveilles et des richesses de cette vaste métropole qui ne contient pas moins de *trente lacs* [1] d'habitants, nous parvînmes enfin dans un quartier appelé Brook street et descendîmes dans le magnifique hôtel de Mivart.

Après trois jours passés dans cet établissement, au milieu d'un luxe de prince, notre chef, effrayé de la dépense qu'il y faisait (200 roupies par jour!), loua un appartement particulier dans Sloane street. C'est là que, venant des contrées centrales du globe, nous fîmes notre

---

[1] Trois millions. Lutfullah exagère de plus de 600,000 âmes le chiffre de la population de Londres en 1844.

station définitive sur cette île boréale, où le soleil, incliné sur l'horizon du sud, n'a guère plus de force que la lune dans nos climats ; où l'étoile polaire, au contraire, touche presque au zénith ; où le sol tout entier est fertile ; où le peuple est ingénieux, civil et infatigable ; où la langue, les lois, les coutumes, diffèrent entièrement des nôtres, où enfin les destinées de notre douce terre natale reposent entre les mains d'un petit nombre d'hommes !.... Ce ne peut être, j'en suis sûr, sans l'expresse volonté de l'Être tout-puissant que cette petite île, qui tient à peine sur la surface de notre planète la place d'une verrue sur le corps humain, peut ainsi imposer ses lois à une immense partie du monde et tenir le reste en respect.

Mon chef et mes compagnons passèrent une semaine assez tranquilles dans notre nouveau logement ; quant à moi, obligé de servir à tous de secrétaire et d'interprète, requis à chaque instant du jour de suppléer à leur ignorance du langage et des mœurs du pays, et de m'interposer pour la moindre affaire entre eux et les indigènes, je n'ai jamais eu moins de loisir.

Durant ce temps, néanmoins, j'eus le plaisir de revoir, après trois ans et demi d'absence, mon ancien ami et patron, le capitaine Eastwick, et de faire la connaissance de deux gentlemen occupant dans la société des positions élevées, bien que différentes : l'un, M. Alfred Latham, était un riche négociant ; l'autre, M. Pulsford, était membre du parlement. Grâce à la bienveillance de ces messieurs, je pus recueillir beaucoup d'informations et visiter sans frais beaucoup d'établissements et de monuments publics.

Les premiers objets qui attirèrent notre attention furent les énormes ponts jetés sur la Tamise, spécialement

le pont de fer et le pont suspendu. Les masses pesantes
de fonte de fer qui entrent, régulièrement juxtaposées
et soudées les unes aux autres, dans la construction de
ces ouvrages d'utilité publique, tout en excitant notre
étonnement, nous prouvèrent tout d'abord combien l'Angleterre était riche en mines de ce métal si nécessaire à
l'homme. Nous reconnûmes ensuite qu'il entre avec
profusion dans toutes les constructions anglaises. Nulle
maison ne s'élève sans une charpente, des poutres, des
barreaux et des grilles de ce métal. Les clôtures même
de beaucoup de jardins sont en fer.

Du pont suspendu nous nous rendîmes à la cathédrale
de Saint-Paul, édifice qui, selon moi, n'a pas son égal
dans le monde.

Ce n'est pas que j'approuve la multitude de statues et
d'images dont ce temple est rempli. Toutes sont des créations parfaites de l'art, j'en conviens, et je sais que, conformément aux dogmes protestants, ce ne sont pas des
objets de culte. Mais un édifice consacré à la religion doit
conserver, selon moi, un caractère de simplicité tel, que
l'attention des fidèles qui le fréquentent ne soit jamais
distraite, par les ornements, de la parole sainte et des
discours des prédicateurs.

Le 25, engagés par M. et madame Latham à les accompagner à l'opéra Italien, nous nous rendîmes, à huit
heures du soir, dans ce lieu de réunion, qui nous apparut
comme un vaste palais d'architecture puissante et soutenu par des colonnes en fer fondu. L'intérieur est d'une
construction aussi riche qu'élégante. Cinq rangs super-
posés de petits compartiments appelés *loges*, et pouvant
contenir quatre ou cinq personnes chacune, sont disposés pour les spectateurs et forment dans leur en-

semble un cirque demi-circulaire dont les deux extrémités s'appuient sur la scène. La loge de la reine et de la
famille royale est située sur le côté droit de la scène.
Celle que nous occupions se trouvait sur le même rang
et tout à fait vis-à-vis. Après une demi-heure employée
par nous à contempler la grandeur de la salle, les spectateurs et le jeu des centaines de becs de gaz qui, obéis-
sant à une seule et même volonté, augmentaient ou res-
treignaient leur lumière, tantôt semblaient s'éteindre dans
une épaisse nuit et le moment d'après nous inondaient
d'une clarté rivale de celle du soleil, le spectacle commença. Un rideau qui voilait le devant de la scène se leva,
deux belles dames parurent, costumées fort indécemm-
ment et suivies d'un vieillard représentant leur père, et
tous trois se mirent à chanter, aux accords d'un orches-
tre composé d'instruments variés, ce que je suppose être
une ballade historique ; puis ils finirent par danser très-
expertement. Pendant les pirouettes et les violents mou-
vements de rotation des danseuses, leurs courts jupons
se soulevaient à une hauteur certes prohibée par la modestie ; mais il me parut que cette violation du décorum
n'avait pas d'autre but que d'initier l'assemblée au supplice de Tantale.

A dater de ce jour, chaque fois que je n'étais pas invité à accompagner mon chef dans quelque réunion, je
pris l'habitude d'aller passer mes soirées dans quelque
théâtre, principalement à Haymarket et au Lycéum,
quelquefois seul et quelquefois en compagnie de mon ami
et élève, le capitaine Postans, qui s'y rendait fréquemment avec son aimable et savante épouse [1].

---

[1] Mistress Postans est bien connue en Angleterre et même sur le

Le 27, je dînai et passai une heureuse soirée avec M. et madame Eastwick, qui avaient réuni, à notre intention, une nombreuse société d'amis et de parents. Ils nous conduisirent, le lendemain, à un bal masqué, où nous fûmes grandement réjouis de voir réunies des personnes vêtues des costumes très-exacts des contrées les plus diverses. Un gentleman, entre autres, costumé en Persan, nous induisit dans la plus parfaite erreur; non-seulements ses habits, mais sa tenue et ses manières, nous le firent prendre pour un véritable Mogol. Le beau-frère de Mir-Jafir l'accosta, et, l'ayant salué d'après le mode persan, lui demanda comment il se portait, et s'il y avait longtemps qu'il avait quitté Schiraz. Mais le prétendu Asiatique, au lieu d'employer pour sa réponse la langue de son interlocuteur, ne fit que sourire et parler anglais, ce qui trahit son origine et sa fausse barbe, mieux que n'eût pu le faire un aveu complet.

Le 30, j'accompagnai Mir-Jafir à l'*East-India house*, dans *Leadenhall street*. Cette prétendue *maison* est un vrai palais, contenant un grand nombre de pièces et de salles luxueusement meublées. C'est là que les destinées de ma chère terre natale reposent entre les mains de vingt-quatre individus, qui, sous les noms d'honorables Directeurs de l'honorable Compagnie des Indes orientales, sont les véritables moteurs de la machine si compliquée du gouvernement de l'Inde[1]. A notre arrivée, nous fûmes conduits par deux huissiers dans un bureau où siégeaient le capi-

continent par son beau volume intitulé : *Lettres écrites de l'Inde*, 1845.

[1] La cour des Directeurs a été réduite, en 1853, à dix-huit membres; et aujourd'hui l'opinion publique et le gouvernement, d'accord cette fois, réclament sa suppression.

taine John Spepherd, président, et sir Henry Willock,
vice-président de ce corps puissant. Ces deux gentlemen
nous parurent des personnes graves et intelligentes, et
nous reçurent avec politesse. Le dernier, parlant fort
bien le persan, se servit de cette langue pour entamer
la conversation avec nous ; mais bientôt, fatigué de l'obligation de transmettre de temps en temps nos pensées
au président, il me laissa le soin de les interpréter seul.
J'exposai donc à ces messieurs, le mieux que je pus, les
idées de mon jeune chef et celles que mon propre cerveau me fournissait pour la défense de ses intérêts. Il
résulta des observations de ces deux puissants fonctionnaires que mon patron avait agi imprudemment en
venant en personne, de si loin et à si grands frais, solliciter une justice qu'il eût pu obtenir de chez lui par une
simple lettre à leur adresse, et que, quant à eux, ils n'a-
vaient été instruits que très-légèrement, sinon pas du
tout, du despotique trait de plume par lequel lord Ellen-
borough, leur gouverneur général à Calcutta, avait dé-
possédé Mir-Jafir-Ali de ses droits, et l'avait ainsi forcé à
venir réclamer en Angleterre.

Après une demi-heure d'audience, nous quittâmes ces
grands dignitaires, qui étaient alors les pivots des affaires
de l'Inde, et l'on nous mena visiter le musée de l'honorable Compagnie, vaste collection des produits les plus
rares et les plus précieux de toutes les parties du monde.
Là nous eûmes l'honneur d'être présentés à trois illustres
érudits : John Shakespear, auteur d'un dictionnaire indoustani ; Robert Wilson, premier professeur à l'école orientale, et le colonel H. Sykes, membre à la fois de la cour
des Directeurs et de la Société royale asiatique. Connaissant les ouvrages du premier de ces gentlemen, je lui adres-

sai de longues phrases élogieuses en ma propre langue;
mais, hélas! il se trouva qu'il ne pouvait ni comprendre
mes paroles, ni me répondre un seul mot dans l'idiome
dans lequel il avait composé plusieurs livres vraiment
utiles. La haute science du professeur Wilson est connue,
et, au besoin, sa conversation nous en eût donné des
preuves. Quant au colonel, c'était un bel homme, à la
taille svelte et dégagée, aux traits distingués, ressem-
blant beaucoup plus à un émir arabe qu'à un Anglais.
Sa longue résidence dans l'Inde semblait l'avoir familia-
risé avec nos mœurs, nos idiomes et nos croyances.
Aussi, non-seulement cette entrevue accidentelle nous
mit-elle une vive joie au cœur, mais l'affabilité, la complaisance et la bonté du colonel nous poussèrent instantanément à rechercher son amitié. Durant mon séjour,
j'ai saisi toutes les occasions qui se sont offertes à moi
de le voir et de causer avec lui, et ses bontés pour moi
ne se sont pas démenties un instant. Je l'ai toujours
trouvé ce qu'il est, un homme de l'esprit le plus élevé,
de l'instruction la plus étendue, de talents incontesta-
bles, et d'une intelligence aussi ouverte que pénétrante.

Dans la soirée du même jour, M. Latham me mena à
l'*Institution royale*, où je fus présenté à trois ou quatre
gentlemen distingués, dont je regrette d'avoir oublié les
noms, car ils me traitèrent en frère, me firent asseoir
auprès d'eux, et, dans le cours de la séance, m'expli-
quèrent tout ce que je ne pouvais comprendre. Le fait
est qu'en Angleterre on est d'autant plus poli qu'on est
plus élevé sur l'échelle sociale. En cette occasion j'entendis le professeur Faraday lire un mémoire sur l'anatomie, science qui, bien des années auparavant, avait été
mon étude favorite, et je déclare que j'appris plus de

choses positives dans cette lecture d'une heure que je n'en avais acquis en un an d'âpres labeurs avec mes seuls livres. Les visites ultérieures que, grâces à mes nouvelles connaissances, j'ai pu faire librement à l'hôpital de Saint-George et au collège de chirurgie, n'ont pas tardé à me convaincre qu'une grande partie de ce que j'avais étudié dans les versions arabes et persanes de l'*Anatomie* de Galien était fondée sur des idées théoriques ou de simples conjectures, et qu'il est impossible à qui que ce soit d'acquérir la moindre connaissance du corps humain sans une étude pratique de la dissection.

Les jours suivants nous visitâmes successivement le Muséum britannique, le Jardin zoologique, la Chambre des Lords, et enfin le Parlement, où j'entendis discuter fort au long une question douanière qui concernait, je crois, le sucre. Puis vint le dimanche, et toute cette grande cité, quelques heures auparavant si pleine de vie, parut plongée dans un sombre et lugubre recueillement. Nulle boutique n'était ouverte, pas un équipage, pas un *cab*, pas un omnibus n'apparaissait dans les rues, qu'ils encombrent d'habitude de leurs files rapides. Tous les citadins, vêtus de leurs plus beaux et de leurs plus riches habits, demeuraient cloîtrés dans l'intérieur de leurs habitations. Nos domestiques anglais eux-mêmes avaient disparu; s'étant acquittés en toute hâte, pendant la nuit précédente, de leur besogne de la journée, ils avaient été s'installer, en grande toilette, dans les temples et autres lieux de culte. Les Anglais, rigoureux observateurs du repos de ce jour, le désignent aussi par le nom de sabbath, que nous appliquons au vendredi et les juifs au samedi; ces derniers étant seuls fondés en droit étymologique à l'employer, puisque en hébreu aussi bien qu'en arabe

le mot *sabbath* signifie samedi, et non vendredi ou dimanche.

Ne pouvant rien voir ni rien faire en ville ce jour-là,
nous l'employâmes désormais en excursions dans les environs de Londres ; à Highgate, à Hampstead ou à Rich-
mond, où nous passions de longues et douces heures à
respirer l'air pur des champs et à contempler de belles
vues de la ville, du fleuve et de la campagne.

Le 5 juin, nous nous rendîmes au champ de courses
d'Ascot, où un concours immense de curieux étaient réunis pour voir quel cheval serait vainqueur et lequel serait vaincu. J'appris que presque tous les spectateurs
engageaient des paris sur cette grave question, qui devenait ainsi la cause de grandes pertes ou de grands gains
pour beaucoup d'entre eux. Ces chevaux de sang, comme
disent les Anglais, sont, au reste, les meilleurs coureurs
que j'aie jamais vus.

Nous prîmes peu de part à cet amusement, mais la
peine que nous avions prise de venir en ce lieu fut plus
que compensée par la rencontre que nous y fîmes de
notre gracieuse souveraine et du prince Albert. Les profondes salutations orientales que nous adressâmes à la
reine et à son illustre époux nous furent très-poliment
rendues, sans que nos vêtements, nos figures, nos révé-
rences et nos têtes couvertes de turbans, toutes choses
qui évidemment attiraient l'attention du couple royal et
de la noble cavalcade qui les entourait, parussent éveiller
en eux cette curiosité vulgaire qu'elles excitaient chez
les gens du commun.

Le surlendemain, invités à une séance de la Société
asiatique, nous eûmes le plaisir d'y entendre un excellent mémoire géologique du docteur Falconer, et un

discours, je ne sais sur quelle matière, de lord Auck-
land, notre ancien gouverneur général. Il me fut impossible d'y rien comprendre, Sa Seigneurie s'élevant sans
doute à des hauteurs inaccessibles pour un étranger tel
que moi. Son éloquence agissait même comme un narcotique puissant sur mon cerveau, quand d'autres assistants, mes voisins, nobles lords et gentlemen, s'efforçant d'échapper à l'influence soporifique de l'orateur, en-
tamèrent avec moi une conversation qui nous tint éveillés.

J'assistai, à quelques jours de là, à une réunion
de la Société pour l'encouragement des arts, des manu-
factures et du commerce. J'y revis le prince Albert, qui
présidait l'assemblée, et j'eus l'honneur d'y être assis à
côté du duc de Sutherland, qui s'entretint avec moi de
la manière la plus affable et ne cessa de m'adresser la
parole chaque fois. que son attention n'était pas requise
par l'objet même de la réunion. Lorsque le prince eut reçu
les compliments respectueux de l'assemblée et eut occupé
le fauteuil présidentiel, les ouvriers et les manufacturiers
vinrent, un à un, lui soumettre et lui décrire minutieusement leurs inventions. La plupart de ces objets méritaient l'approbation du prince et de l'assemblée ; ils en
reçurent des applaudissements d'abord et peut-être ensuite une récompense en argent comptant.

Comme nous parcourions ensuite les galeries de la Société, qui contiennent une immense collection d'échantil-
lons d'objets déjà approuvés et brevetés par elle, nous eûmes l'honneur de rencontrer le prince, devant lequel nous
nous inclinâmes profondément. Son Altesse Royale, s'a-
dressant alors gracieusement à Mir-Jafir, lui fit cette
question, la première qui se trouve sur les lèvres d'un
Anglais : « Comment trouvez-vous ce pays? » La réponse,

dont je me chargeai, ne pouvant être que laudative, la seconde question fut : « Qu'admirez-vous le plus en Angleterre? » Je répondis sans hésiter, mais respectueusement, au nom de mon chef, que ce qui nous paraissait le plus admirable était la politesse des personnes occupant une haute position de rang ou de fortune. Ces paroles éveillèrent un sourire sur les traits de Son Altesse, qui nous fit un nouveau salut et s'éloigna. Telle fut notre entrevue fortuite avec un prince que sa bonne étoile a élevé à l'une des plus hautes sommités du monde social.

L'abbaye de Westminster, où l'on nous mena peu après, est, on le sait, un des monuments les plus parfaits de l'art gothique. Sa beauté et sa magnificence me frappèrent autant que ses vastes proportions. On dit que sa fondation , due à Henri III, un des anciens rois d'Angleterre, remonte à l'année 1221 de J. C. Le pavé du chœur, formé d'une mosaïque d'innombrables morceaux de jaspe, de porphyre, d'albatre, de lapis-lazuli et de marbres rares, captiva tout d'abord mon attention, que partagea bientôt le portique appelé porte de Salomon, d'où le spectateur jouit d'une admirable vue sur la partie nord de cet édiffice sacré, peuplé aussi, mais pourtant en moins grand nombre que Saint-Paul, d'images représentant les grands hommes de l'Angleterre.

Le dignitaire du lieu ou l'abbé, jeune homme aussi poli que spirituel et instruit, nous mena à la porte occidentale, d'où l'on peut embrasser tout l'ensemble du monument, juger de la hauteur et du nombre de ses rangées de colonnes, de l'entre-croisement des nervures ogivales, et des deux étages de hautes galeries, dont les fenêtres, aux vitraux coloriés, versent dans tout l'intérieur de l'abbaye une douce et mystérieuse lumière. Nous terminâmes notre visite par la grande salle où se fait le couronnement des rois. Le trône sur lequel ils siégent dans ces occasions solennelles nous parut plus remarquable par son antiquité que par son élégance; mais nul de nous ne voulut s'éloigner sans l'avoir touché respectueusement de ses mains.

Parmi les personnes distinguées que j'appris à connaître, ou auxquelles mes amis me présentèrent pendant ces quelques semaines si remarquables de ma vie, je ne puis omettre lord Ripon et l'honorable W. B. Baring, l'un président, l'autre secrétaire du bureau du contrôle; le major Jervis et sir Charles Forbes, bien connus tous les deux de tous les amis de l'Inde; le prince Soltikoff, aimable jeune homme qui, ayant beaucoup voyagé dans différentes parties de l'Asie, en avait rapporté une collection de dessins qui témoignaient de son goût pour les arts et de son habileté à manier le crayon; sa conversation et ses manières prouvaient aussi combien son esprit élevé échappait aux orgueilleux préjugés de la naissance. Enfin je dois mentionner lord Ashley et sa belle lady, qui nous reçurent avec la plus grande courtoisie; c'est chez eux que j'ai eu le bonheur d'être présenté au vicomte Jocelin et à sa femme, la plus aimable des beautés anglaises. Je me rappellerai toujours les deux parties d'échecs que j'ai eu l'honneur de jouer avec cette nymphe du paradis. Inutile de dire que je les perdis; que n'aurais-je pas fait pour lui plaire?

Un soir, chez le major Jervis, dont la maison m'était toujours ouverte, je rencontrai, au milieu d'une brillante société des deux sexes, le colonel Miles, le même étudiant arabe que j'avais eu le plaisir de voir à Virawaw[1] vingt-

---

[1] Voir au chapitre vi, page 156 de ce volume.

quatre ans auparavant. Je lui dis qu'il y avait un grand
contraste entre le premier et le second lieu de notre
rencontre; et il me répondit que la différence ne portait
pas seulement sur les lieux, mais aussi sur les années.
Je crus devoir lui faire une visite dans sa propre demeure; mais il ne me la rendit pas, croyant peut-être
qu'il était encore dans l'Inde, et non sur la terre de la
liberté, où tous les hommes sont égaux.

Le 28 juin, on nous mena à Regents-Park pour y voir
un lieu de merveilles appelé le Diorama. A notre arrivée,
le gardien nous fit entrer dans une pièce aussi noire que
le cœur d'un infidèle et nous fit généreusement prendre
place sur des siéges ; je dis généreusement, car nous
tenant entièrement à sa discrétion dans cette espèce de
cachot, il aurait pu nous maltraiter impunément si tel
eût été son bon plaisir. Cependant notre âme ne tarda
à être caressée par les sons d'une musique lointaine, et
bientôt à nos yeux déçus apparut un beau paysage,
éclairé peu à peu par le lever de l'aube. Sur les bords
d'une rivière, nous vîmes un grossier paysan, une sorte
de marchand de légumes, qui ayant déchargé sa cargaison sur la rive, grelottait de froid, accroupi et som-
nolent au fond de son bateau, tandis que sa femme et un
petit enfant dormaient sur des javelles. Le mouvement
de l'eau était la nature même, et sur un des bords de la
rivière apparut un magnifique palais, dont les serviteurs
semblaient vaquer activement à leurs occupations. Sur
ces entrefaites le soleil se leva resplendissant, et ses
rayons se répandirent sur tout le paysage. Puis le soir
vint, et la scène changea à ce point que le marchand de
légumes fut métamorphosé en une jeune et jolie femme,
que les étoiles scintillèrent dans le ciel bleu, et que la

lune se leva, enveloppant toute chose de sa lumière sereine. Le palais alors s'illumina de lampes et de candé-
labres. Puis la scène changea encore, la nuit se fit, tout s'é-
vanouit graduellement dans l'obscurité première, et la musique lointaine attira seule notre attention. Après un court
intervalle, la lumière du matin reparut, et au bout d'une
minute nos regards pénétrèrent dans l'intérieur d'une
grande église, vidé d'abord, mais qu'une nombreuse
assistance ne tarda pas à remplir. Puis encore le jour
succéda au matin, le soir au jour, et la nuit se refit de
nouveau, et à notre grand soulagement le gardien nous
fit sortir de cette maison de fausse magie. On me dit bien,
il est vrai, que cette maison, tournant sur un pivot, est
percée, à des intervalles calculés, de larges ouvertures qui
viennent successivement se poser sur de grandes peintures
placées derrière des verres grossissant et disposés de
manière à former des effets d'optique ; mais le mouvement de l'eau, le lever et le coucher du soleil, de la lune
et des étoiles, les transformations des objets et de l'atmosphère, sont restés des mystères au-dessus de mon
intelligence. Nous rentrâmes au logis, satisfaits d'un
côté, intrigués de l'autre, et, pour quelques-uns de mes
compagnons, le souvenir du Diorama est bien et dûment
resté celui d'un local hanté par les démons.

Le 1er juillet, nous allâmes au théâtre pour voir les
tours de Herr Dobler, fameux escamoteur. Nous admirâ-
mes franchement l'habileté avec laquelle, en tirant à la
cible, il fixait au but, à chaque coup de fusil, un objet
animé ou inanimé ; l'adresse qu'il déployait à extraire des
pigeons vivants d'un poisson sec, à piler des montres et à
brûler des mouchoirs, qu'il rendait ensuite parfaitement
intacts à leurs propriétaires. Mais, après tout, nos jon-

gleurs indous sont bien supérieurs à ceux de l'Europe.
Ceux-ci, outre l'avantage d'une maison à plusieurs étages, dont ils peuvent éclairer ou obscurcir à volonté
l'intérieur, ont à leur disposition tout le matériel désirable, tandis que les pauvres jongleurs indous opèrent en
plein air, au milieu du public. Cependant, regardez : il
jette un serpent à une mangouste[1], qui le dévore avidement. Vous voyez le reptile disparaître peu à peu, son
sang coule sous la dent du quadrupède... puis l'homme
ouvre la gueule de celui-ci et en retire le serpent sain
et sauf. Un jongleur indien poignardera son propre enfant, coupera la gorge à sa femme, sous vos yeux. Vous
verrez le sang jaillir et couler à flots, et à fin de compte
tout cela n'est qu'illusion et escamotage. J'ai moi-même
été lié d'amitié avec un jongleur brahmane, nommé
Lalbhatt, qui prétendait être divinement inspiré par une
déesse, et accomplissait des tours qui, dans les anciens
âges, auraient certainement passé pour des miracles. Je
conduisis un jour deux de nos amis européens, les docteurs Patch et Leggett, à l'endroit de Surat où se tenait
d'ordinaire cet homme étrange. Tous deux furent frappés d'étonnement de le voir produire autant de noix de
bétel et de cardamone qu'on lui en demandait, rien qu'en
frappant ses deux mains l'une contre l'autre. Je me rappelle, entre autres choses, qu'il recommanda à un autre
de mes amis de bien tenir à son doigt la bague d'émeraude qu'il y portait, ce qui n'empêcha pas la bague de
disparaître au bout de deux minutes et de passer dans
un des bas du docteur Leggett.

Une curiosité que nous n'avons pas dans l'Inde

---

[1] Mangouste, petit quadrupède carnassier, digitigrade, de la même
amille que l'ichneumon d'Égypte.

est la cloche à plongeur, telle qu'elle existe à l'institution polytechnique. J'entrepris de descendre dans l'eau au moyen de cette extraordinaire machine, tandis que mon chef et mes compagnons non-seulement ne voulurent pas tenter l'aventure, mais s'efforcèrent de m'en détourner, pensant que c'était un acte de haute imprudence que d'exposer sa vie pour un plaisir aussi inutile. Fermant l'oreille à ces remontrances, je descendis sur les bords du bassin, et, invoquant par un bon *Bismillah !* l'assistance de Dieu, j'entrai dans la cloche avec quatre Anglais. Des siéges commodes nous y reçurent, et l'inconvénient que nous y éprouvâmes se borna, au moment de l'immersion de la cloche, à une lourde compression de l'organe de l'ouïe, sensation plus étrange que pénible. Il y avait bien un peu d'eau sous nos pieds, mais l'air qui remplissait la concavité de la cloche, et que renouvelait sans cesse un tube communiquant avec l'atmosphère extérieure, refoulait le liquide et l'empêchait d'entrer. En atteignant le fond, nous pûmes distinguer les cailloux et même le gravier; puis, après un instant de séjour dans ce dangereux abîme, nous remontâmes à l'air libre, fait pour les poumons de l'homme.

Dans la même semaine, ayant entendu parler d'un nain merveilleusement petit, nouvellement arrivé à Londres, nous allâmes le voir à son logement, et nous trouvâmes une petite créature ayant treize ans d'âge, vingt-huit pouces de hauteur et pesant seize livres. Son corps, droit et bien proportionné, ne présentait aucune de ces difformités qui déjettent les membres ou pèsent sur les épaules de la plupart des nains, et les réponses raisonnables qu'il fit à nos questions nous prouvèrent que sa raison ne différait en rien de celles qui habitent de plus

vastes enveloppes. On l'appelait le général Tom Pouce;
en vertu de ce titre, il portait un uniforme militaire,
avait la tête coiffée d'un chapeau à cornes et ses flancs
ceints d'une mignature d'épée. Cette tenue lui donnait
la plus plaisante apparence et éveillait tout d'abord la
gaieté de ses visiteurs, gaieté que ne calmaient certes pas
les chansons d'amour qu'il murmurait d'une voix mi-
gnarde et les danses qu'il exécutait, fort gracieusement
il est vrai, avec une petite fille qui, si petite qu'elle fût,
était toujours plus grande et plus grosse que son partner.

Tom Pouce était natif des États-Unis d'Amérique, d'où,
à la même époque, quelques descendants des anciens
indigènes arrivèrent à Londres. Désireux de connaître ces
débris d'une race qui s'éteint, j'allai à l'Égyptian Hall, où
ils étaient descendus, et, pour une pièce d'argent donnée
à leur guide ou à leur exploiteur, je pus contempler dans
toute la rudesse de leur nature sauvage ces pauvres diables, mes frères en Adam. Ils étaient vêtus de peaux et
de nattes préparées par leurs mains; des plumes ornaient
leurs têtes. Leur teint était cuivré, leur apparence farou-
che, et leur corps possédait de belles proportions, moins
les bras pourtant, qui me parurent trop grêles. Ils se
peignaient le front et la poitrine à peu de chose près
comme font les Indous, et leur jargon me rappela, par
les sons du moins, celui des Mahrattes. Quant à leurs
idées, que m'interpréta un jeune Anglais, elles me sem-
blèrent d'une nature simple, chaste et digne.

Le 26 août, une dépêche télégraphique ayant instruit
la capitale de l'Angleterre qu'un prince était né à notre
gracieuse souveraine, au château de Windsor, je fus,
suivant l'usage asiatique, envoyé par Mir-Jafir à cette
résidence royale avec une lettre de félicitation. Windsor

est célèbre par la beauté de son site, la magnificence de son palais et de son antique église, qui se mirent dans les eaux de la Tamise. Grâce à l'obligeance de M. Latham, j'avais déjà visité en détail cette superbe localité. Cette fois je n'eus qu'à remettre ma lettre à un secrétaire de la cour, recevoir sa réponse et rentrer au logis, après avoir franchi en chemin de fer, tant pour aller que pour revenir, quarante-cinq milles en moins de deux heures.

Les derniers endroits dignes d'intérêt que je visitai à Londres furent Greenwich et Wolwich ; la première de ces villes, située à cinq milles sud-est de Londres, est célèbre par son magnifique hôpital pour les invalides de la marine, son vaste et beau parc, et surtout par son observatoire, où les marins et les géographes de l'Angleterre font passer leur premier degré de longitude. Woolwich, où je fus admis grâce à l'intervention de sir Charles Forbes, est, on le sait, un immense dépôt des instruments et des engins de la puissance britannique et son grand arsenal militaire.

A la fin d'août, Mir-Jafir reçut enfin de la cour des Directeurs une réponse à ses pétitions, et le président lui donna l'assurance que ses affaires seraient réglées dans l'Inde à sa satisfaction. Dès lors, plus rien ne retenait plus mon jeune chef en Angleterre que l'attrait des plaisirs, et ce ne fut pas sans difficulté que je le décidai à s'arracher à ce monde d'enchantements et à lui faire arrêter notre départ. Le premier steamer à la destination de l'Égypte ne partant que le 5 octobre, nous pûmes encore consacrer plus d'un mois, francs et libres de tous soins et soucis, à dire adieu à nos amis ou à visiter ceux que nous n'avions pas encore vus. Parmi ces derniers, nous avons pu noter un vrai croyant : Sayid-Aminuddin-

Al-Ali, communément appelé Ali-Effendi, ambassadeur du sultan de Constantinople à la cour d'Angleterre. Plusieurs fois reçu par ce noble ministre du chef de l'Islam, Mir-Jafir lui offrit une épée de prix de nos fabriques de l'Inde, en témoignage de sa haute estime et de son profond respect. Lorsque, le 12 septembre, nous prîmes congé de Son Excellence, elle ne voulut pas nous laisser partir sans un souvenir de son amitié. Elle remit à mon chef, ainsi qu'à moi, un livre turc très-précieux, dont chaque exemplaire portait sa signature.

Lorsque nous nous séparâmes, après une longue conversation sur le gouvernement de l'Inde, ce ne fut pas sans donner à l'ambassadeur de la Sublime Porte l'assurance que nos services étaient à la disposition de son gouvernement toutes les fois et n'importe où il les réclamerait.

En quittant le sol de l'Angleterre, je puis, je crois, résumer le caractère des Anglais en disant qu'ils sont parfaitement soumis à leurs lois et aux ordres de leurs supérieurs; que leur esprit de patriotisme est plus grand que celui de n'importe quelle autre nation, mais que leur obéissance, leur confiance et leur soumission envers le sexe féminin dépassent de beaucoup les bornes de la modération. Bref, la liberté accordée aux femmes en ce pays est trop grande, et on ne saurait trop déplorer les abus résultant d'une tolérance aussi déraisonnable.

Je dois maintenant passer sur les dix années écoulées entre 1844 et 1854, laps de temps durant lequel j'ai éprouvé de nombreuses vicissitudes. Leurs détails exigeraient un autre volume, que mon intention est d'écrire quand je serai le maître de mes heures, retiré du service de Mir-Jafir, et tranquillement assis devant mon propre foyer.

Du reste, voici le sommaire de ces événements :

Le 3 octobre nous quittâmes l'Angleterre, et, le 12 novembre, nous atteignîmes Bombay, tous sains et saufs, grâce à Dieu, et, quelques devoirs officiels remplis dans cette ville, nous la quittâmes pour Surat, où mon chéf se rendit par mer. Moi, je pris la voie de terre, et, le 5 décembre 1844, je rentrai sous mon doux et humble toit. Ma chère femme, Dieu bénisse son âme! m'accueillit avec joie après une si longue absence, et, de mon côté, je fus deux fois plus content de retrouver en elle le seul ami sincère que j'eusse ici-bas, et ma bien-aimée compagne de plaisir et d'adversité.

Il est évident que les finances de mon chef et les miennes reçurent de notre voyage en Angleterre une atteinte proportionnée, pour chacun de nous, à ses ressources individuelles; mais nous nous attendions peu aux coups terribles et semblables dont la destinée nous frappa presque en même temps. L'épouse de Mir-Jafir, source de sa fortune et de sa grandeur, lui fut enlevée par la consomption le 9 janvier 1845; et, le 15 janvier 1847, ma chère femme, à la suite d'une attaque de choléra, laissa aussi ce monde pour un meilleur.

La douleur que j'éprouvai de cette cruelle et irréparable perte fut si grande, que je pensai de nouveau à renoncer au monde; mais mes amis, mes compagnons, mon chef surtout, m'aveuglant encore une fois, m'entraînèrent graduellement dans de nouvelles illusions, et de nouveau je tendis le cou au joug des soins et des soucis mondains.

Le lundi 12 juillet 1847, je me laissai aller à contracter un second marriage avec Wilayati Khanum, la fille adoptive de feue Najibounnissa, fille aînée du dernier

nawab de Surat; et cette union a été bénie de quatre
enfants, trois filles et un garçon. Puisse Dieu les protéger
tous! Mes soucis domestiques se sont accrus avec mes
charges; mes années s'avancent, et mon revenu est insuffisant pour couvrir les dépenses d'une nombreuse famille. Mais je me soumets à la volonté de l'Être omni-
scient dont la toute-puissance ne met pas une seule
créature en ce monde sans lui avoir préparé d'abord la
nourriture dont elle doit vivre. Amen.

FIN

TABLE DES CHAPITRES

CHAPITRE PREMIER

Ma naissance et mes parents. — Mort de mon père. — Ma mère trouve un asile chez mon oncle. — Famine, — persécution de mes cousins. — Mes mauvaises inclinations. — Je rase un prêtre et je purge mon maître d'école. — Je manque de me noyer dans la fontaine de Dháránagar, où m'avaient conduit mes cousins. — Rajárám le bon Samaritain. — Une recette nouvelle pour la dyssenterie. — Fin de mon enfance. 7

CHAPITRE II

État politique des affaires vers l'année 1810. — Bruils qui se répandent sur une nouvelle race d'étrangers appelés Feringhys (barbares, sauvages). — Les voleurs bheels. — Manière de les exécuter. — Visite à Baroda. — Ma première rencontre avec les Feringhys. — Rite de la Circoncision. — Réflexions. — Visite à Oujein. — Second mariage de ma mère. — Pillage de la maison de mon beau-père par des soldats de Scindiab. — Une histoire orientale. 35

CHAPITRE III

Mon beau-père attribue son infortune à ce qu'il s'est rasé un jour qui porte malheur. — Astrologie et superstition des habitants de l'Indoustan. — Nous visitons la cour de Scindiah à Gwalior. — Le prince nous indemnise de nos pertes par un sourire. — Il prend à son service mon beau-ppère. — Je suis cuellement traité. — Je m'enfuis de Gwalior. — Ce qui m'arrive avec le Thug Jumba. — Agra. — Akbar. 55

CHAPITRE IV

J'entre chez le médecin Indou-Rao. — Je visite Delhi. — Je retourne à Gwalior. — Guérison d'une morsure de cobra. — Encore à Oujein. — L'amour filial plus fort que la menace d'un astrologue. — Armée de sir T. Kissop's. — Bataille de Mehidpour. — Je me lasse du séjour d'Oujein. — Ma fatale rencontre avec Mousa l'Afghan. — Étrange vagabondage dans les bois. — Le secret dévoilé. — Nadir, chef des Bheels. — Je deviens secrétaire de voleurs. — Une fête chez les Bheels et ses épouvantables horreurs. — Ma fuite. — Encore le vieux Scheik. — Mort de ma mère. 85

CHAPITRE V

Funérailles de ma mère. — Un ami obtient pour moi la place de maître de poste à Dharampour. — Mon séjour en ce lieu. — Je suis subitement congédié. — Marche de nuit. — La rencontre d'un Tigre. — Sir John Malcolm. — Je passe sous les ordres du lieutenant Hart. — Expédition à Nagar-Parkar. — Impudence d'un cavalier mahratte. — Décision d'un magistrat indigène. — Version égyptienne de l'histoire de Shylock. 124

CHAPITRE VI

Le désert du Ran. — Le colonel Miles. — La musique de Charles XII ne peut durer toujours. — Pensées de la Mecque. — Le capitaine Bagnold. — Mandavi. — Méditations philosophiques et dogmatiques troublées. — Études anglaises à Khaira. — L'infanticide. — Les pirates de Dwarka. — Prise du fort. — Courses errantes dans les montagnes du Kattiawar. — L'Aghori-baba. — Gogo. — Surat. — Le cimetière parsi. 153

CHAPITRE VII

Bombay. — Je dépouille un portefaix. — La mosquée de Zacharias.
— Délices d'un passage en bateau. — Panwell. — Pouna.— Párbati.
Sattara.— Siége d'Aurengzeb et bon mot de Niamat-Khan. — Je
me marie et je m'en repens. — Monogames contre polygames. —
Sacrifice d'une veuve indoue. — La religion indoue originairement
pure. — Je retourne à Surat. — Études arabes. — Le grand prêtre
des Borahs. — Billets d'entrée pour le paradis.— L'enseigne W. J.
Eastwick. — Sa fièvre. — Le docteur R. émissaire de l'ange de la
mort. — Tankaria-Bandar. — L'enseigne Eastwick commande la
garde de lord Clare. — Baroda. — Abou.. 186

CHAPITRE VIII

Oudipour. — Pàli. — Pokhardji. — Adjmir. — Retour à Surat. —
J'entre au service du nawab. — Les intrigues d'une petite cour. —
Mon congé. 217

CHAPITRE IX

J'obtiens un poste sous l'agent politique du Kattiawar. — Les brahmanes de Nagar. — Je me démets de mes fonctions pour suivre
dans le Sindh le capitaine Eastwick. — Je reçois un certificat et
un châle de Cachemire. — Trois compagnons de route inattendus.
— Sara, la belle Maimouni. — Départ de Rajkot. — Le Djam de
Nowanagar. — Dharol. — Le joyeux gouverneur de Jouria-Bandar.
— Agréable navigation. — Monstres folâtres de l'Océan. — Je fais
acte de prêtre. — Marche sur Tatta. — Description de cette ville.
— Voyage à Hydrabad. — Les Amirs. 233

CHAPITRE X

Fausses alarmes. — Trois officiers morts brûlés. — Les amirs accep-
tent le traité. — Marche de l'armée sur Shikarpour. — Le défilé
de Séhwan. — Larkhana. — Abondance et bas prix des vivres. —
Shikarpour. — Brigands Biloutchis. — Fath-Mohammed Ghori. —
Sakhar. Khairpour. — Mir-Roustan. — Maraudeurs. — Le Scorpion.
— Remède qu'on en tire. 261

CHAPITRE XI

L'Erreur de Khangarh. — Le nouveau gouverneur de Shikarpour. — Le nouvel agent politique. — Abdurrahman le borgne et son épouse civilisée. — La réclusion des femmes est-elle désirable ou non ? — Retour à Hydrabad. — J'obtins un congé pour revoir Surat. Voyage et séjour à Jaffirabad. 282

CHAPITRE XII

L'esclave gouverneur de Jaffirabad. — Retour a Surat. — Mort de la fille aînée de Nawab. — M. Pelly me procure de l'emploi dans ses bureaux. — Il me cède à M. Langford. — Le Nawab de Cambaye et ses salines. — Encore une fois Munshi. — Le Nawab de Surat meurt du choléra. — Séquestre mis sur ses propriétés. — Son gendre Mir-Jafir-Aly se prépare à aller en Angleterre. — Il emmène M. Scott et moi comme secrétaires. 294

CHAPITRE XIII

Voyage à Ceylan. — Le quartier chrétien. — Les animaux immondes. — Les gentilshommes cingalais. — Aden. — Équipages d'ânes. — La sainte Kâbâ en mouvement. — Sépulture d'Ève. — Les belles Européennes. — La langue arabe est celle des houris. — Alexandrie. — Omar a-t-il brûlé la grande bibliothèque ? — Gibraltar. — Arrivée au *Mother-bank*. 308

CHAPITRE XIV

Débarquement à Southampton. — Londres. — Les bons amis. — Aspects et curiosités de Londres. — L'Opéra. — Westminster, la cloche à plongeur, Tom-Pouce, etc. — Caractère des Anglais. — Retour dans l'Inde. 330

FIN DE LA TABLE.

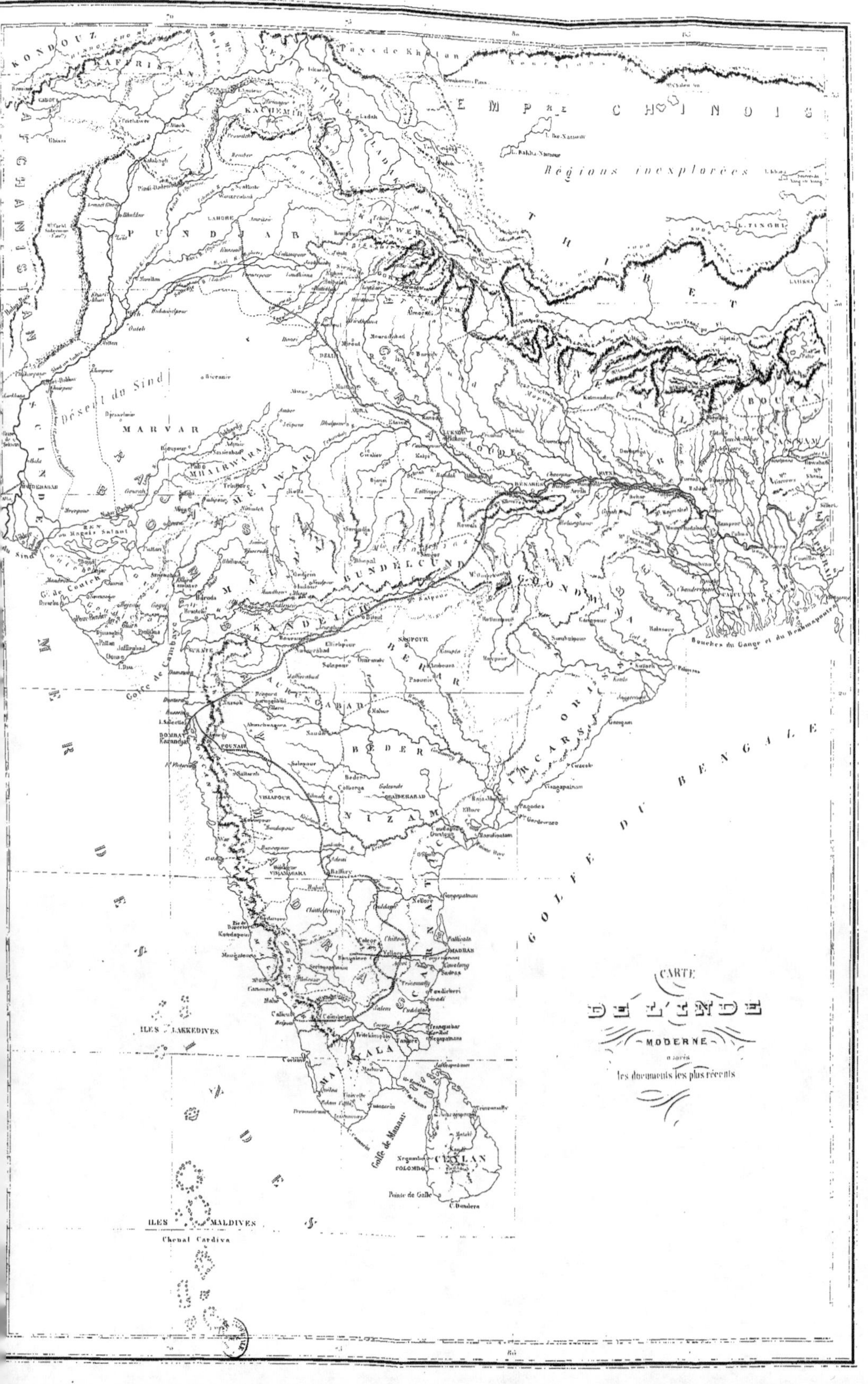
CARTE
DE L'INDE
MODERNE
d'après
les documents les plus récents
EMPIRE CHINOIS
Régions inexplorées
Pays de Khotan
THIBET
LHASSA
BOUTAN
ASSAM
KONDOUZ
KAFIRISTAN
KACHEMIR
AFGHANISTAN
BALOUCHISTAN
PUNDJAB
LAHORE
Désert du Sind
MARVAR
MHAIRWARA
MEIWAR
HYDERABAD
Golfe de Cambaye
Golfe de Coutch
SURATE
BOMBAY
POUNAH
MALWA
BUNDELCUND
KANDEICH
BEHAR
NAGPOUR
AURUNGABAD
BEDER
VISIAPOUR
NIZAM
GONDWANA
CIRCARS
BENARES
PATNA
DELI
AGRA
LUKNOW
GOLFE DU BENGALE
Bouches du Gange et du Brahmapoutre
VIZIANAGARA
MADRAS
HAIDERABAD
Pondichéri
MALABAR
Calicut
Cochin
CEYLAN
COLOMBO
Pointe de Galle
Golfe de Manaar
ILES LAKKEDIVES
ILES MALDIVES
Chenal Cardiva

Librairie de L. HACHETTE et Cⁱᵉ, rue Pierre-Sarrazin, 14, à Paris

BIBLIOTHÈQUE VARIÉE, FORMAT IN-18 JÉSUS

Volumes à 3 francs 50 centimes

ABOUT (Ed.). La Grèce contemporaine. 1 vol.
— Nos Artistes au salon de 1857. 1 vol.
BALZAC (H. DE). Théâtre. 1 vol.
BARRAU. Révolution française. 1 vol.
BAUTAIN (l'abbé). La belle saison à la campagne. 1 vol.
BAYARD. Théâtre. 12 vol.
BELLOY (DE). Le Chevalier d'Aï. 1 vol.
— Poésies. 1 vol.
BRIZEUX. Histoires poétiques. 1 vol.
BUSQUET. Poëme des heures. 1 vol.
BYRON. Œuvres complètes, trad. de Laroche. 4 vol.
CARO (E.). Études morales. 1 vol.
CARREL (Arm.). Œuvres littéraires. 1 vol.
CASTELLANE (DE). Souvenirs de la vie militaire. 1 vol.
DANTE. La Divine Comédie, trad. par Fiorentino. 1 vol.
ENAULT (L.). La Terre Sainte. 1 vol.
— Constantinople et la Turquie. 1 vol.
— La Norvège. 1 vol.
EYMA (Xavier). Femmes du Nouveau-Monde. 1 vol.
— Les Deux Amériques. 1 vol.
— Les Peaux-Rouges. 1 vol.
FIGUIER. L'Alchimie et les Alchimistes. 1 vol.
— L'Année scientifique 1ʳᵉ année (1856). 1 vol.
— 2ᵉ année (1857). 1 vol.
GÉRARD DE NERVAL. Les Illuminés. 1 vol.
— Le Rêve et la Vie. 1 vol.
GRESSET. Œuvres. Édition illustrée. 1 vol.
HOMÈRE. L'Iliade et l'Odyssée, trad. de Giguet. 1 vol.
HOUSSAYE (A.). Poésies complètes. 1 vol.
— Philosophes et Comédiennes. 1 vol.
— Le Violon de Franjolé. 1 vol.
— Histoire du 41ᵉ fauteuil. 1 vol.
— Voyages humoristiques. 1 vol.
HUGO (Victor). Notre-Dame de Paris. 1 vol.
— Théâtre. 3 vol.
— Han d'Islande. 1 vol.
— Les Orientales; les Voix intérieures; les Rayons et les Ombres. 1 vol.
— Odes et Ballades; les Feuilles d'Automne; les Chants du crépuscule. 1 vol.
— Les Contemplations. 2 vol.
— Bug Jargal; le Dernier jour d'un Condamné. 1 v.
— Le Rhin. 2 vol.
JOUFFROY. Cours de droit naturel. 2 vol.
LAMARTINE (A. DE). Œuvres
— Méditations poétiques. 2 vol.
— Harmonies poétiques. 1 vol.
— Recueillements poétiques. 1 vol.

LAMARTINE (A. DE). Jocelyn. 1 vol.
— La Chute d'un ange. 1 vol.
— Voyage en Orient. 2 vol.
— Histoire de la Restauration. 8 vol.
LANOYE (F. de). Le Niger. 1 vol.
— L'Inde contemporaine. 1 vol.
LIBERT. Histoire de la chevalerie. 1 vol.
LIMAYRAC (Paulin). Coups de plume sincères. 1 vol.
LUCIEN. Œuvres complètes. 2 vol.
MARMIER. Un Été au bord de la Baltique. 1 vol.
— Lettres sur le Nord. 1 vol.
MERCIER. Tableau de Paris. 1 vol.
MÉRY. Mélodies poétiques. 1 vol.
MICHELET. L'Oiseau. 1 vol.
— L'Insecte. 1 vol.
MONTAIGNE. Essais. 1 vol.
MONTFORT (Cap.). Voyage en Chine. 1 vol.
MORNAND. La Vie des eaux. 1 vol.
MORTEMART-BOISSE (Bⁿ de). La Vie élégante. 1 vol.
NODIER (Ch.). Histoire du Roi de Bohême. 1 vol.
ORSAY (Comtesse d'). L'Ombre du Bonheur. 1 vol.
OSSIAN. Poëmes gaéliques. 1 vol.
PATIN. Études sur les tragiques grecs. 4 vol.
PERRENS (F.-T.). Jérôme Savonarole. 1 vol.
— Deux ans de révolution en Italie. 1 vol.
PFEIFFER (Mᵐᵉ). Voyage d'une femme autour du monde. 1 vol.
— Mon second voyage autour du monde. 1 vol.
SAINTINE (X.-B.). Picciola. 1 vol.
— Seul ! 1 vol.
SCUDO. Critique et littérature musicales. 2 vol.
— Le Chevalier Sarti, roman musical. 1 vol.
SIMON (J.). Le Devoir. 1 vol.
— La Religion naturelle. 1 vol.
— La Liberté de conscience. 1 vol.
TAINE (H.). Voyage aux Pyrénées. 1 vol. illustré.
— Essai sur Tite Live. 1 vol.
— Essai de critique et d'histoire. 1 vol.
— Les Philosophes français du XIXᵉ siècle. 1 vol.
TOPFFER (Rod.). Le Presbytère. 1 vol.
— Nouvelles genevoises. 1 vol.
— Rosa et Gertrude. 1 vol.
— Menus propos. 1 vol.
TROPLONG. Influence du christianisme. 1 vol.
WARREN (le comte de). L'Inde anglaise. 2 vol.
ZELLER. Épisodes dramatiques de l'histoire d'Italie. 1 vol.

Volumes à 2 francs.

AINSWORTH. Abigaïl. 1 vol.
ANONYME. Violette; — Eléonor Raymond. 1 vol.
— Whitehall. 1 vol.
BOILEAU. Œuvres complètes. 1 vol.
BULWER. Mémoires de Pisistrate Caxton. 2 vol.
CERVANTÈS. Don Quichotte, trad. Viardot. 2 vol.
— Nouvelles. 1 vol.
CORNEILLE (P.). Œuvres complètes. 5 vol.
CUMMINS (Miss). L'Allumeur de réverbères. 1 vol.
CURRER BELL. Jane Eyre. 1 vol.
DICKENS (Ch.). Bleak-House. 2 vol.
— Contes de Noël. 1 vol.
— David Copperfield. 1 vol.
— Dombey et fils. 2 vol.
— Le Magasin d'antiquités. 2 vol.
— Nicolas Nickleby. 2 vol.
— Les Temps difficiles. 1 vol.
— La petite Dorit. 3 vol.
FREYTAG (G.). Doit et avoir. 2 vol.
FULLERTON (Lady). L'Oiseau du bon Dieu. 1 vol.
GASKELL (Mᵐᵉ). Marie Barton. 1 vol.
— Ruth. 1 vol.
GERSTÆCKER. Les Pirates du Mississipi. 1 vol.

HAUFF (W.). Nouvelles. 1 vol.
HILDRETH. L'Esclave blanc. 1 vol.
LA FONTAINE. Œuvres complètes. 2 vol.
LUDWIG (Otto). Entre ciel et terre. 1 vol.
MOLIÈRE. Œuvres complètes. 2 vol.
MONTESQUIEU. Œuvres complètes. 2 vol.
MUGGE (Th.). Afraja. 1 vol.
PASCAL. Œuvres complètes. 2 vol.
RACINE. Œuvres complètes. 2 vol.
ROUSSEAU (J.-J.). Œuvres complètes. 8 vol.
SAINT FRANÇOIS DE SALES. Œuvres. 2 vol.
SAINT-SIMON. Mémoires complets. 12 vol.
SMITH (J. F.). Dick Tarleton. 2 vol.
STEPHENS (Mrs Ann. S.). Opulence et Misère. 1 vol.
STOWE (Mrs Beecher). L'Oncle Tom. 1 vol.
SWIFT. Voyages de Gulliver. 1 vol.
THACKERAY. Henry Esmond. 1 vol.
— Barry Lindon. 1 vol.
— La Foire aux vanités. 1 vol.
— Le Livre des Snobs. 1 vol.
ZACCONE. Le Langage des fleurs, avec 18 gravures coloriées. 1 vol.
ZSCHOKKE (H.). Contes suisses. 1 vol.

PARIS — IMP. SIMON RAÇON ET COMP., RUE D'ERFURTH, 1.